U0524696

国家社科基金一般项目"基于知识产权资本测度的企业家精神度量研究"(项目批准号:17BTJ012)成果

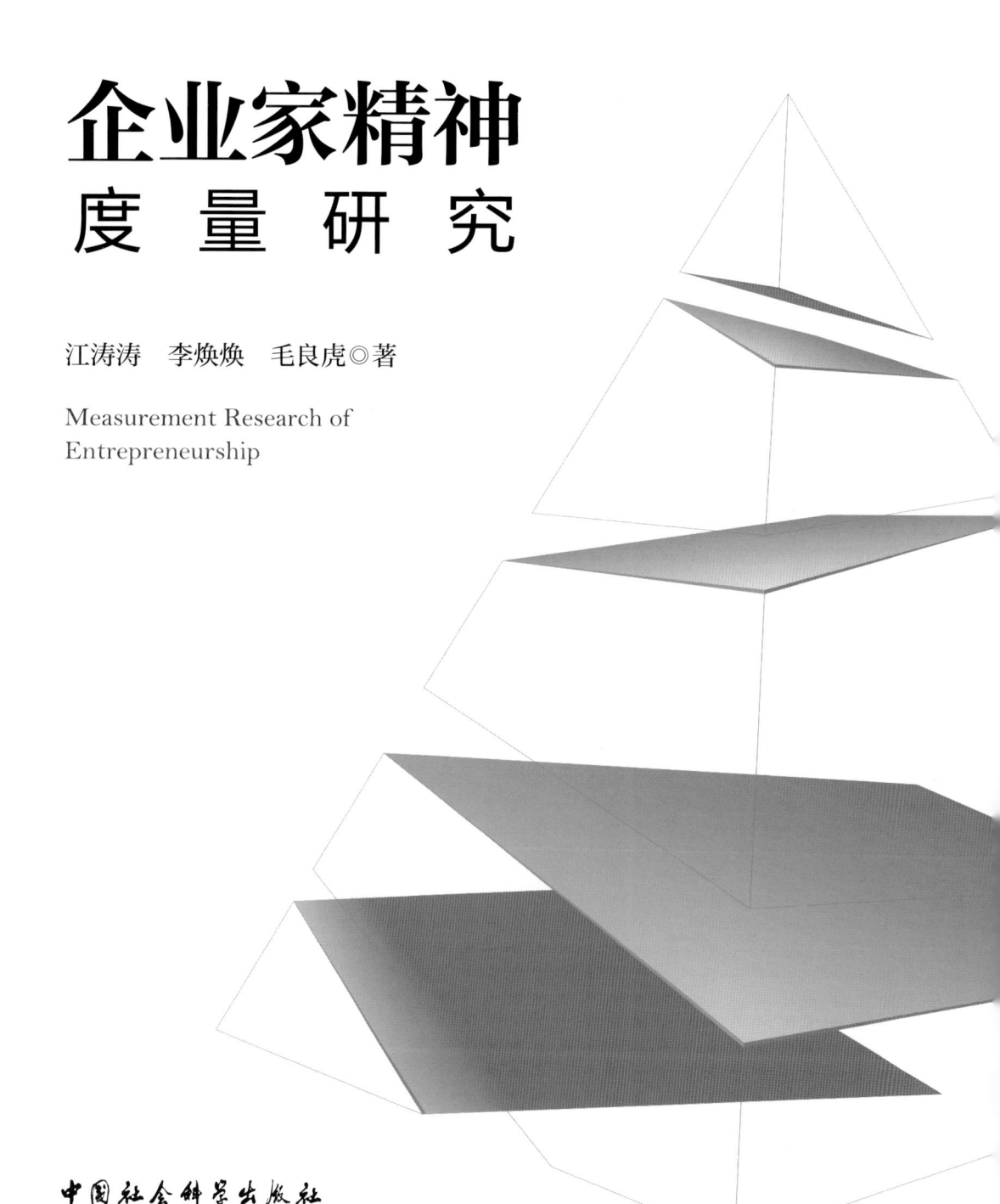

企业家精神度量研究

江涛涛　李焕焕　毛良虎◎著

Measurement Research of
Entrepreneurship

中国社会科学出版社

图书在版编目（CIP）数据

企业家精神度量研究 / 江涛涛，李焕焕，毛良虎著. -- 北京：中国社会科学出版社，2025. 7. -- ISBN 978-7-5227-4431-5

Ⅰ. F272.91

中国国家版本馆 CIP 数据核字第 20243QJ061 号

出 版 人	季为民
责任编辑	周　佳
责任校对	胡新芳
责任印制	李寡寡

出　　版	中国社会科学出版社
社　　址	北京鼓楼西大街甲 158 号
邮　　编	100720
网　　址	http://www.csspw.cn
发 行 部	010-84083685
门 市 部	010-84029450
经　　销	新华书店及其他书店
印　　刷	北京君升印刷有限公司
装　　订	廊坊市广阳区广增装订厂
版　　次	2025 年 7 月第 1 版
印　　次	2025 年 7 月第 1 次印刷
开　　本	710×1000　1/16
印　　张	17.75
插　　页	2
字　　数	283 千字
定　　价	96.00 元

凡购买中国社会科学出版社图书，如有质量问题请与本社营销中心联系调换
电话：010-84083683
版权所有　侵权必究

前　言

在建设创新型国家的战略布局下，中国经济增长开始由高速度转变为高质量，其中发展的动力也渐渐从过去的投资、消费慢慢地过渡到创新。良好的社会运转主要是依靠企业，而企业家精神作为一种创新资源，是企业可持续发展的动力源泉。2020年7月，习近平总书记主持召开企业家座谈会并发表重要讲话，强调要弘扬企业家精神。这进一步说明企业家精神对社会的发展具有重要意义。

企业家精神的本质是进行创新创业活动，创新产生的价值是衡量企业家精神的尺度。目前学界对企业家精神的研究仅停留在重构内涵和理论实证阶段，而忽视了对企业家精神的测量和相关评估。目前的相关研究，一是限于宏观和定性层面；二是将创新作为中介变量考察企业家精神与企业绩效的关系，是事后估计，鲜有对企业家精神进行事前度量的研究。而对企业家精神的测量多以定性研究为主，或通过对企业家精神的特征和维度的概括，选取少数指标采用静态的测量方法对企业家精神进行测度分析。随着经济创新驱动进程的不断加快，企业家精神处于一种不断变化的动态发展中，连续时间下的静态测度之间具有关联性，而单一的静态测量方法和单一维度的测量指标不能准确和全面地反映出企业家精神在连续时间下的动态发展变化。

本书从微型企业的角度出发，根据企业家精神和高新科技的相关理论，结合产业的发展特点，以科技型上市企业为研究对象，对企业家精神进行测度分析。其中重点研究内容有以下四部分。第一，在分析知识产权资本化特征的基础上，根据企业家精神理论，结合科技型企业的发展特征，构建一套多维度的企业家精神测度指标体系。第二，根据企业家精神的发展特征，从静态和动态两个视角，基于熵、差异驱动理论、模糊数学和神经网络等理论，构建动态综合的企业家精神测度模型。第三，利用 Moran's I 指数分析区域企业家精神的发展与企业经济增长的相关性，深入分析企业家精神发展的空间特征，从空间上研究企业家精神对企业经济绩效的影响。第四，进一步研究企业家精神对企业绩效的作用和影响，以组织知识学习和组织创新为中介变量，利用结构方程模型研究组织内企业家精神是如何通过中介变量对企业绩效产生作用的。第五，根据研究结果有针对性地提出对策与建议，以期为营造健康的创业成长环境、激励和保护创业提供科学的理论依据与参考。

目 录

第一章 绪论 ………………………………………………………… (1)
 第一节 研究背景 …………………………………………………… (1)
 第二节 研究意义 …………………………………………………… (4)
 第三节 研究目标和方法 …………………………………………… (6)
 第四节 技术路线 …………………………………………………… (9)
 第五节 主要创新点 ………………………………………………… (11)
 第六节 本章小结 …………………………………………………… (12)

第二章 相关理论与研究综述 …………………………………… (13)
 第一节 企业家的概念 ……………………………………………… (13)
 第二节 企业家精神的概念 ………………………………………… (14)
 第三节 多层次企业家精神 ………………………………………… (18)
 第四节 企业家精神的影响因素 …………………………………… (23)
 第五节 企业家精神的研究综述 …………………………………… (25)
 第六节 测量方法的研究综述 ……………………………………… (29)
 第七节 知识产权资本 ……………………………………………… (31)
 第八节 本章小结 …………………………………………………… (37)

第三章 测量方法的理论基础 …………………………………… (39)
 第一节 方法的选择 ………………………………………………… (39)
 第二节 改进的熵值法 ……………………………………………… (44)

第三节　突变理论 …………………………………………… (45)
　　第四节　差异驱动 …………………………………………… (49)
　　第五节　模糊数学思想 ……………………………………… (52)
　　第六节　多阶段信息集结 …………………………………… (59)
　　第七节　模糊神经网络理论 ………………………………… (61)
　　第八节　本章小结 …………………………………………… (70)

第四章　知识产权资本的测度 ……………………………………… (71)
　　第一节　知识产权资本的特征 ……………………………… (71)
　　第二节　知识产权资本测度的影响因素 …………………… (72)
　　第三节　知识产权资本的测度指标体系构建 ……………… (73)
　　第四节　知识产权资本的测度模型 ………………………… (76)
　　第五节　知识产权资本的测度分析 ………………………… (79)
　　第六节　本章小结 …………………………………………… (85)

第五章　基于知识产权资本的企业家精神测量指标体系构建 ……… (86)
　　第一节　测量指标体系构建原则 …………………………… (86)
　　第二节　企业家精神测量维度的构建 ……………………… (87)
　　第三节　测量指标体系的构建思路与方法 ………………… (90)
　　第四节　企业家精神测量指标体系的构建 ………………… (94)
　　第五节　本章小结 …………………………………………… (101)

第六章　企业家精神的测量模型构建 ……………………………… (103)
　　第一节　熵值法 ……………………………………………… (103)
　　第二节　三次差异驱动 ……………………………………… (104)
　　第三节　模糊奖惩视角下具有变化速度特征的测度模型 …… (106)
　　第四节　模糊神经网络模型建立 …………………………… (111)
　　第五节　本章小结 …………………………………………… (114)

第七章 基于熵值法和三次差异驱动对企业家精神的测量研究 ………… (116)

第一节 样本选择与数据来源 ………………………………… (116)

第二节 熵值法测量结果 ………………………………………… (117)

第三节 三次差异驱动测量结果 ……………………………… (124)

第四节 本章小结 ………………………………………………… (148)

第八章 模糊奖惩视角下具有变化速度特征的企业家精神测量研究 ………………………………………………………… (151)

第一节 基于突变级数的企业家精神的静态评价 …………… (151)

第二节 基于变化速度和模糊奖惩的企业家精神动态测量 … (156)

第三节 测量结果分析 …………………………………………… (190)

第四节 基于各省份的企业家精神测度分析结果 …………… (196)

第五节 本章小结 ………………………………………………… (200)

第九章 基于模糊神经网络对企业家精神的测量研究 ……………… (203)

第一节 描述性统计 ……………………………………………… (203)

第二节 测量过程 ………………………………………………… (204)

第三节 模型检测 ………………………………………………… (207)

第四节 本章小结 ………………………………………………… (213)

第五节 对策与建议 ……………………………………………… (213)

第十章 基于空间计量的企业家精神实证研究 ……………………… (217)

第一节 空间计量模型的构建 …………………………………… (218)

第二节 企业家精神与企业经济发展的空间相关性分析 …… (223)

第三节 企业家精神与企业经济发展的空间计量实证分析 … (230)

第四节 本章小结 ………………………………………………… (232)

第十一章　企业家精神对企业绩效影响的实证研究
　　　　　——基于知识学习、组织创新的中介效应 …………（235）
　第一节　相关概念解释与测度分析 ……………………（235）
　第二节　构建概念模型 …………………………………（241）
　第三节　量表设计及问卷信度与效度分析 ……………（246）
　第四节　构建结构方程模型与运算过程 ………………（252）
　第五节　本章小结 ………………………………………（259）

第十二章　研究结论、不足与展望 ………………………（261）
　第一节　研究结论 ………………………………………（261）
　第二节　管理启示 ………………………………………（264）
　第三节　政策建议 ………………………………………（264）
　第四节　研究不足与展望 ………………………………（268）

参考文献 ……………………………………………………（271）

第一章

绪 论

第一节 研究背景

随着改革开放的推进,中国经济不断取得令世界瞩目的成就。中国经济总量于2010年超越日本,从改革开放之初的世界第11位,发展为如今世界第2位。中国经济的飞速发展,在国际上也享有"中国速度"的美誉。

改革开放40多年来,中国经济一直保持较高的增速,对于此阶段经济增长的原因,很大程度上归功于"人口增长红利""资源消耗",是典型的粗放型经济增长方式。然而,中国正面临"刘易斯拐点"以及环境资源约束的增强,显然,这种粗放型的经济增长方式不能刺激中国经济持续高增长的发展。2019年中国经济增速仅为6.1%,已远远不及改革开放之初两位数的增速,需要重新审视目前的经济形势,以期实现经济高质量发展。目前,中国经济由高速增长向中高速增长转变,发展动力由要素驱动向创新驱动转变。在当前的发展情况和背景下,迫切需要改变旧的经济模式,尽快找到下一个经济动力发展点,引领新一轮经济的高速增长。

要改变旧的经济模式,找到下一个经济动力发展点,有必要厘清究竟是哪些因素在推动经济发展。2013年,党的十八届三中全会提出要充分发挥市场在资源配置中的决定性作用。由此可见,中国决策者已经认识到市场化进程对促进经济增长的正向效应,市场化进程包含的影响要素有经济市场化,进一步强化经济的市场地位,减少政府对宏观经济的干涉。此外,法律制度完善化以及供求机制合理化等都有利于改善经济的增长方式。国内也有众多学者，从产业结构调整、区域协调发展、投入产出效率以及技术创新等方面论述经济增长方式的转变。然而，尽管中国早已意识到经济发展方式所存在的不可持续性，也从多种宏观的角度思考改革问题，但收效甚微，如今经济增长的方式仍然不尽如人意。由此可以看出，不能只着眼于宏观层面的改革，更要注重微观层面的研究。市场中真正的微观主体是企业，同时也极大程度地影响着经济的增长，企业经济增长的主要动力包括企业家精神。因此，研究企业家精神是非常必要的。

在建设创新型国家的战略布局下，中国经济开始由高速增长转向高质量发展，其中发展的动力也逐渐从过去的投资以及消费慢慢地过渡到创新。社会良好运转主要是依靠企业，而企业家精神既是中国创新企业的精神资源，也是企业可持续发展的动力源泉。2017年9月，中共中央、国务院印发《关于营造企业家健康成长环境弘扬优秀企业家精神更好发挥企业家作用的意见》，充分肯定了企业家精神对创业者的作用，并据此提出了明确的要求。2020年7月，习近平总书记主持召开企业家座谈会，强调要弘扬企业家精神。由此可见，中国决策层已认识到微观层面的企业家精神的重要性。经济社会良好运转的主要载体是企业，创新驱动的重要组成部分离不开企业，创新驱动的第一要素是企业家，创业精神的核心内在是企业家精神，它也是企业持续良好运转的精神内涵。因此，研究企业家精神与经济增长的关系具有重要意义。

企业家精神的本质是进行创新创业活动，创新产生的价值是衡量企业家精神的尺度。目前国内外学界对企业家精神的研究处于重构内涵和理论实证的阶段，较少关于企业家精神的测量和相关评估，相关研究一是限于宏观和定性层面；二是将创新作为中介变量考察企业家精神与企业绩效的关系，是事后估计，鲜有对企业家精神进行事前度量的研究。通过对现有测量研究成果的分析，发现学界对企业家精神的测量主要是以定性研究为主，或者是通过对企业家精神的特征和维度的概括，选取少数指标采用静态的测量方法对企业家精神进行测度分析，反映某一时间段某一领域企业家精神的静态发展情况。随着经济创新驱动进程的不断加快，企业家精神处于不断变化发展的过程中，连续时间下的静态测度之间具有关联性，而单一的静态测量方法与单一维度的测量指标不能准确和全面地反映企业家精神在连续时间下的动态发展变化。因此，本书从组织层面出发构建一套多维度系统性的有关企业家精神测量的指标体系，选取动态综合的评价方法对企业家精神进行测度分析。从专利、技术、知识等知识产权资本的视角，对企业家精神进行前因变量建模，应用贝叶斯理论进行系数回归，先度量高技术企业的企业家精神，再推广到中低技术企业，找出中低技术企业的企业家精神中所缺乏的有效变量，有针对性地提出提升企业家精神的对策和建议。目前对企业家精神的研究通常只考虑到区域特征的影响，而忽视了对空间相关性的分析，绝大多数的空间数据具有空间相关性特征，企业家精神的研究也应该重视这一特征。区域间企业家精神存在一定的空间相关性，由于难以量化，在以往的研究中，鲜有在建模中将空间因素考虑进去。

基于上述现实和理论背景，从微型企业的角度及组织层面出发，根据企业家精神的相关理论，结合高新技术产业的发展特点，以科技型上市公司为研究对象，通过对企业的发展特征和企业家精神特性的分析，构建多维度的企业家精神综合测量指标体系。① 在企业家精神测量模型的构建中，为了提高多指标权重的客观性和科学性，采用熵值法和突变级数来测量企业家精神的指标权重与静态发展值；考虑到企业家精神的动态性与波动性，在时间维度融入变化速度、时间贴现因子及能量消耗的三次差异驱动要素。鉴于企业家精神的模糊性和不确定性，采用模糊数学、隶属函数和模糊奖惩控制线来提高测量的科学性和准确性。② 另外，为了解决企业家精神的发展波动性，在模型的构建中加入变化速度特征，衡量企业家精神在连续时间序列上的发展变化值，建立模糊奖惩视角下具有变化速度特征的企业家精神动态综合测量模型。③ 本书旨在从静态和动态的

---

① 欧雪银:《公司企业家精神的内涵与构成》,《社会科学家》2011 年第 2 期。

② X. Stephen et al., "Advancing Entrepreneurship as a Design Science: Developing Additional Design Principles for Effectuation", *Small Business Economics*, No. 55, 2020, pp. 607 – 626.

③ H. E. Aldrich, M. A. Martinez, "Many are Called, but Few are Chosen: An Evolutionary Perspective for the Study of Entrepreneurship", *Entrepreneurship Theory and Practice*, Vol. 25, No. 4, 2001, pp. 41 – 56.

发展方向、纵向和横向的发展视角对企业家精神进行量化分析，以进一步系统全面地分析企业家精神的发展情况，实现对企业家精神的科学计量和准确分析，并根据测量结果有针对性地提出促进企业家精神发展的对策与建议，这是当前社会结构转型和可持续发展的重要任务。为深入探究企业家精神的空间发展特征，解决其创业空间层面的相关问题，本书采用Moran's I 指数分析区域创业与经济增长的空间相关性，在此基础上构建空间计量模型展开深度研究，并针对性提出政策建议，旨在为营造健康的创业成长环境、激励与保护创业行为提供科学的理论依据和实践参考。

第二节 研究意义

一 理论意义

本书以企业家精神的测量为切入点，探究企业家精神与知识溢出理论的关联。从微观的企业数据入手，结合欧雪银等对企业家精神的定义，[①] 以及影响企业家精神发展的事前和事后等因素，结合长三角科技型中小企业的发展特征，构建适用于企业层面的企业家精神综合测量指标体系，丰富企业家精神的评价体系和研究，突破传统的量表开发和题项测试的主观性的结构式定量研究，能够从更加客观真实的角度展开对企业家精神的评估和分析。

运用动态综合的测量方法对企业家精神进行测量分析，选取长三角科技型中小企业为研究样本验证测量指标和模型的实用性，考虑到企业家精神在发展过程中出现的不均衡现象和可能出现的滞后性，基于动态测量视角，运用模糊数学、激励奖惩以及变化速度等多种动态测量方法对企业家精神在时间维度上的发展变化进行动态综合测量，从理论上实现对企业家精神的统计性精准分析，与定性分析和简单的相关性计量分析相比，从数理统计的角度，利用数学模型对企业家精神进行动态综合分析，能够更加直观、科学地比较和分析企业家精神的发展现状。根据

---

① 欧雪银：《公司企业家精神的内涵与构成》，《社会科学家》2011 年第 2 期；张玉利：《企业家型企业的创业与快速成长》，南开大学出版社 2003 年版，第 206—207 页。

测量结果提出相应的改进方法和发展建议，从而进一步系统全面地反映出企业家精神的发展状况和发展速度，扩展企业家精神研究的广度和深度，为后续企业家精神的测量研究提供相应的理论基础和借鉴意义。从统计学的角度采用科学的方法实现对长三角科技型中小企业家精神的精准测量和科学定位，为其他类型企业家精神的量化分析提供理论参考，在学术思想和方法上具有一定的理论意义。

此外，创业对经济增长机制转变影响的实证研究大多是在空间同质化假设下进行的，而忽视了区域间的相关性。传统的计量经济分析认识到空间因素对创业的影响，但在实际建模过程中，由于工具的限制，往往无法有效地量化影响。因此，采用空间计量学的方法来研究企业家精神对经济发展的影响，不仅能丰富和促进经济发展机制转变的研究内容，同时也能为企业家精神的发展提供一定的理论指导，拓展当下的研究视角。

二 实践意义

从实践来看，当前中国正处于国内外形势深刻变化的关键时期，经济增长从高速阶段转向中高速阶段，发展驱动力从要素驱动、投资驱动向创新驱动转变。作为促进创新型投资转化为经济竞争力的核心要素，企业家精神的发展可以有效提高企业的创新能力和核心竞争力，是企业维持竞争力和促进经济增长机制转变的核心要素，要使企业提升技术创新能力、保持核心竞争力，促进当下经济增长机制的转变必须要重视对微观企业家精神的培育和发展。因此从微观视角出发，根据公司企业家精神理论和上市企业的发展特征，构建企业家精神的测量指标体系和模型，全面系统地分析企业家精神的发展情况，实现对企业家精神的科学计量和准确分析，为营造健康的企业家成长环境、激发和保护企业家精神提供科学的理论依据和借鉴意义，对于提高企业创新创业能力、获取持续竞争优势、实施创新驱动发展战略具有一定的现实意义。

另外，通过对高新技术企业效益和成长性的观察，选择典型案例，运用专家分析法、层次分析法等将案例企业作为模型的样本进行分析。该方法和理论可以推广到其他企业，建立同类型企业的企业家精神数据库，分析差异性，为企业提升或弘扬企业家精神提供依据。同时，企业家精神的测量方法与结果可以为投资者和投资公司对企业的发展，以及企业股票的定价、走向、趋势等情况提供合理的参考，为银行发放贷款等项目提供数据分析依据，为相关企业在投资领域的发展提供决策思路。这是本书的具体现实意义和应用价值所在。

第三节　研究目标和方法

一　研究目标

根据对知识产权资本测度与企业家精神测度的研究背景及内容分析，可明确本研究的核心目标与待解决问题。

（1）分析知识产权资本化的特征，构建知识产权资本的测量指标体系，实现对知识产权资本的测度研究。

基于研究框架设计，本研究需以知识产权资本的测度为前提，继而展开对企业家精神的测度分析。因此，第一个主要研究目标确定为完成对知识产权资本的测度。基于此，本书首先对知识产权资本进行综述研究，分析影响知识产权实现资本化的主要因素，并在此基础上构建知识产权资本测度的指标体系和测度模型，实现对知识产权资本的测度分析，为企业家精神的测度奠定基础。

（2）梳理企业家精神的相关研究，对企业家精神的特征进行描述分析，构建一套多维度成熟的企业家精神测度指标体系。

先对企业家精神进行概念性描述，从多个角度对企业家精神的相关研究进行综述分析，并在此基础上总结企业家精神的影响因素和特征描述。基于此，根据企业家精神理论，结合科技型企业的发展特征，在知识产权资本测度研究的基础上构建一套多维度的企业家精神测度指标体系，为实现企业家精神的测度研究奠定理论基础。

（3）构建企业家精神的综合测度模型，实现对企业家精神的科学测量和精准分析。

构建科学的企业家精神综合测度模型是实现企业家精神测度的关键环节，本书在综述企业家精神测度研究和相关评价方法的基础上，基于企业家精神的发展特征，从静态和动态两个视角，基于熵、差异驱动、模糊数学和神经网络等理论,在静态上使用熵值法和突变级数实现对企业家精神的测度分析;在动态上构建具有时间贴现因子和能量消耗特征的三次差异驱动模型、模糊奖惩视角下具有变化速度特征的综合动态测度模型及模糊神经网络,通过对科技型上市企业的企业家精神进行测度研究,实现对企业家精神的综合分析,旨在推动企业家精神测度的科学化与分析的精准化。

(4) 在空间区域上实现对企业家精神的测度分析,探究企业家精神在区域上对企业经济绩效的影响。

为了进一步研究企业家精神的发展特征,本书从空间上对企业家精神进行测度分析。首先利用 Moran's I 指数分析区域企业家精神的发展与企业经济增长的相关性,深入分析企业家精神发展的空间特征;然后在构建空间计量模型的基础上,研究企业家精神对企业经济绩效的影响情况,实现从空间上对企业家精神的测度分析;最后根据研究结果提出促进企业家精神和企业经济绩效发展的对策与建议,为营造健康的创业成长环境、激励和保护创业提供科学的理论依据和参考。

(5) 进一步探索企业家精神与企业绩效之间的影响关系和作用机制,为企业促进企业家精神与企业绩效的发展提供科学指导和借鉴。

为了进一步研究企业家精神对企业绩效的作用和影响,本书以组织知识学习和组织创新为中介变量,利用结构方程模型研究组织内企业家精神是如何通过中介变量对企业绩效产生作用的。并进一步根据作用结果和机制路径,为企业决策者及管理者促进企业家精神和企业绩效的发展提供决策依据与管理建议。

二 研究方法

通过对企业家精神与经济增长相关文献的检索、收集和整理,以及创业板典型企业资料的分析,了解国内外相关研究的最新动态及发展趋势,为后面的文献综述、指标构建与实证分析提供了相应的依据和条件,并在此基础上形成了研究思路及研究模型。

1. 文献分析法

文献分析法是指通过对收集到的某方面的文献资料进行研究,以探明研究对象的性质和状况，并从中引出自己观点的分析方法。它能帮助调查研究者形成关于研究对象的一般印象，有利于对研究对象作历史的动态把握。本书采用文献分析法，通过梳理已有文献能够把握该领域的研究脉络和主要研究方向。具体而言，通过检索、收集和整理有关企业家精神、企业家精神与经济增长相关文献，以及创业板典型企业的资料，了解国内外相关研究的最新动态及发展趋势，为之后的文献综述和后文的指标构建、实证分析提供相应的基础和条件，并在此基础上形成研究思路及研究模型。

2. 典型案例研究与归纳法

本书主要利用学校图书馆提供的期刊、图书和其他电子资料，检索、收集有关企业家精神、企业家精神与企业绩效等相关的研究文献，采用归纳法对这些资料进行梳理，总结企业家精神的现有研究成果及其不足，提出研究目的，即实现对企业家精神的动态综合测度分析。同时选择高新技术行业上市公司为研究对象，采取案例分析法，对该类企业的发展特征和企业家精神进行分析，利用归纳法总结出企业家精神的发展特征和测量指标体系。在此基础上，构建企业家精神的测量维度，完成对企业家精神测量指标体系中指标的初步筛选，为后续企业家精神测量指标体系的建立和测度研究奠定理论基础。

3. 定性分析与定量分析

企业家精神虽然不可能像实物资本一样精确地用货币计量，但可以采用一定的研究方法实现对企业家精神的精准度量。关于分类赋值可采用层次分析法，也可采用改进的熵权法确定指标权重，至于定性指标转化为定量指标的办法，可以采用模糊评价法和灰色理论，找出企业家精神测度所需要的真正有价值的统计研究变量。采取定性与定量相结合的研究方法对企业家精神展开测度研究，在企业家精神测量指标体系的构建上，首先，采用德尔菲法等定性分析方法从质的规定性方面对科技型中小企业的发展特征和企业家精神的特质进行客观分析，完成企业家精神评价指标的初步筛选；其次，在此基础上利用熵权法等定量分析方法确立企业家精神可以量化的统计性指标，并基于统计学的思想，运用模糊数学、差异驱动、神经网络等模型对企业家精神进行统计实证研究，实现企业家精神的科学定位和精准量化分析；最后，基于经济距离与地理距离建立权重矩阵,以企业经济发展为被解释变量,以测量出的企业家精神为解释变量并引入多个其他变量,研究其在空间上的溢出效应。

4. 静态分析与动态分析

在对企业家精神的量化研究上,采取静态和动态相结合的分析方法。静态分析主要是分析企业家精神在某一时间点的发展现象和本质问题,是进行动态分析的基础和起点,主要利用熵值法和突变级数法对企业家精神在 2015—2020 年每个发展节点上的情况进行静态测度研究,目的是分析企业家精神在某一年份的发展情况和企业间的差异性。动态分析主要是分析企业家精神在连续时间序列下的发展变化情况,更多是分析其发展的轨迹和变化趋势,在静态测量的基础上利用变化速度、模糊数学、激励奖惩和信息集结等理论构建模糊奖惩视角下具有变化速度特征的企业家精神动态综合测度模型,目的是分析企业家精神在连续时间序列下的发展变动情况和发展变化趋势,并根据其变化的差异性对企业家精神的发展情况进行动态综合测度分析,从而实现对企业家精神的科学测量和精准定位分析。

第四节 技术路线

根据研究内容和研究目标,从问题提出、构建指标体系、建立测量模型、实证分析以及对策与建议五个方面展开对企业家精神的测度研究。

问题的提出主要包括研究背景、研究意义、研究目标和相应的研究方法的提出,以及企业家精神相关理论与研究综述、相关测量方法的理论基础。指标体系的构建主要包括对知识产权资本测度指标体系的构建,以及在实现知识产权资本测度的基础上,根据企业家精神的相关理论和科技型上市企业的发展特征,构建多维度综合的企业家精神测度指标体系。测量模型部分主要根据企业家精神的发展和测度特征,从静态和动态两个方面,构建包含熵值法、具有时间贴现因子和能量消耗特征的三次差异驱动、模糊奖惩视角下具有变化速度特征的动态综合评价模型,以及模糊神经网络模型对企业家精神进行综合测度和分析。实证分析主要包括两个部分,第一部分首先是利用熵值法和三次差异驱动对企业家精神进行权重分析和测度;其次利用模糊奖惩视角下具有变化速度特征测度模型对企业家精神进行动态综合测度分析；最后利用模糊神经网络对企业家精神进行验证性测度分析。第二部分主要基于空间计量模型对企业家精神和企业经济发展进行空间相关性分析，以及基于知识学习和组织创新的中介作用，研究企业家精神对企业绩效的作用机制。最后根据相关研究结果，提出促进企业家精神发展的对策与建议。

综上所述，本书的具体技术路线如图1-1所示。

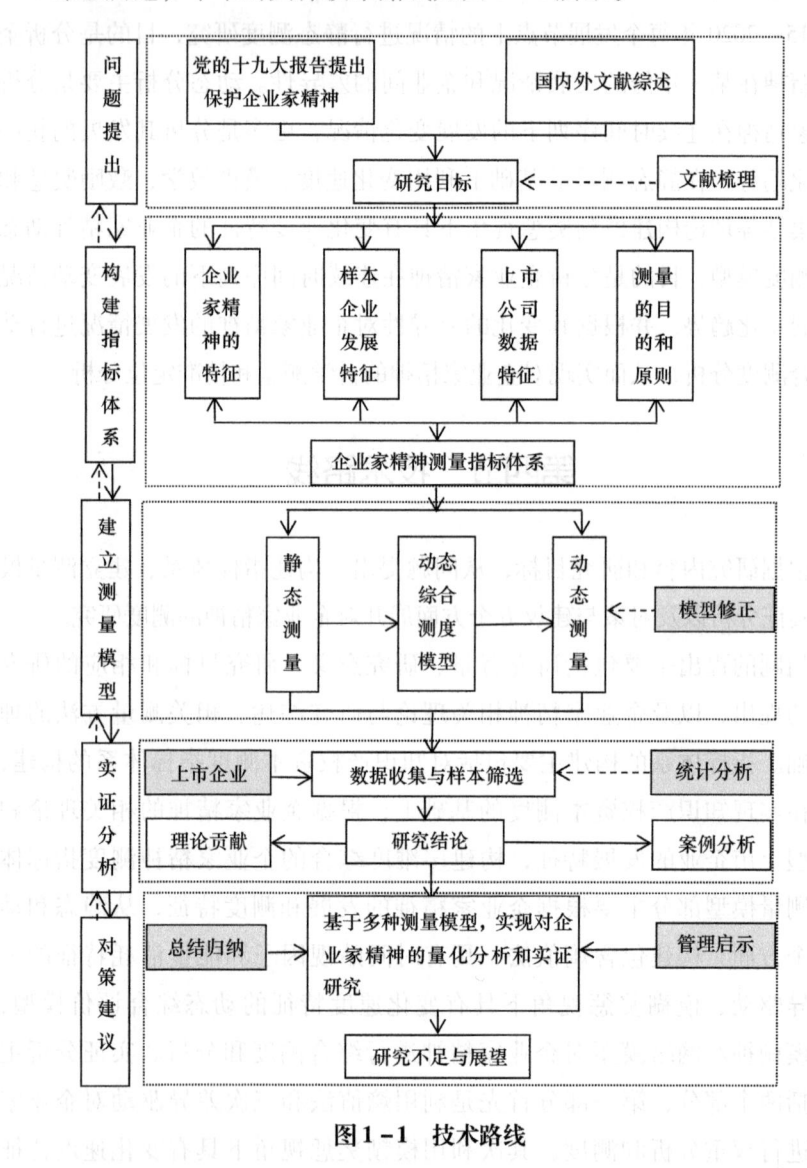

图1-1 技术路线

第五节　主要创新点

一　学术视角方面的特色与创新

在研究视角上，有别于传统企业家精神的宏观层面研究，创新性地从微观层面出发，以具体发展类型的企业为研究对象，以企业的生产经营活动为研究范围，本书选择高新技术行业的上市公司为研究对象，具体以企业家精神在企业生产经营活动中产生的作用为研究切入点，通过对企业的发展特征和企业家精神的影响因素及指标的分析，构建一套适合企业层面的企业家精神测量指标体系。

在变量选择上，将影响企业家精神发展的各要素进行整合，创新性地把影响企业家精神发展的事前因素和事后因素相结合，在企业家精神的评价中加入结果变量。运用管理学方法将潜变量转换成显性变量，再由统计学和计量经济学的理论构建测量模型，最终获得企业家精神度量值，先由模糊导向精确，后透过现象看本质，以寻求一个多学科综合体系的学术创新。

二　研究方法方面的特色与创新

区别于利用量表开发和结构化调查问卷所进行的主观评测测量方法，以高新技术行业上市公司为研究样本，并直接以企业发展数据为依托，基于统计学的视角，采取定量的研究方法，通过对科技型中小企业发展特征和现状的分析，构建适用于企业层面的企业家精神测量指标体系。

区别于传统定性和思辨的研究方法，采用定量的研究方法，基于统计学思想，在单一静态的测量上，引入差异驱动、模糊数学、信息集结和激励奖惩、神经网络等理论，构建多种动态综合测度模型，将单一维度的静态测量转化为时间和空间双维度的测量，运用动态综合的测量方法对企业家精神进行定量研究。从静态和动态两个视角、纵向和横向两个发展角度对企业家精神进行测量研究，既分析企业家精神发展的变化趋势，又进一步分析企业家精神发展程度的差异性，使其在某个连续时间内的发展变化趋向一个稳定区间值，具有相对较精确的研究方法创新，实现对企业家精神的精准测量和深入分析。

第六节　本章小结

本章首先介绍了本书的理论研究背景和现实发展背景，分别从理论意义和实践意义两个角度出发阐述了基于知识产权测度的企业家精神度量研究的重要性。根据企业家精神理论，提出本书的主要内容和研究方法，以高新技术产业上市公司的发展特征和企业家精神理论的发展为新的切入点来展开对企业家精神的定量研究，并尝试性地提出企业家精神测度研究的新思路。在此基础上，提出本书的研究意义、研究目标、技术路线、研究方法和创新点。

第 二 章
相关理论与研究综述

第一节 企业家的概念

法国经济学家让·巴蒂斯特·萨伊将"企业家"定义为能充分利用机会,通过创新与创立企业实现个人目标并满足社会需求的经营者或组织者。随着研究的不断深入,"企业家"的概念不断丰富。Frank H. Knight 认为在面对难以估算概率、完全未知的事件发生时,管理者通常无所适从,只有企业家才能在极不确定的情况下作出决策,并承担所有后果。若决策成功则获得所有收益,否则将承担所有损失。[①] Joseph A. Schumpeter 赋予企业家创新者的角色,创新并不仅仅指技术层面,更重要的是将现有的技术融入经济机构,形成新的组合和新的形式,形成创造性的破坏以此提升生产效率。[②] 德鲁克确实在《创新与企业家精神》中强调,企业家的本质是"对变化做出反应",即通过系统地寻找经济结构中的变化(如人口结构、技术变革、消费者需求等),将其转化为新的商业机会。

Frank H. Knight 在研究中提出企业家的不确定性是指在概率难以估算或者完全未知的条件下,管理者面对未知的发展问题往往束手无策,在

[①] Frank H. Knight, *Rise Uncertainty and Profit*, University of Chicago Press, 1921.

[②] Joseph A. Schumpeter, *The Theory of Economic Development: An Inquiry into Profits, Capital, Credit, Interest and the Business Cycle*, Harvard University Press, 1934.

此情况下只有企业家才能面对不确定的问题进行决策。① 在不确定的因素下，企业家拥有进行决策的权利。Joseph A. Schumpeter 从资源组合的角度将企业家定义为实现企业资源创新组合的创新者，这种新组合不仅仅是对新产品和新服务的创新组合，还包括实现生产材料、技能、市场和组织的新组合。企业家能够创新地采取新颖的方式实现对资源的优化组合，进一步提高生产和管理的效率。② Israel M. Kirzner 在研究中表明，与普通人相比，企业家更具有敏锐的观察力和市场洞察力，能够迅速发现和把握市场中的获利机会。③

M. Casson 研究指出，与普通人相比，企业家在收集信息、发现问题和解决问题方面的能力更突出，能够利用掌握的信息对稀缺资源进行协调和优化配置，从而实现稀缺资源的有效利用。④ W. B. Gartner 主要强调企业家创造新组织的能力，指出区分管理者与企业家的主要判别条件是能否创建新的组织。⑤ S. Shane 和 S. Venkatarman 在研究中表明，与普通管理者相比，企业家的个体特征是能够及时识别、评估和利用市场机会，认为企业家能够利用这种能力在包括实际商业和潜在市场机会的开发等创业活动中实现价值的创造与企业的可持续发展。⑥ Robert D. Hisrich 认为企业家具有承担风险、创造新价值的能力，可以通过自己的努力获取财富、实现人生价值。⑦

第二节　企业家精神的概念

"企业家精神"是英文"entrepreneurship"的直译，源于法语"entre-

---

① Frank H. Knight, *Rise Uncertainty and Profit*, University of Chicago Press, 1921.

② Joseph A. Schumpeter, *The Theory of Economic Development: An Inquiry into Profits, Capital, Credit, Interest and the Business Cycle*, Harvard University Press, 1934.

③ Israel M. Kirzner, *Competition and Entrepreneurship*, The University of Chicago, 1973.

④ M. Casson, *The Entrepreneur*, Gregg Revivals, 1982.

⑤ W. B. Gartner, "A Conceptual Framework of Describing the Phenomenon of New Venture Creation", *Academy of Management Review*, Vol. 10, No. 4, 1985, pp. 696 – 706.

⑥ S. Shane, S. Venkataraman, "The Promise of Entrepreneurship as a Field of Research", *Academy of Management Review*, Vol. 25, No. 1, 2000, pp. 217 – 226.

⑦ Robert D. Hisrich, *Entrepreneurship*, McGraw-Hill, 2005.

prendre",是一种重要的无形生产要素。Frank H. Knight 将企业家精神解释为在不确定因素下能够发挥自身能动性,开创新道路且敢于承担未知的风险。① Joseph A. Schumpeter 认为,企业家精神的本质是创新创造精神,就是敢于做他人未曾涉足的事情,或者是他人没有使用过的组合方式。② D. Miller 在熊彼特的定义上进行深化,认为企业家精神不仅能够代表企业家的个人特质,还能够代表企业的行为特性。③ H. Stevenson 从资源管理的角度出发,认为企业家精神是指个体突破现有资源约束,以敏锐的洞察力主动识别市场机会,并通过系统性的规划与行动开发和利用机会;同时,能够将人力、资金、技术、信息等各类要素进行高效整合与创造性运用,从而推动企业创新发展、创造经济价值与社会价值的综合素养与行为特质。④

T. W. Schultz 认为在市场失衡问题的处理上,企业家精神具有优越性,企业可以通过人力资本的投资获得更高的企业家精神,从而提高市场的竞争力。⑤ R. C. Ronstadt 认为,企业家精神的实质是企业家为企业和社会发展开创新价值的过程。⑥ J. Covin 和 D. Slevin 认为企业家精神具有创新性、风险性和冒险性,其中创新性是指企业通过开发新产品与服务从而扩大市场的过程,风险性是指企业在结果不确定或发生概率难以估算的情况下进行商业活动的行为和意愿,冒险性是指企业为了进一步提高竞争力,在前景未知、情况未明的市场环境下主动优先地推出新的生产方案。⑦ 依据此定义,G. T. Lumpkin 和 G. Dess 从创新性、自主性、风

---

① Frank H. Knight, *Rise Uncertainty and Profit*, University of Chicago Press, 1921.

② Joseph A. Schumpeter, *Capitalism, Socialism, and Democracy*, Harper Collins, 1942.

③ D. Miller, "The Correlates of Entrepreneurship in Three Types if Firms", *Management Science*, No. 7, 1983, pp. 770 – 791.

④ H. Stevenson, "The Heart of Entrepreneurship", *Harvard Business Review*, No. 3/4, 1985, pp. 85 – 94.

⑤ T. W. Schultz, "The Value of the Ability to Deal with Disequilibria", *Journal of Economic Literature*, No. 3, 1975, pp. 827 – 846.

⑥ R. C. Ronstadt, *Entrepreneurship: Texts, Cases and Notes*, MA: Lord Publishing, 1984.

⑦ J. Covin, D. Slevin, "A Conceptual Model of Entrepreneurship as Firm Behavior", *Entrepreneurship Theory and Practice*, Vol. 16, No. 1, 1991, pp. 7 – 25.

险性、冒险性和竞争性五个维度去解释企业家精神。① P. E. Drucker 认为企业家精神不是个人特质，而是一种创新行为，企业家通过系统的培养与学习，掌握了一定的决策能力后就能具备企业家精神。同时，他在研究中强调创新性是企业家精神的核心，他认为这种系统性的创新具有广泛的适用性，可以适应于各种类型的组织。② R. D. Hisrich 将企业家精神定义为，需要花费一定的时间和精力，承担可能面临的经济、社会等风险，可以获得资本和个人满足感的回报，是一种创造价值的过程。③ H. H. Stevenson 认为企业家精神的内核是识别机会，能够摆脱当下资源条件的约束，对现有的机会进行有效的识别，能够充分利用一切机会来创造价值。④ S. Venkataraman 将企业家精神的发展解释为企业家识别新机会、利用新机会和创造新产品的阶段。⑤ S. Shane 等将企业家精神定义为特定的个体发现、识别新机会，并且能够采取多种方法开发新机会，以此来创造一定的价值的过程。⑥ R. F. Hebert 等认为企业家精神包含三方面：敏锐识别未被发掘的市场利润机会，勇于承担企业经营中的技术、市场等不确定性风险，通过技术或模式创新等创造性行动打破市场现有均衡状态。⑦

国内学者对企业家精神的探究相对较晚，汪丁丁认为企业家精神的本质是创新精神、冒险精神和合作精神，强调突破、担险与资源整合。⑧

---

① G. T. Lumpkin, G. Dess, "Clarifying the Entrepreneurial Orientation Construct and Linking It to Performance", *Academy of Management Review*, Vol. 21, No. 1, 1996, pp. 135 – 172.

② P. E. Druker, *Innovation and Entrepreneurship: Practice and Principles*, Harper, 1985.

③ R. D. Hisrich, M. P. Peters, *Entrepreneurship: Starting, Development, and Management a New Enterprise*, McGraw-Hill Irwin, 1995.

④ H. H. Stevenson, M. J. Roberts, H. I. Grousbeck, *New Business Ventures and the Entrepreneur*, Homewood, IL: Irwin, 1989.

⑤ S. Venkataraman, "The Distinctive Domain of Entrepreneurship Research: An Editor's Perspective", *Advances in Entrepreneurship*, Vol. 21, No. 3, 1997, pp. 5 – 20.

⑥ S. Shane, S. Venkataraman, "The Promise of Entrepreneurship as a Field of Research", *Academy of Management Review*, Vol. 25, No. 1, 2000, pp. 217 – 226.

⑦ R. F. Hebert, A. N. Link, "The Entrepreneur as Innovator", *Journal of Technology Transfer*, No. 31, 2006, pp. 589 – 597.

⑧ 汪丁丁：《企业家的精神》，《管理与财富》2001 年第 7 期。

叶勤强调创新是企业家精神的核心，企业家是企业家精神人格化的主体。① 李新春等认为企业家精神是企业家善于识别机遇并能够合理利用的过程。② 鲁兴启等认为企业家精神是企业家在面对激烈的市场竞争时主动采取变革手段，从而获得最大化利润，其本质是一种创新精神。③ 吴向鹏和高波从文化价值观的方向解释了企业家精神，认为企业家精神的内涵是企业发展中企业文化不断累积、不断资本化的阶段。④ 庞长伟和李垣从企业经营战略的角度出发，研究表明企业家精神的本质是企业家对资源进行利用和管理的能力，面对激烈的市场竞争，企业家敏锐地识别机会、创造机会，结合企业家精神创造性的本质，企业家开发出新的市场资源，再进行现有资源的最优组合，提高资源的利用率，不断地创造新的资源，并通过自身的创新能力对资源进行优化配置。⑤

综上，通过对相关文献的分析可以发现，目前国内外学界尚未形成对企业家精神概念的标准化定义，但是对企业家精神所具备的一些特性存在共识：企业家精神是一种创造价值的过程，是一种创新创业型活动。随着企业家精神正式成为一个独立的研究领域，越来越多的学者从多学科视角对其展开系统性研究，深入探索企业家精神的内涵与外延。由于企业家精神所涉及学科种类多、研究领域广泛，不同领域的学者对企业家精神的研究也各有侧重，目前企业家精神的研究还处于一种"混沌中前进的状态"。基于此，从组织层面出发，立足于微观企业的视角，企业家精神是企业家在企业发展中展现的创新、创业、成长与经营能力。表现为面对外部机遇时积极创新创业，对内维持高效生产经营，推动企业成长，是对外开拓与对内守成相统一的精神。

---

① 叶勤：《企业家精神的兴起对美国经济增长的促进作用及其启示》，《外国经济与管理》2000 年第 10 期。
② 李新春、宋宇、蒋年云：《高科技创业的地区差异》，《中国社会科学》2004 年第 3 期。
③ 鲁兴启、王琴：《企业家精神与当代经济增长》，《商业研究》2006 年第 2 期。
④ 吴向鹏、高波：《文化、企业家精神与经济增长——文献回顾与经验观察》，《山西财经大学学报》2007 年第 6 期。
⑤ 庞长伟、李垣：《制度转型环境下的中国企业家精神研究》，《管理学报》2011 年第 10 期。

第三节 多层次企业家精神

企业家精神的研究领域具有广泛性，不同学者选取不同的角度对其进行研究，概念因此变得多样化和复杂化。随着企业家精神研究的深入发展，国内外学者开始从不同研究领域和维度对企业家精神进行分析。企业家精神可以在各个层面同时出现和发生作用，导致其研究主体、作用机制与作用变量均具有多样性和多层次性。基于此，本部分从个体、组织和社会三个层面对企业家精神进行分析。

一 个体层面的企业家精神

企业家精神最早出现在企业家的研究中，早期企业家精神的研究主要涉及企业家的个体特征、心理素养、职能和行为表现，[1] 探讨企业家各个方面与普通人的差异性。在个体层面，对企业家精神的研究更多是考察企业家的能力，主要围绕什么是企业家、企业家具备哪些能力、企业家对创业的影响。R. F. Hebert 等从个人特征上解释企业家精神，认为企业家精神的本质是企业家的行为表现。[2] D. C. McClelland 在研究中发现企业家精神表现出来的个人特征和心理特征对创业行为具有影响，如对成功的需求和积极的性格特征能提高创业成功率。[3] S. Djankov 等认为与普通人相比，企业家更具有冒险性和自信心，同时对成功的需求更大，对制度环境具有更好的洞察力，企业家更能把握和识别市场机会，促进创业发展。[4]

---

[1] W. B. Gartner, "Who is an Entrepreneur? Is the Wrong Question?", *American Journal of Small Business*, Vol. 13, No. 2, 1989, pp. 47–67.

[2] R. F. Hebert, A. N. Link, "In Search of the Meaning of Entrepreneurship", *Small Business Economics*, No. 1, 1989, pp. 39–49.

[3] D. C. McClelland, *The Achieving Society*, The Free Press, 1961.

[4] S. Djankov et al., "Who are China's Entrepreneurs?", *American Economic Review*, No. 9, 2006, pp. 248–352.

企业家的创业动机是促进企业家精神发展的主要动力。[①] Scott Shane 等在企业家创业动机的研究中发现，性别、年龄、文化素养、受教育程度、职业经历、管理经验和社会地位都会影响企业家的创业意愿和行为。[②] 研究发现，企业家是创业活动的主要核心，企业家精神所具有的特性是创业能否成功的关键因素。中国学者在国内的社会经济发展背景下，对企业家的特性、企业家与创业活动的关系进行研究。陈高生采用广义的框架概括了转型期中国企业家的特征，包括改革倾向、社会资本、创业意愿、成就的需求、创业能力和性格特征六个方面。[③] 刘忠明等从认知的角度出发，分析了影响企业家创新驱动力和增长愿望的主要因素，并阐述了它们是如何产生作用的，以此深入了解企业家认知过程的本质及其如何对创业产生影响。[④] 宋宇和张琪研究认为，创业者的风险偏好和较高的受教育程度会对创业行为产生积极影响，市场化进程增强了受教育程度对机会型创业的正面影响和对生存型创业的负面影响。[⑤] 买忆媛和周嵩安基于"创业动态跟踪研究"的调研数据，实证分析了创业者的风险倾向、人力资本和社会资本三个特质对如何选择创新创业路径的影响。[⑥] 李华晶等在 CPSED 项目调查数据的基础上，通过构建结构方程模型验证创业风险对创业活动产生消极影响，可获得性的创业资本、具有支持性的创业环境对创业活动产生积极影响。[⑦]

[①] Scott Shane, Edwin A. Locke, Christopher Collins, "Entrepreneurial Motivation", *Human Resource Management Review*, No. 13, 2003, pp. 257–279.
[②] S. Shane, S. Venkataraman, "The Promise of Entrepreneurship as a Field of Research", *Academy of Management Review*, Vol. 25, No. 1, 2000, pp. 217–226.
[③] 陈高生:《转型期中国企业家特征对企业创业的影响》,《经济理论与经济实践》2008 年第 6 期。
[④] 刘忠明等:《企业家创业认知的理论模型及实证分析》,《经济界》2003 年第 6 期。
[⑤] 宋宇、张琪:《制度因素、个人特性与创业行为：中国经验》,《中国软科学》2010 年第 S1 期。
[⑥] 买忆媛、周嵩安:《创新型创业的个体驱动因素分析》,《科研管理》2010 年第 5 期。
[⑦] 李华晶等:《基于 CPSED 的创业活动影响因素实证研究》,《科学学研究》2012 年第 3 期。

二 组织层面的企业家精神

随着经济社会的不断发展，企业要保持竞争优势，就必须将企业家精神作为建立和重构公司动态能力与保持竞争优势的主要手段，企业家通过对创新资源的最优组合来不断创造新的市场优势，拓展企业的开发潜力，以实现其最终成长目标。K. H. Vesper 认为，企业家精神的本质是在市场现存的企业内部建立新的组织或新业务的行为。[1] S. Zahra 认为，企业家精神是指为了提高公司的市场竞争地位和获取最大利润，在现有企业内部创造新产业，或基于战略视角更新现有企业的过程。[2] P. Davidsson 和 J. Wiklund 提出，将焦点由企业家精神的个体层面转向团队层面，探究团队企业家精神对创业活动的作用机理。[3] D. F. Kuratko 和 R. M. Hodgetts 认为，公司企业家精神是指为了激发公司内部的创新精神与营造创新氛围以获得企业赞同和投入资源的创业行为。[4] 目前，国外公司层面的企业家精神研究主要分为三个方面。其一，关注战略行为，认为公司应具备创业的方向或意识，而非关注其内部管理者的创业行为。其二，关注创业能力，强调管理者赋予创业者的行为和特质以及对公司内部管理者特征（如胜任素质、职业生涯）的研究。其三，关注企业的内部创业，主要研究公司组织架构、企业文化和核心竞争力等对企业家精神的影响。

通过阅读相关文献发现，国内学者在研究公司企业家精神的本质和形成机制时，主要是建立在企业家精神这一概念的基础上。戚振江和赵映振通过阐述公司创业特质、形式、发展战略类型、组织结构设计和绩

---

[1] K. H. Vesper, *Entrepreneurship Education*, *Entrepreneurial Studies*, Wellesley, MA: Babson College, 1985.

[2] S. Zahra, "Predictors and Financial Outcomes of Corporate Entrepreneurship: An Explorative Study", *Journal of Business Venturing*, No. 6, 1991, pp. 259 – 285.

[3] P. Davidsson, J. Wiklund, "Levels of Analysis in Entrepreneurship Research: Current Practice and Suggestions for the Future", *Entrepreneurship Theory and Practice*, Vol. 25, No. 4, 2001, pp. 81 – 99.

[4] D. F. Kuratko, R. M. Hodgetts, *Entrepreneurship: Theory, Process. Practice*, Mason, OH: South-Western Publishers, 2004.

效水平，提出企业创新创业的未来发展研究趋势。① 薛红志和张玉利指出国外公司企业家精神的研究主要集中在开发新事业、内部创业、创业型改造和构建内部市场四个方面。② 姜彦福、沈正宁和叶瑛基于公司创业过程、国际化公司创业和创业强度三个方面进行研究，提出了三维度企业家精神理论架构。③ 张玉利和郭永清以马斯洛需求层次理论为基础，研究发现公司企业家精神可以帮助员工实现自我需求层次，并且推动公司内部创业。④ 张映红认为，企业家精神的本质是"新经济活动创造"和"持续地创新"。⑤ 随着研究的不断深入，国内学者开始探讨不同情景下企业家精神对公司绩效的影响。蒋春燕、赵曙明则基于江苏省和广东省的数据，探究了社会资本与企业家精神和公司绩效之间的关系。研究表明，组织学习、社会资本和公司创业之间的相互促进关系在新兴企业发展的不同阶段发挥不同的作用。⑥ 陈忠卫和雷红生基于创业团队视角将企业家精神作为中介变量，实证研究发现，创业团队内情感冲突与公司绩效存在负向调节作用，认知冲突与公司绩效存在正向调节作用。⑦

姚先国等从企业集群环境下的网络视角出发，探究网络资源和公司企业家精神中的创业导向对企业绩效的影响，结果表明，创业导向和网络资源均对企业绩效有促进作用，其中网络资源作为调节中介，促进创业导向对企业绩效的正向影响。⑧ 杜海东和张锦探究机会识别和公司整合

---

① 戚振江、赵映振：《公司创业的要素、形式、策略及研究趋势》，《科学学研究》2003年第S1期。

② 薛红志、张玉利：《公司创业研究评述——国外创业研究新进展》，《外国经济与管理》2003年第11期。

③ 姜彦福、沈正宁、叶瑛：《公司创业理论：回顾、评述及展望》，《科学学与科学技术管理》2006年第7期。

④ 张玉利、郭永清：《地区经济发展模式的剖析——浙江与天津发展背后的思索》，《上海投资》2006年第12期。

⑤ 张映红：《公司创业理论的演化背景及其理论综述》，《经济管理》2006年第14期。

⑥ 蒋春燕、赵曙明：《组织学习、社会资本与公司创业——江苏与广东新兴企业的实证研究》，《管理科学学报》2008年第6期。

⑦ 陈忠卫、雷红生：《创业团队内冲突、企业家精神与公司绩效关系》，《经济管理》2008年第15期。

⑧ 姚先国、温伟祥、任洲麒：《企业集群环境下的公司创业研究——网络资源与创业导向对集群企业绩效的影响》，《中国工业经济》2008年第3期。

作为中介变量在创业精神作用公司绩效中的影响机制,基于235家公司数据分析认为,公司创业精神与机会识别和公司整合显著正相关,但在成长期的市场采用渐进式创业精神较为有效,在成熟竞争市场采用激进式创业精神更适合。①

三 社会层面的企业家精神

由于知识扩散性和人力资本地域差异性,行业之间的竞争类型各有不同,进入壁垒也有所区别,区域地理条件和行业特征在一定程度上影响着企业家精神的发展。由此可以认为,企业家精神是一种区域性现象,其研究主要体现在区域创业文化和政策环境对企业家精神的影响。另外,鉴于创业活动在全世界范围内的快速发展和对经济增长的巨大贡献,企业家精神的相关研究呈现跨地域、跨文化和跨国家的特点。社会层面的研究主要集中于企业家如何在变化的环境中发现和利用机会,以及宏观的制度和文化环境对企业家精神的影响。D. Keeble 和 S. Walker 认为由于个人财富与小规模企业环境的影响,英国地区创业存在一定差异性。②
C. Armington 和 Z. Acs 研究发现,导致美国地区创业水平不平衡的原因在于市场需求不同和人力资本差异。③ Stephan J. Goetz 和 D. Freshwater 分析研究了美国50个州的数据,指出创新氛围对创新活动有重要影响。④
M. Fritsch 和 P. Mueller 认为,产业结构及失业是导致德国创业水平不平衡的主要原因。⑤ P. Reynolds 等基于区域层面视角,针对企业家创业过程的

---

① 杜海东、张锦:《公司创业精神对创业绩效的影响路径——基于珠三角公司的实证研究》,《科研管理》2013年第3期。

② D. Keeble, S. Walker, "New Firms, Small Firms and Dead Firms: Spatial Patterns and Determinants in the United Kingdom", *Regional Studies*, No. 28, 1994, pp. 411 – 427.

③ C. Armington, Z. Acs, *Differences in Job Growth and Persistence in Services and Manufacturing*, U. S. Census Bureau, 2000.

④ Stephan J. Goetz, D. Freshwater, "State-level Determinants of Entrepreneurship and a Preliminary Measure of Entrepreneurial Climate", *Economic Development Quarterly*, Vol. 15, No. 1, 2001, pp. 58 – 70.

⑤ M. Fritsch, P. Mueller, "The Evolution of Regional Entrepreneurship and Growth Regimes", in M. Fritsch, J. Schmude eds. , *Entrepreneurship in the Region: International Studies in Entrepreneurship*, New York: Springer Science, 2006.

影响因素进行分析并提出了7个关键指标。① 近年来，国内诸多学者从不同视角就社会层面的企业家精神的差异性展开研究。② 贾生华和邹爱其通过构建跨文化的分析框架，对不同环境背景下的创业特征进行了研究。③ 高波从文化视角出发，提出企业家精神的实质是企业文化价值资本不断积累的过程，并认为创新精神、敬业精神与合作精神是企业价值观体系的重要组成部分。④ 还有诸多文献基于企业家精神对区域经济发展的影响进行研究。李国军基于人与创业的视角，对创业精神内容结构进行分析，通过对比创业环境的三个维度，发现区域创业环境对企业创业有正向影响。⑤ 欧阳银基于效用模型，研究得出企业家精神是区域竞争力的优势来源。⑥ 董昀在转轨时期背景下，基于经济增长问题研究企业家精神，以更为准确地分析企业家精神对区域经济的促进作用。⑦ 刘亮立足制度经济背景，分析产业集聚的特点和演化，提出产业集聚会对企业家创新能力及整体区域的发展起促进作用。⑧

第四节　企业家精神的影响因素

企业家精神的影响因素包含多个方面，大致可以分为个体层面、组织层面和社会层面三部分。研究企业家精神影响因素的文献有很多，有

---

① P. Reynolds, D. J. Storey, P. Westhead, "Regional Characteristics Affecting Entrepreneurship: A Cross-national Comparison", Frontiers of Entrepreneurship Research, Wellesley, M. A.: Babson College, 1994, pp. 550 – 564.

② 高波：《文化资本、企业家精神与经济增长：浙商与粤商成长经验的研究》，人民出版社2011年版。

③ 贾生华、邹爱其：《中美日三国不同文化背景下的创业特征比较》，《外国经济与管理》2006年第10期。

④ 高波：《文化、文化资本与企业家精神的区域差异》，《南京大学学报》（哲学科学社会科学版）2007年第5期。

⑤ 李国军：《创业环境评价及区域比较》，《云南行政学院学报》2009年第2期。

⑥ 欧阳银：《企业家精神对经济发展的影响——理论、实证与案例》，湖南人民出版社2011年版。

⑦ 董昀：《体制转轨视角下的企业家精神及其对经济增长的影响——基于中国典型事实的经济分析》，经济管理出版社2011年版。

⑧ 刘亮：《区域创新、创业与经济增长》，复旦大学出版社2012年版。

学者从单一层面展开研究，有学者从多个层面综合分析，研究的历程也从静态到动态转变。单个层面研究的学者大多集中在个体层面的分析上，研究发现个体层面上分成两个研究方向，其一是心理特征，即学界所说的"特质论"方面的研究；其二是诸如年龄、性别等在内的人口统计特征方面的研究。

随着时代的发展，信息技术的普及，企业所处的环境越发复杂，具有颠覆性思维的创业精神在企业发展的道路上扮演着重要角色，公司企业家精神的研究浪潮不断高涨。公司企业家精神的研究不仅要考虑个体，如受教育程度、某个人的第 i 项知识产权资本的价值等，还要考虑企业管理效率和财务资本规模等组织层面的因素，以及企业综合税率负担 RB、人均 GDP 等社会方面的因素（见表 2-1）。

表 2-1　　　　　　　　　企业家精神的影响因素

影响因素	各影响因素的具体指标
个体因素	受教育程度、某个人的第 i 项知识产权资本的价值
	个人在从事第 i 项知识传播或研究发明时所付出的劳动创造的新价值
	个人在从事第 i 项知识传播或研究发明时所投入的货币资本的转移价值
	个人在从事第 i 项知识传播或研究发明时吸收的与第 i 项研究有关的知识新价值
组织因素	企业管理效率和财务资本规模
	企业文化、企业形象、组织结构等价值
	企业经济规模扩张的速度和企业的效益
	企业的营销网络、服务网络和服务质量
	企业在 CI 设计和广告宣传上的投资
	企业招聘和培训员工所投入的物质资本、货币资本以及无形资产所转移的价值
	企业留住核心技术人员和高级管理人员所付出的额外投资价值的转移部分
社会因素	企业综合税率负担 RB、人均 GDP 等

资料来源：赵静杰：《知识资本化理论研究》，博士学位论文，吉林大学，2005 年；陈则孚：《知识资本研究》，博士学位论文，中共中央党校，2001 年。

第五节 企业家精神的研究综述

一 企业家精神的测度研究

通过对现有相关文献的研究，发现国内外学者对企业家精神的研究仍停留在内涵重构和理论实证的阶段，对企业家精神的测量和评估研究较少，而这部分的研究主要以静态分析为主，即选取少数指标采用静态的测量方法对企业家精神进行测度分析，以反映某一时间段某一领域企业家精神的静态发展情况。但是，随着社会创新驱动进程的不断加快，企业家精神也处于一种不断变化的动态发展中，即连续时间下的静态测度之间具有关联性，因此单一静态的测量方法和单一维度的测量指标不能全面地反映出企业家精神在连续时间下发展的变化。

要针对企业家精神进行量化分析，先要解决如何对企业家精神进行测度研究的问题。通过梳理相关文献发现，在现有企业家精神的测度研究上，学者们主要采用了两种方法：一种是主观评测法，另一种是间接代理法。研究发现，多数学者主要采用基于 GEM 项目（全球创业观察）的研究框架，或通过自主开发量表并结合结构化调查问卷的主观评测方法，对企业家精神展开定性研究。[①] J. Covin 和 D. Slevin 较早提出了针对组织层面企业家精神的测量量表，采用 Likert 量表法对企业家精神的核心维度（如创新性、冒险性、前瞻性）进行量化分析。该量表的设计框架和维度定义为后续企业家精神的实证研究提供了重要的理论基础和测量范式。[②] 彭国红等在借鉴 J. Covin 和 D. Slevin 开发的企业家精神测量表的基础上，从创新精神和冒险精神两个维度创建了包含 11 个题项的企业家精神量表，采用 Likert 量表法实现了对企业家精神的量化分析。[③] 毛良虎等通过对 J. Covin 和 D. Slevin 设计的量表进行修改，开发了具有创新精

[①] 牛建国：《关于企业家精神测度的文献综述》，《现代管理科学》2018 年第 9 期。

[②] J. Covin, D. Slevin, "A Conceptual Model of Entrepreneurship as Firm Behavior", *Entrepreneurship Theory and Practice*, Vol. 16, No. 1, 1991, pp. 7–25.

[③] 彭国红：《企业家精神对组织创新的影响》，博士学位论文，武汉大学，2011 年；李巍、丁超：《企业家精神、商业模式创新与经营绩效》，《中国科技论坛》2016 年第 7 期。

神、开创精神和冒险精神三个维度与 9 个测量题项的企业家精神测量量表,采用 Likert 七级打分法进行度量。①

间接代理法,即选择与评价对象相关的指标,通过数理模型计算进行实证分析。测度企业家精神最常用的指标是自雇率,这在企业家精神的跨国研究中被认为是一种标准的测度指标。② 该指标虽然并非测度企业家精神最理想的指标,但它几乎是最容易获得的。③ 此外,还有专利数、企业进入率和退出率等指标。④ 国内学者罗曼予和朱念尝试以每万人拥有的私营企业数量来衡量中国的企业家精神,利用 AK 增长模型研究企业家精神与经济增长的宏观关系。⑤ 曾钺和李元旭从投入与产出的视角,利用 C-D 生产函数研究企业家精神与经济的发展情况,其中利用私营企业投资者人数占就业人口比重衡量企业家精神。⑥ 谢众和张杰利用计量模型评估了企业家精神与企业绩效的发展情况,使用人均固定资产、人均无形资产、专利申请数、董事会独立性和人均销售收入 5 个指标建立企业家精神的测量指标体系。⑦ 王飞和丁苏闽从创新精神、企业家人力资本、责任意识三个维度,利用研发投入比、基本每股收益、营业收入增长率、应付账款周转率、利息保障倍数等综合指标实现了对中小板上市公司企业家精神的测度分析。⑧ 虽然改进了企业家精神的测量研究,但仍有一些

---

① 毛良虎、王磊磊、房磊:《企业家精神对企业绩效影响的实证研究——基于组织学习、组织创新的中介效应》,《华东经济管理》2016 年第 5 期。

② Barton H. Hamilton, "Does Entrepreneurship Pay? An Empirical Analysis of the Returns to Self-Employment", *Journal of Political Economy*, Vol. 108, No. 3, 2000, pp. 604-663.

③ George C. S. Lin, "Capitalism with Chinese Characteristics: Entrepreneurship and the State", *Cambridge Books*, Vol. 17, No. 8, 2010, pp. 96-103.

④ S. Beugelsdijk, N. Noorderhaven, "Entrepreneurial Attitude and Economic Growth: A Cross-section of 54 Regions", *Annuals of Regional Science*, Vol. 38, No. 2, 2004, pp. 199-218.

⑤ 罗曼予、朱念:《企业家精神与经济增长关系的实证研究》,《商业经济研究》2015 年第 7 期。

⑥ 曾钺、李元旭:《试论企业家精神驱动经济增长方式转变——基于我国省级面板数据的实证研究》,《上海经济研究》2017 年第 10 期。

⑦ 谢众、张杰:《营商环境、企业家精神与实体企业绩效——基于上市公司数据的经验证据》,《工业技术经济》2019 年第 5 期。

⑧ 王飞、丁苏闽:《企业家精神、融资约束与企业僵尸化的关系研究》,《工业技术经济》2019 年第 6 期。

问题亟待解决，简单的计量分析和模型检验不能全面表现出企业家精神的内在特质与逻辑结构。

由于企业家精神概念具有抽象性和模糊性，对其进行评价属于多目标评价问题，且涉及较多定性因素。因此，需要在对各因素开展定性分析的基础上，构建综合量化指标以实现科学评价。在企业家精神评价方法的选择上应考虑到上述测量方法的不足和研究目标的特性，解决测量过程中出现的模糊性、多重性和数据异常性问题。受学科差异性和企业家精神概念抽象性的影响，当前国内外多数学者对企业家精神的研究主要采取定性和思辨的方法，在企业家精神的定量研究上成果有限。尽管定性研究在事物性质的描述上具有优势和不可替代性，但其缺乏严谨性，对事物的研究不够深入，因而要使企业家精神的研究取得客观而有效的成果必须依托定性与定量方法的结合。

二　企业家精神测量维度研究

随着国内外学者对企业家精神的深入研究，以及各种评价方法和测量手段的发展，企业家精神的研究逐渐定量化。通过对现有研究文献进行梳理和总结，发现多数学者将创新性、冒险性和创业性作为企业家精神的核心维度。

（1）创新性的测度

创新性是企业家精神的重要内容，是测量企业家精神的一个重要维度。Zoltan J. Acs 等认为创新活动主要包括两个方面，即确定创新的投入和创新带来的产出效益，因此国外很多学者直接利用科技投入数额作为创新活动的衡量指标。[①] 比如用千人所取得发明的数量、企业发明专利的数量来研究企业家的创新活动，这一方法操作起来比较简单，能够较容易地获得所需要的统计资料，一直被广泛采用。

（2）冒险性的测度

企业家普遍具有冒险的冲动。在早期企业家精神的内涵研究中，学

---

① Zoltan J. Acs et al. , "Growth and Entrepreneurship", *Small Business Economics*, Vol. 39, 2011, pp. 289–300.

者通常会用企业家是否采取冒险的行动来定义其是否具有企业家精神。由于企业离开和进入市场的资料比较容易获得,多数学者就利用企业数量来测量区域内企业家精神的冒险性。R. H. Coase 在《企业的本质》中强调,市场内企业数量最能直观地反映一个市场的竞争度。① 据此,国外学者 Stephen J. Nickell 则利用企业的超额利润值来测量企业家精神的冒险性。② 国内学者何予平把企业进入比率设置为测量企业家精神冒险性的度量指标。③ 在企业家精神冒险性的度量中,多数学者采取调查问卷的方式进行测量。问卷主要基于 J. Covin 和 D. Slevin 编制的量表,并采取 Likert 7 点量表法。例如,其冒险性测量维度有倾向冒险行为、面对环境不确定性采取大胆的行为,并应该针对具体研究的规模确定样本来源。

（3）创业性的测度

国内外学者主要从创新性和冒险性对企业家精神进行度量分析,相比之下,缺少对创业性的研究。企业家的创业性主要是指创立新企业的行为,包括企业家们的自我雇佣比率、创建新企业数量等。④ 自萨伊以来,创新与创业被经济学家视为重要的生产要素,同时也是促进经济可持续发展的重要驱动力。通过对现有研究文献的总结发现,在企业家精神的研究中,自我雇佣比率是一种标准的测度指标。另外一些学者经常选用专利数、企业进入率和退出率等指标对企业家精神的创业性进行测量。

三　企业家精神的测量指标研究

由于企业家精神内涵的抽象性和多样性,学者们选取的评价指标也具有多样化。在测量指标的选取上,目前常见的主要分个体层面、公司层面以及宏观层面,主要有自我雇佣比率、企业创建率、市场创业人数

---

① R. H. Coase, "The Nature of the Firm", *Economica*, Vol. 4, No. 16, pp. 386–405.
② Stephen J. Nickell, "Competition and Corporate Performence", *Journal of Political Economy*, Vol. 104, No. 4, pp. 724–746.
③ 何予平:《企业家精神与中国经济增长》,《当代财经》2006 年第 7 期。
④ 代明、郑闽:《企业家创业、创新精神与全要素生产率增长——基于中国省际面板数据的实证分析》,《科技管理研究》2018 年第 1 期。

参与度等。自我雇佣比率是自我雇佣人数占总体劳动力人数的比重，使用自我雇佣比率来测量企业家精神的学者众多。经济合作与发展组织（OECD）将劳动者划分为自我雇佣者和员工，探究不同国家自我雇佣比率与经济规模、就业水平、政府服务部门规模等变量间的相关性；Isabel Girlo 等运用自我雇佣比率，研究企业家精神与金融水平的相关性；[①] D. Evans 等运用这一指标来衡量企业家精神并研究影响企业家精神发展的相关因素。[②] T. F. Yu 使用企业进入与退出比例来衡量企业家精神，探究其与经济增长之间的相关性。[③] R. F. Hebert 等认为，应该从创业精神和创新精神等维度测量企业家精神。[④]

通过参考相关文献，发现国内学者对企业家精神的测量主要集中于私营企业方面。比如，陈长江等采用私人企业比率来衡量企业家精神的创业能力，[⑤] 马天明等采用私营企业劳动力人数占总劳动力人数之比作为企业家精神的测度指标。[⑥]

第六节　测量方法的研究综述

通过检索相关文献发现，赵杰基于神经网络模型对企业突破性创新要素和创新绩效进行了研究，解决了二者之间的非线性和不确定性问题。[⑦] 朱庆锋等采用 BP 神经网络实现了对多要素、多要求、难操作的企

[①] Isabel Grilo, Jesus-Maria Irigoyen, "Entrepreneurship in the EU: To Wish and Not to Be", *Small Business Economics*, Vol. 26, No. 4, 2006, pp. 305–318.

[②] D. Evans, L. Leighton, "Some Empirical Aspects of Entrepreneurship", *American Economic Review*, No. 79, 1989, pp. 519–535.

[③] T. F. Yu, "Adaptive Entrepreneurship and the Economic Development of Hong Kong", *Word Development*, No. 26, 1998, pp. 897–911.

[④] R. F. Hebert, A. N. Link, "The Entrepreneur as Innovator", *Journal of Technology Transfer*, No. 31, 2006, pp. 589–597.

[⑤] 陈长江、高波：《制度、企业家精神与中国经济增长动力的再检验》，《经济经纬》2012年第1期。

[⑥] 马天明、吴昌南：《要素价格扭曲对企业家精神影响的实证分析》，《统计与决策》2017年第12期。

[⑦] 赵杰：《基于神经网络的企业突破性创新要素与创新绩效关系研究》，《科技管理研究》2016年第22期。

业控制活动进行全方面、系统性的综合评价。① 佟泽华等利用模糊神经网络解决了评价体系的多层次、多维度和评价过程中的模糊性和盲目性问题。② 祝玉婷等运用模糊数学的概念解决了测量研究中出现的不确定性、多重性和复杂性问题。③ 模糊神经网络具有较强的自主学习性、适应性和容错性,是研究非线性关系的重要方法,能够模糊处理企业家精神测量研究中关系不明确的复杂问题。因此,通过构建模糊神经网络模型对长三角企业家精神进行全面科学的测量研究,并通过对比 BP 神经网络结果,验证模糊神经网络模型的有效性、科学性、适应性和实践指导性,从而丰富模糊神经网络的应用领域,拓宽企业家精神的研究思路,为发展和培育企业家精神提供理论依据与方法支撑。

在对研究对象进行测量分析中,首先要解决的是测量指标权重的问题,研究发现目前学界的赋权方法主要分为主观赋权法和客观赋权法。两种赋权法的区别在于,前者主要表现出决策者和研究者的偏好,具有明显的主观色彩,而后者在研究中不体现决策者的主观偏好,④ 表现出一种客观的态度。在客观赋权法的应用和发展中,郭亚军最早根据差异驱动思想,利用数学原理对差异驱动测量研究中的客观赋权部分进行了总结和说明,为后续动态评价方法的研究提供了改进和借鉴的理论基础。⑤ 而后出现了差异驱动原理与其他决策模型相结合的理论研究,于海波通过并行的算法改进了该原理的客观赋权法的数学模型,以满足处理大量

---

① 朱庆锋、徐中平、王力:《基于模糊综合评价法和 BP 神经网络法的企业控制活动评价及比较分析》,《管理评论》2013 年第 8 期。

② 佟泽华等:《基于模糊神经网络的企业知识集成能力评价研究》,《情报理论与实践》2013 年第 8 期;尹航:《基于模糊神经网络的商业银行竞争力评估》,《统计与决策》2015 年第 14 期;肖会敏、侯宇、崔春生:《基于 BP 神经网络的 P2P 网贷借款人信用评估》,《运筹与管理》2018 年第 9 期。

③ 祝玉婷、韩莹、袁安富:《基于改进的 Pythagorean 模糊语言集的可持续实验室评价方法》,《运筹与管理》2019 年第 11 期;吴冲、刘佳明、郭志达:《基于改进粒子群算法的模糊聚类——概率神经网络模型的企业财务危机预警模型研究》,《运筹与管理》2018 年第 2 期。

④ 李伟伟、易平涛、李玲玉:《综合评价中异常值的识别及无量纲化处理方法》,《运筹与管理》2018 年第 4 期。

⑤ 郭亚军:《一种新的动态综合评价方法》,《管理科学学报》2002 年第 2 期。

数据时的多指标综合评价权值确定的需求。① 由此，基于差异驱动原理的客观赋权法在数学原理的表达上是较为完善的，是有足够理论支撑的。

除了基于差异驱动原理的客观赋权法的理论探讨，也开始对其应用研究进行讨论。马社强等针对升级区域的道路交通安全水平建立评价体系，运用差异驱动原理科学系统地确定其中部分指标的权重。② 刘超等通过运用差异驱动原理对郑州市循环经济的发展状况进行了简要的研究，并提出针对性的建议。③ 董庆兴等在研究多属性决策问题时，提出了一种基于差异驱动的主客体协作式综合评价方法，以此来评价主体、客体意见的话语权重，并应用实例检验了方法的有效性。④ 胥小彤为提高国内大中型工业企业的技术创新能力，分别从创新投入和创新产出两个方面建立动态评价指标体系，应用基于三次差异驱动理论的模型来进行综合评价。⑤

第七节　知识产权资本

一　知识产权资本的内涵

知识产权，又称"知识所属权"，是指权利人在有限的时间内依法享有的专有权及其经营活动中的商标和信用。知识产权是社会实践中创造的人类智力工作的专有权，比如各种智力创作（如发明、外观设计、作品和艺术品），以及商业促销中使用的徽标、名称和图像。其中，个人或组织拥有的知识产权还包括发明专利、商标和产品设计。知识产权资本

---

① 于海波：《多指标综合评价差异驱动赋权法并行模型设计与实现》，《软件导刊》2013年第10期。

② 马社强、邵春福、刘东等：《基于差异驱动原理的道路交通安全评价》，《吉林大学学报》（工学版）2010年第4期。

③ 刘超、白姝伟：《基于差异驱动原理的郑州市循环经济评价》，《科技管理研究》2013年第3期。

④ 董庆兴、郭亚军、马凤妹：《基于差异驱动的主客体协作式综合评价方法》，《中国管理科学》2012年第1期。

⑤ 胥小彤：《基于差异驱动模型的我国大中型工业企业技术创新能力动态评价》，《西南师范大学学报》（自然科学版）2015年第11期。

是由企业通过获得内部工人的创新成果，将"显性知识"转化成一种权力资本，实现知识资本质的飞跃。Leif Edvinsson 研究发现，知识产权涵盖在企业组织结构、制度规范、公司形象、企业文化、信息技术支持系统等的结构资本中。[1] A. Brooking 首次提出，诸如专利、商标、版权、商业秘密等的知识产权资本是由企业所拥有的教育投入、研发投入等在内的人力资本进行创新活动产生的特有的知识资产，为避免新的知识资产被竞争对手模仿而申请法律保护所形成的权力资本。[2] 冯晓青认为知识产权的资本化运作涵盖了把知识产权当作投资、融资工具两部分内容，具体包括知识产权投资入股、知识产权融资质押、知识产权信托等形式。[3] 傅元略等通过建立集智力资产效益贡献和非财务性指标于一体的综合评价指标来衡量无形资产对企业的贡献，实证研究发现企业知识产权和公司净利润之间存在相关性，且为正相关。[4]

知识产权资本研究目前集中在三个维度。其一，物的维度，以专利权、程序、数据库、商标权、产品设计和使用说明、商业方案等为主的智力劳动成果。这些成果被编码化并受到法律保护，具有专有权力。[5] 其二，社会关系纬度，主要借助于保护知识产权的国际国内组织，强化知识产权的法律保护，对供应链客户、竞争对手、执法机构产生广泛的影响。其三，精神维度，知识产权资本为权利人带来的既得利益，以及权力机构对知识产权保护的进一步强化，共同作为竞争手段，促使权利人形成对知识产权净收益无限追求的价值取向。[6]

知识产权，如发明、创造、专利、技术、论文和专著等，其中每项

---

[1] Leif Edvinsson, "Service Leadership-Some Critical Roles", *International Journal of Service Industry Management*, Vol. 3, No. 2, 1992, pp. 33–36.

[2] A. Brooking, "Intellectual Capital: Core Asset for the Third Milennium Enterprise", *Cengage Learning Emea*, 1996.

[3] 冯晓青：《我国企业知识产权资本运营策略探讨》，《上海财经大学学报》2012年第6期。

[4] 傅元略：《企业智力资产效益贡献的综合评价》，《会计研究》2000年第10期；刘志国：《长期股权投资成本法核算之简化技巧》，《财会月刊》2009年第34期。

[5] 王宏军：《知识产权 知识产权资本 知识产权霸权——以发展中国家的立场为视角》，《甘肃政法学院学报》2009年第1期。

[6] 赵静杰：《知识资本化理论研究》，博士学位论文，吉林大学，2005年。

成果都是每个个体拥有的一项或一个计量单位的知识产权资本，个人的知识产权资本因时间和空间的不同而发生变化，组织不同、环境不同，知识产权所带来的价值也是不同的。另外，企业中知识产权资本还包括在市场中获得超常利润的无形资本，如商标、品牌、信誉、版权和非专利技术等。本企业的员工研究开发所获取的知识产权成果，应作为该企业的知识产权资本，全部的知识产权资本价值的总和等于企业所拥有的知识产权资本的价值。

二 知识产权之专利

专利是指国家专利管理部门在审议批准本专利申请后，授予申请人专利权，是由政府部门签发的具有法律效力的文件。它鼓励发明并保护专利权人的发明免受外部侵权。专利是知识产权的重要组成部分，是一种具备创造性、实用性和新颖性的无形财产。创造性是指与专利申请日之前已有的技术相比，该发明或实用新型具有实质性特点和显著的进步，即在技术方案上存在非显而易见的创新点，且相对于现有技术能产生更好的技术效果或解决新的技术问题，体现出明显的技术优势和进步性。实用性是指人们开发的新技术，给社会、企业和企业内部员工带来生产或生活的便利。新颖性是指在申请发明之前未在国内外相同发明中出现的发明，或者未在国内外公开使用并以其他方式得到公众认可的发明。专利主要有三种类型，即发明专利、外观设计专利和实用新型专利。发明专利主要是改进产品和产品方法；外观设计专利主要是对产品的新外观风格做出改进；实用新型专利是为升级产品内部结构而提出的新技术方案。

J. Hall 等从高校角度出发，阐述了知识产权运营时的困难，认为加强客户与高校研发者之间的沟通是知识产权成果转化的必要条件。[①] Marcus Holgersson 实证分析得出知识产权吸引风险投资的结论，认为风险投资是

---

① J. Hall et al., "Commercializing University Research in Diverse Settings: Moving Beyond Standardized Intellectual Property Management", *Research-Technology Management*, Vol. 57, No. 5, 2014, pp. 26–34.

科技型中小企业发展的重要途径。① J. P. Niinimaki 通过分析企业战略与知识产权保护之间的关系，认为知识产权保护与企业 R&D 投入是正向关系。② C. J. Serrano 指出，知识产权的运营会受到多种因素的影响，主要有专利有效期、专利通用性等。③ 鲍新中综合了国内外的知识产权融资模式，从资金需求方、中介市场、资金供应方三个方面阐述了中国知识产权融资问题并提出了相关政策建议。④ 宋河发通过分析中国知识产权资本运营的现状，根据系统论和公共政策原理构建了知识产权运营政策体系。⑤ 陈静通过分析知识产权资本化的特点与要求，构建了知识产权资本化的价值指标评估体系，并提出了有关知识产权资本化的相关建议与措施。⑥ 郭俊认为知识产权在资本化改革进程中应转变政府职能，建设法治政府和服务型政府，同时构建知识产权市场化政策体系，找准改革的着力点和突破口。⑦ 苏喆等认为知识产权具有价值增值特征，其实质是资本由权利形态到价值形态的转变。⑧

三　国内外研究综述

从理论研究来看，国内外用于知识产权价值测量的主要方法无外乎成本法、市场法、收益法几种，不过他们也分析了这些方法的应用前提条件和适用性，并且对方法参数选择的研究也不少。国内对知识产权价值测量的方法研究还很局限，大部分是建立在国外现有的理论基础上，

---

① Marcus Holgersson, "Patent Management in Entrepreneurial SMEs: A Literature Review and an Empirical Study of Innovation Appropriation, Patent Propensity, and Motives", *R&D Management*, Vol. 43, No. 1, 2013, pp. 21 – 36.

② J. P. Niinimaki, "Nominal and True Cost of Loan Collateral", *Journal of Banking & Finance*, No. 35, 2012, pp. 2782 – 2790.

③ C. J. Serrano, "Estimating the Gains from Trade in the Market for Innovation: Evidence from the Transfer of Patents", NBER, No. 1, 2011.

④ 鲍新中：《知识产权融资：模式、障碍与政策支持》，《科技管理研究》2019 年第 4 期。

⑤ 宋河发：《我国知识产权运营政策体系建设与运营政策发展研究》，《知识产权》2018 年第 6 期。

⑥ 陈静：《知识产权资本化的条件与价值评估》，《学术界》2015 年第 8 期。

⑦ 郭俊：《完善我国知识产权信托融资模式的相关思考——基于国际经验的比较与借鉴》，《学习与实践》2015 年第 7 期。

⑧ 苏喆、郝思谋：《知识产权资本化悖论解析及其矫正》，《贵州社会科学》2014 年第 2 期。

还有很大发展空间。从实证研究来看，国外学者对知识产权价值测量方法的实证研究更加全面系统，而国内学者在这一环节的研究比较薄弱。原因之一可能是国内科技型企业的技术创新和成熟程度不够，而西方发达国家在高新技术产业的发展和知识产权的开发及保护方面比较成熟，具有自由的发展市场和完善的规章制度，信息数据的公开化程度高，相关权威机构也有及时发布与更新测量中常用的参数。由于缺乏强大公开的数据库，中国学者在实证研究时，很难获得相应的数据作为支撑，导致知识产权价值测量效率低下，实证研究受限。

国内学者刘凤朝等从实证角度出发，运用灰色系统理论分析了影响专利发展的因素，并建立了关于专利申请量的等维灰数递补 GM（1，1）模型，进而对 2002—2005 年的专利申请量进行了灰色预测。[①] 唐炜和刘细文将专利分析方法应用于企业竞争者的分析，通过检索同一家族专利的专利申请人数，分析了应用较多的相关企业。[②] 于冬根据知识产权对企业收益的贡献，通过索洛模型将知识产权的价值视为生产函数的变量，知识产权的价值通过贴现金流量法预测。[③] 马忠明等考虑到专利技术的生命周期特征，采用实物期权法的动态值随时计算专利价值和专利实施门槛，并给出具体的计算方法。[④] 吴化卿阐述了中国创业板上市公司中知识产权的特点，对知识产权价值测量一般方法中参数确定和方法应用进行了定性分析。[⑤] 陈红玉通过总结专利技术的三种基本方法和影响专利价值测量的因素，根据专利技术测量的特点，将理论与实践相结合，通过

[①] 刘凤朝、潘雄锋、王元地：《基于灰色系统理论的中国专利分析与预测》，《情报杂志》2004 年第 12 期。

[②] 唐炜、刘细文：《专利分析法及其在企业竞争对手分析中的应用》，《现代情报》2005 年第 9 期。

[③] 于冬：《基于经济增长模型下的企业知识产权价值评估》，《科技管理研究》2005 年第 2 期。

[④] 马忠明、刘康泽：《应用实物期权方法评估专利价值》，《中南财经政法大学学报》2006 年第 3 期。

[⑤] 吴化卿：《创业板上市企业知识产权价值评估方法及参数选取》，《中国资产评估》2009 年第 11 期。

定量与定性相结合的方法选择层次分析法。① 段富明在分析无形资产识别和价值测量重要性的基础上，以海尔公司为例，分析了无形资产识别和价值测量的过程，同时结合案例，提出了优化无形资产识别和价值测量的对策与建议。②

在国外关于知识产权资产的研究中，T. J. Housel 和 S. K. Nelson 基于相关理论基础，采用期权定价模型对企业中能够产生长期收益的知识产权所对应的专利价值进行了评估。③ S. Khouy 通过分析知识产权特征与条件，总结出了六种影响知识产权价值的主要因素。通过具体分析不同市场条件下不同测量方法的适用性，得出结论：市场的成熟度会对知识产权价值测量方法的选择带来影响。④ A. J. Glass 和 K. Saggi 构建了知识产权产业化的产品生命周期模型，以便更准确地计算出知识产权的预期收益，基于此来研究知识产权生命周期与吸引外资之间的关系。⑤ D. Samuel 通过对版权评估的实践，认为资本资产定价模型虽然有一定的局限性，但仍有很大的适用性。⑥ Y. J. Chiu 和 Y. W. Chen 通过层次分析法（AHP）来研究专利权的价值，先选定具体的企业，将专利工业化，生产新的产品，通过评估新的产品的价值来衡量专利价值。⑦

四 知识产权资本对企业家精神的研究综述

随着科技、经济、社会与文化的发展，知识资本逐渐成为企业发展

---

① 陈红玉：《专利技术价值评估中层次分析法的改进及实例研究》，硕士学位论文，重庆理工大学，2016年。

② 段富明：《无形资产的辨识与价值评估——以海尔公司为例》，《中国商论》2017年第29期。

③ T. J. Housel, S. K. Nelson, "Knowledge Valuation Analysis: Applications for Organizational Intellectual Capital", *Journal of Intellectual Capital*, Vol. 6, No. 4, 2005, pp. 544 – 557.

④ Sam Khouy et al., "Intellectual Property and Competition Policy: Emerging Issues", *Australian Business Law Review*, Vol. 29, No. 2, 2001, pp. 215 – 243.

⑤ A. J. Glass, K. Saggi, "Licensing versus Direct Investment: Implications for Economic Growth", *Journal of International Economics*, Vol. 56, No. 1, 2002, pp. 131 – 153.

⑥ D. Samuel, "Intellectual Property Valuation: A Finance Perspective", *Albany Law Review*, Vol. 7, No. 9, 2007, p. 40.

⑦ Y. J. Chiu, Y. W. Chen, "Using AHP in Patent Valuation", *Mathematical and Computer Modelling*, Vol. 46, No. 7/8, 2007, pp. 1054 – 1062.

的主导性优势资源。作为企业的"第三资源",它对企业资源配置结构产生了显著的影响。企业以厂房、机器等实物资本为核心竞争力的传统运营模式已被颠覆,知识资本在企业构建竞争优势的过程中占据主导地位。

企业知识资本中最核心的要素是由创新产生的知识产权资本。当代企业家精神研究是建立在熊彼特提出的创新是经济发展的动力源理论。而创新的价值就是知识溢出值,企业的知识产权资本也是企业家精神的重要影响因素。[①] 单从个体特性方面来看,企业家精神就包括创新性、开放性、敬业性、创业性和竞争性等。知识产权资本的价值体现在企业通过新产品发明、新型生产方法、原材料改良、运输效率提升等方式,实现生产力优化,进而在行业中构建竞争优势、增加经营收益,并提升品牌影响力与市场知名度。一来可以更加有利于公司引进创新型人才,二来更多的资本投入能够用于研发创新与市场开拓,为企业的企业家精神注入活力。当越来越多的创新型人才会聚在一起时,企业的开放性、创新性、冒险性等企业家精神将得到大幅提高,进而为企业创造出更多、更好的产品,实现知识的溢出效应,增加企业知识产权资本,使企业获得更好的发展。从企业经济价值与市场价值维度来看,知识产权资本与企业家精神存在紧密的内在关联。

第八节　本章小结

目前,通过对现有相关文献的分析,发现当前学者主要从中观和宏观角度重构企业家精神的内涵,采取定性的方法对企业家精神进行研究,缺乏对微观企业家精神的定量评估和测量研究。在概念研究上,研究角度的多样性使企业家精神的内涵具有广泛性,导致学界尚未形成统一的认识,因此企业家精神的测量维度难以标准化。在实证研究上,多数学者主要针对企业家精神与其他变量之间的相关性进行分析,如

---

① 李燃、王立平、刘琴琴:《地理距离与经济距离对创业知识溢出影响的实证分析》,《科技进步与对策》2012年第10期。

R. P. Gregory 等研究了企业家精神对经济增长的影响路径。[①] 该阶段由于研究变量的多元化和问题的多样性，企业家精神的测量过于单一化，往往以少数几个指标作为测量依据，不能具体反映企业家精神的特征。研究发现，企业家精神的测度是一个难点，主观评测和间接代理的方法是当前企业家精神测度的主要方法，它们在一定程度上解决了企业家精神定量研究的问题，采取静态的测量方法对某一状态的企业家精神进行研究，在某种程度上实现了对企业家精神的测量和分析。

对企业家精神的多层次研究使其概念呈现抽象性与模糊性，这导致企业家精神的测量研究主要聚焦于定性因素的多目标评估，缺乏系统的定量指标与科学的测量方法。另外，随着社会创新驱动进程的不断加快，企业家精神也处于一种不断变化的动态发展中，即连续时间下的静态结果之间具有关联性，因此，单一静态的测量方法与单维度的测量指标不能准确和全面地反映出企业家精神在连续时间下动态发展的变化。基于此，本章在梳理和总结现有研究的基础上，根据企业家精神理论，以高新技术企业为主要研究对象，结合该类企业的发展特性，构建企业家精神的综合测量指标体系，并根据模糊数学、信息集结、差异驱动以及模糊神经网络等理论，构建企业家精神的动态综合测度模型，实现对企业家精神的科学测量和精准分析。

[①] R. P. Gregory, "Financial Openness and Entrepreneurship", *Research in International Business and Finance*, No. 48, 2019, pp. 48 – 58; C. Vallaster et al., "Ethics and Entrepreneurship: A Bibliometric Study and Literature Review", *Journal of Business Research*, Vol. 99, 2019, pp. 226 – 237.

第 三 章

测量方法的理论基础

第一节　方法的选择

现有研究的评价方法主要有层次分析法（AHP）[①]、理想解法（TOPSIS）[②]、灰色关联法[③]及其他综合评价法[④]等。这些评价方法虽各具特色（见表3-1），但在企业家精神的测量研究上存在一定局限性。一方面上述评价方法主要集中于某一特定条件或单一时间下的测量，忽视了评价对象在动态评价过程中表现出的波动性和差异性；[⑤]另一方面，单一评价方法不能有效解决评价对象在评价过程中出现的多重问题。因此，在方法选择中应考虑到评价对象的特性、方法适配性以及可能出现的问题。

[①] 张黎、李倩：《基于直觉模糊层次分析法的专利质量模糊综合评价》，《科技管理研究》2019年第7期。

[②] 田霖、张露露：《基于模糊ANP和TOPSIS法的科技型中小企业成长性评价体系构建》，《运筹与管理》2021年第2期。

[③] 刘国栋、朱建军、刘小弟：《基于灰色关联度—云模型的群评价数据质量改进方法及应用研究》，《运筹与管理》2021年第3期。

[④] 彭张林、张强、杨善林：《综合评价理论与方法研究综述》，《中国管理科学》2015年第S1期。

[⑤] 易平涛等：《一种体现发展趋势的动态综合评价方法》，《运筹与管理》2016年第6期。

表3-1　各种评价方法的对比分析

评价方法	本质	优势	缺点	本研究适用性
AHP法	基于对象特征，利用其数据或语言等信息进行评价分析	对数据要求较小，能处理结构性、非结构性、随机、语言、灰色、贫数据等不确定性数据和信息	数据信息易损失，对指标信息独特性要求较高，需要对指标信息进行转换	指标赋权具有较强的主观性
TOPSIS法	属于多目标/多属性决策的目标规划型	有效解决评价过程中的非线性问题，对数据信息的要求不高	需要解决评价方案和正负理想解的距离与角度关系	
灰色关联法		能解决异常专家、异常数据和差异性过大同题，提高群评价数据的准确性、质量及结果的一致性	具有主观强制性，易导评价数据的流失	不适用对评价对象的统计分析
熵值法	利用变量之间的相关性或相似性进行排序分析的统计型评价	能处理较多样本数据，仅依靠数据波动赋权，无信息损失，保留更多原始信息，客观性较强	对数据的依赖性较强，仅考虑数据的差异性，忽视评价对象的发展特征	提高了指标赋权的客观性和准确性，适用性较广

续表

评价方法	本质	优势	缺点	本研究适用性
突变级数法	对评价目标进行多层次矛盾分解和排序分析的综合评价方法	无须计算权重，考虑各指标的相对重要性，减少了主观性，不失科学性、合理性，计算简易准确	要区分各指标对评价对象的重要程度，具有一定的主观性	利用熵值法改进评价指标重要性的确定，提高客观性
模糊综合评价法	模糊数学定性指标定量化的系统性评价	处理评价模糊性，多种组合解决评价过程中出现的问题，实用性较强	需解决各方法之间的协调性和适配性问题	根据需要解决的问题进行有效的综合评价
差异驱动	由时序立体数据支持的动态综合评价	能突出不同时刻评价指标的权重系数和在时间序列中根据对象的属性变化调整评价指标	要求数据在时间轴上的连续性和平衡性	突出评价对象在时间上的重要性和发展波动情况
模糊神经网络	人类思维方式数学方法，以解决实问题为目标	准确客观，运算分析速度快，推理过程降低模糊性，容错率非常理想，具有自学习性，获取最优权值	训练过程的黑箱形式，忽视计算的分析解释结果	提高运算的速度和准确性，能够验证分析结果

资料来源：甄俊杰、孙慧：《基于熵权—突变级数法的商业模式创新评价——以JF企业为例》，《科技管理研究》2021年第1期；颜颢燕：《基于AHP—模糊数学综合评价的科技型中小企业融资效果研究》，《工业技术经济》2020年第3期。

在企业家精神测量方法的选择上，考虑到其概念的抽象性和模糊性，其评价是一个多维定性因素的多目标评价问题，需要在对各因素定性分析的基础上定义出综合的量化指标。因此，在企业家精神评价方法的选择上，考虑到上述传统测量方法的不足和研究目标的特性，利用多种评价方法组合式构建企业家精神的综合评价模型，目的是解决测量过程中可能出现的模糊性、多重性和数据异常性等问题。[1]

S. X. Zhang 等从进化的角度用遗传算法来解释企业家精神的发展，认为企业家精神的发展是一个不断变异的过程，由各个构件的突变和交叉变异产生。[2] 为了解决这种高突变率产生的极大值，选择用改进的突变级数模型对企业家精神进行测量分析。根据突变级数理论，企业家精神的测量指标体系需要进行分解和排序，将最后一级指标按照其权重大小从上到下进行排序。考虑到企业家精神的测量指标具有多维性和多重指标性，为了提高指标权重的客观性和科学性，避免排序的主观性，采用熵值法来确定各指标的权重，同时熵值法中的标准化处理可以有效地解决数据异常性和波动性过大等问题。因此主要采取熵值法和突变级数理论对企业家精神进行综合静态测量。

通过检索相关文献发现，李玲玉等采用改进分层激励控制线的多阶段信息集结实现了对研究对象的动态评价，利用控制线解决了评价过程中的不确定性问题；[3] 祝玉婷等运用模糊数学的概念解决了测量研究中出现的不确定性、多重性和复杂性等问题。[4] 由此可以看出，模糊数学理论能够解决企业家精神的模糊性和复杂性等问题。企业家精神的形成本身

---

[1] G. D. Liu, J. J. Zhu, X. D. Liu, "Imputation Method of Random Arbitrary Missing Data Based on Improved Closed Degree of Grey Incidence", *The Journal of Grey System*, Vol. 31, No. 2, 2019, pp. 74–97.

[2] S. X. Zhang, E. V. Burg, "Advancing Entrepreneurship as a Design Science: Developing Additional Design Principles for Effection", *Small Business Economics*, No. 55, 2020, pp. 607–626.

[3] 李玲玉等：《基于新进分层激励控制线的各阶段信息集结方法》，《东北大学学报》（自然科学版）2018年第1期。

[4] 祝玉婷、韩莹、袁安富：《基于改进的 Pythagorean 模糊语言集的可持续实验室评价方法》，《运筹与管理》2019年第11期；吴冲、刘佳明、郭志达：《基于改进粒子群算法的模糊聚类—概率神经网络模型的企业财务危机预警模型研究》，《运筹与管理》2018年第2期。

就是一个不断发展变化的过程，考虑到这种较高的变化率和发展波动性，本书在企业家精神的动态测量模型中，首先根据差异驱动理论，应用具有时间贴现因子和能量消耗特征的三次差异驱动模型对连续时间序列上的企业家精神进行测度分析。鉴于企业家精神发展的模糊性和发展变化，在企业家精神综合测度模型的构建中加入变化速度特征，用变化速度来测量企业家精神在时间序列上的发展变化状况，并根据模糊数学理论，利用激励奖惩控制线、变化速度和信息集结理论，构建模糊视角下具有变化速度特征的企业家精神动态综合测量模型。为了提高企业家精神测度的应用价值，在企业家精神的测量中遵循多样本原则，扩大样本容量；为了进一步提高测算的准确性和效率，采用模糊神经网络模型对企业家精神进行测度，分析和验证企业家精神发展的整体状况。

综上，基于静态和动态两个研究视角构建企业家精神的动态综合测量模型。在静态模型的构建上，先是利用熵值法实现对测量指标的客观赋权，分析指标的重要程度，然后利用突变级数实现对企业家精神的静态测量研究，分析企业家精神在各时间点上的发展状况。在企业家精神动态的测度研究上，先是利用具有时间贴现因子和能量消耗特征的三次差异驱动模型对连续时间序列上的企业家精神进行测度分析，时间贴现因子对连续序列上企业家精神的发展赋予时间权重，凸显出企业家精神在时间上的发展价值，能量消耗特征对企业家精神在连续时间上的发展波动性进行消耗处理。然后利用模糊奖惩视角下具有变化速度状态的综合测度模型，在静态评价结果的基础上加入变化速度，通过变化速度的正负特征分析企业家精神在连续时间序列上的发展变化情况。基于发展速度值划定模糊奖惩控制线，继而分析企业家精神变化速度值在模糊奖惩体系中的激励奖惩状态，以此确定其隶属函数及变化速度下的模糊奖惩信息集结机制。通过对模糊奖惩综合值和变化速度趋势的确定，构建模糊奖惩视角下具有变化速度特征的企业家精神动态综合测度模型，实现对企业家精神的综合分析。最后利用模糊神经网络模型对企业家精神进行多轮测度，验证企业家精神发展的整体状况，提高测度结果的准确性和有效性。

第二节 改进的熵值法

熵的概念最早源于热力学研究,其核心是度量系统的不确定性,被用作表征这种不确定性的物质状态参量。随着熵理论的拓展,其概念逐渐延伸至信息论领域,主要通过信息熵来研究信息源信号的不确定性问题。当研究某一指标时,熵值与该指标所含信息负相关,与系统状态的不确定性正相关,因此熵值越小,在后期决策环节所占权重越高。熵值法具有客观性,能够提高赋权的科学性,进一步提高研究结果的准确性和合理性。但传统熵权计算存在三个方面的局限:(1)若计算过程出现 $P_i = 0, P_j = 0$,显然是不合理的;(2)若指标熵值接近1,则指标间的微小变化可能会带来熵权的较大改变;(3)若评价指标的差异性系统比例相同,则不同因子权重的计算结果与熵值间的差异程度无关。鉴于传统熵权计算公式存在局限性,本书选用改进的熵权公式进行计算,改进熵权法的具体步骤如下。

步骤一:根据目标系统的指标体系构造判断矩阵。

假设某个指标体系有 n 个评价样本,m 个评价指标,则由 n 个样本和 m 个评价指标构成的 $n \times m$ 阶判断矩阵为:

$$D = (x_{ijnm}) = \begin{bmatrix} x_{11} & x_{12} & \cdots & x_{1m} \\ x_{21} & x_{22} & \cdots & x_{2m} \\ \vdots & \vdots & & \vdots \\ x_{n1} & x_{n2} & \cdots & x_{nm} \end{bmatrix} \quad (3-1)$$

其中,x_{ij} 指的是第 i 个被评价样本在第 j 个评价指标下的评价值。

步骤二:判断矩阵的无量纲处理。

本书的评价体系包含正向、逆向两种指标,且不同类别的指标无量纲处理方法是不同的。其中,正向型指标处理方法为:

$$X_i = \frac{x_i - x_{\min}}{x_{\max} - x_{\min}} \quad (3-2)$$

逆向型指标处理方法为:

$$X_i = \frac{x_{\max} - x_i}{x_{\max} - x_{\min}} \qquad (3-3)$$

其中，$x_{\max}$、$x_{\min}$ 分别代表某个评价指标实测数据的最大值和最小值。通过对已构建的判断矩阵进行处理，最终得到决策矩阵 R：

$$R = (e_{ij})_{nm} \qquad (3-4)$$

步骤三：比例系数的计算。

计算 p_{ij}，即第 i 个评价样本的第 j 个指标所占比例。针对传统熵权公式的不足，用式（3-5）计算 p_{ij}。

$$P_{ij} = \frac{x'_{ij} + 0.1}{\sum_{i=1}^{n}(x'_{ij} + 0.1)} \qquad (3-5)$$

步骤四：计算指标的熵值。

$$E_j = -K\sum_{i=1}^{n} P_{ij}\ln P_{ij} \qquad (3-6)$$

其中，$i = 1,2,\cdots,n$；$j = 1,2,\cdots,m$；$K = \dfrac{1}{\ln m}$。

步骤五：指标权重的计算。

针对传统熵权公式的不足，利用改进的权重公式计算各指标的权重，如式（3-7）所示。

$$u_j = \frac{\exp\left(\sum_{k=1}^{m} E_k + 1 - E_j\right) - \exp(E_j)}{\sum_{j=1}^{m}\left[\exp\left(\sum_{k=1}^{m} E_k + 1 - E_j\right) - \exp(E_j)\right]} \qquad (3-7)$$

第三节　突变理论

在自然界的发展过程中，往往会出现两种不同的发展变化形式，其发展特征具有明显的差异性。其中，一种发展变化具有连续性和规律性，学界可以采用定量的研究方法，利用微分方程计算这种发展变化。另一种是间断且跳跃的变化方式，其显著特点是处于一种稳定状态的系统遭到突然冲击，转变为新的稳定状态，将这种系统的新的稳定状态中产生的突然破坏称为突变。自然界中的突变现象随处可见，比如岩石的破坏、细胞的变异、地震、海啸等。在对突变现象进行解释分析时，传统微分方程不能解决突变这种非线性的问题，因此需要探寻一种全新的思考角度。

法国数学家勒内·托姆（René Thom）在1972年出版了《结构稳定性和形态发生学》一书。在书中，他基于奇点理论对自然界中的突变现象进行了研究，系统地阐述了突变理论，奠定了突变理论的基础，该著作的问世也成为突变理论正式诞生的主要标志。在之后不断地发展和完善过程中，国内外许多学者针对突变理论进行了深入探讨，进一步扩展了突变理论的应用范围和应用领域。

一　突变理论的基本概念

1. 势

在物理学的研究领域中，势通常代表一种位置能力，往往处于比较稳定的发展状态。另外，在力学和热力学的研究发展过程中，学者会把势定义为一种自由能，这种能通常会从系统演化的方向产生。除此之外，势在社会科学研究中也得到广泛应用，主要解释为某种不断变化发展的力量。因此，学界通常会利用系统的状态变量来解释势，或者利用不同状态的外部环境控制变量来描述这种系统动力。一般情况下，在对系统的状态变量和外部环境控制变量进行分析时，可以利用高维的状态曲面 R^{n+m}，其中 n 表示外部环境控制变量个数，m 表示系统控制变量个数。

2. 奇点

基于数学角度，可以通过一组参数来表述系统所处的状态。当系统处于稳定状态时，表述系统状态的函数有且只有一个极值；当系统处于不稳定状态时，表述系统状态的函数存在多个极值。因此可以根据系统状态函数的极值个数来判断系统处于何种状态，极值的个数需要依据导数为零的点的个数来判断，而这些使系统状态函数导数为零的点成为奇点。

3. 吸引子

在突变理论中,吸引子是一种系统趋向的极限状态,一般采用一段封闭迹线或复杂图形来描述。然而系统有时会产生很多互不相关的吸引子,进而导致相互竞争的关系,此时系统可能趋向分解为多个吸引子,从而使系统朝分岔的状态发展。

二 突变理论的基本原理

突变理论的基础理论可以归纳为三种,分别是结构稳定性理论、拓扑学理论和奇点理论。它是研究在系统参数连续变化过程中,系统参数突然发生间断且跨越式的变化而引起系统整体稳定性状态突变的规律。[①]其中结构稳定性是指,当稳定的系统状态函数发生微小变动时而系统状态却不存在任何变化。在分析动力学空间体系后,发现一些不稳定区域在多维空间中出现,即区域系统结构出现不稳定状态。当发生极小的扰动时,结构就会失稳。而后,托姆深度研究了动力学体系的梯度系统,为后续研究提供了一定的理论基础。

托姆提出的突变理论存在一定的应用局限。其理论主要针对光滑动力系统中稳定平衡态的分叉问题(包括突跳变化和缓慢变化)展开研究,但实际动态系统与理论体系中的动态系统存在显著差异。此后,数学家阿诺德(Vladimir Igorevich Arnold)和齐曼(E. C. Zeeman)在整合前人研究的基础上开展了突变理论相关实验,这一工作推动了众多学者对突变理论的深层次理解与阐释。

三 突变的几种类型

在突变理论的研究分类中,通常依据系统的控制变量数量和状态变量数量来界定突变的类型。托姆在对突变理论的研究中强调势函数是该理论的主要研究对象,研究发现,势函数可以按照变量形式划分为内部

---

① F. Jin et al., "Creep Modeling in Excavation Analysisofa High Rock Slope", *Journal of Geotechnical and Geoenviromental Engineering*, Vol. 129, No. 9, 2003, pp. 849 – 885; K. T. W. Yiu, S. O. Cheung, "A Aatastrophe Model of Construction Conflict Behavior", *Building and Environment*, Vol. 41, No. 4, 2005, pp. 122 – 128.

变量的势函数和外部变量的势函数。多数研究中，突变系统的状态变量通常不超过2个，而控制变量通常不超过4个。在此类情形下，突变类型仅包含7种初等突变，主要包括折叠突变、尖点突变、燕尾突变、蝴蝶突变、椭圆脐点突变、双曲脐点突变和抛物脐点突变。[①] 由于突变系统的不同，每种突变类型的势函数存在差异，同时其表达式也具有显著的差异性。另外，可以通过对各突变类型的势函数进行一阶求导运算，然后进一步得到各种类型的平衡曲面表达式，这些表达式代表了突变系统内部所产生的各种突变临界点的集合。其中，各种不同突变系统类型所对应的状态维数、控制维数、势函数表达式和平衡曲面表达式如表3-2所示。

表3-2　　　　　　　　　　不同类型的突变模型

突变类型	控制维数	状态维数	势函数	平衡曲面表达式
折叠	1	1	$f(x) = x^3 + ax$	$3x^2 + a_1 = 0$
尖点	2	1	$f(x) = x^4 + a_1 x^2 + a_2 x$	$4x^3 + 2a_1 x + a_2 = 0$
燕尾	3	1	$f(x) = x^5 + a_1 x^3 + a_2 x^2 + a_3 x$	$5x^4 + 3a_1 x^2 + 2a_2 x + a_3 = 0$
蝴蝶	4	1	$f(x) = x^6 + a_1 x^4 + a_2 x^3 + a_3 x^2 + a_4 x$	$6x^5 + 4a_1 x^3 + 3a_2 x^2 + 2a_3 x + a_4 = 0$
椭圆脐	3	2	$f(x,y) = 1/3 x^3 - xy^2 + a_1(x^2 + y^2) - a_2 x + a_3 y$	$\begin{cases} x^2 - y^2 + 2a_1 x - a_2 = 0 \\ -2xy + 2a_1 y + a_3 = 0 \end{cases}$
双曲脐	3	2	$f(x,y) = x^3 + y^3 + a_1 xy - a_2 x - a_3 y$	$\begin{cases} 3x^2 + a_1 y - a_2 = 0 \\ 3y^2 + a_1 x - a_3 = 0 \end{cases}$
抛物脐	4	2	$f(x,y) = y^4 + x^2 y + a_1 x^2 + a_2 y^2 - a_3 x - a_4 y$	$\begin{cases} 2xy + 2a_1 x - a_3 = 0 \\ x^2 + 4y^3 + 2a_2 y - a_4 = 0 \end{cases}$

---

① 陈晓红、杨立：《基于突变级数法的障碍诊断模型及其在中小企业中的应用》，《系统工程理论与实践》2013年第6期。

第四节　差异驱动

一　差异驱动原理

评价指标直接影响评价结果，但指标的取值在这一评价过程中的作用与其取值的波动程度有关。研究发现，在对评价对象进行评价的过程中往往会出现一个问题，即在对样本内的评价对象进行评价时会发现某一指标的观测值在样本内的波动变化很小，这样即便该指标对评价对象具有很重要的影响，但其波动变化率比较小，导致该指标对评价结果产生很小的影响；相反，可能某一指标对评价对象的影响很小，但由于其观测值的波动比较大，最后评价结果可能对评价对象产生较大的作用。此时，在评价过程中不重要指标产生的作用超过了重要的指标，这就是由"差异"的驱动所致。差异驱动法便是在此基础上发展而来，其核心原理是依据评价指标的实际表现，结合指标的信息量与取值差异性，确定各指标在评价过程中的权重值，通过权重值反映指标在被评价对象评价研究中所起的重要性及变异程度。

为了直接从实际数据中获取权重系数，凸显各指标在被评价对象间的差异（距离），进而体现各指标在整体评价中的区分度，后文将重点阐述差异驱动原理中"拉开档次法"的基本原理。

假设测量对象的指标为 $x_1, x_2, x_3, \cdots, x_m$，为了得到测量对象的测量值，先对指标进行线性函数计算：

$$y = w_1 x_1 + w_2 x_2 + w_3 x_3 + \cdots w_m x_m = W^T X \tag{3-8}$$

式(3-8)为测量对象的综合测量函数。其中，权重向量 $W = (w_1, w_2, w_3, \cdots, w_m)^T$ 是 m 维权重系数构成的正向量；$X = (x_1, x_2, x_3, \cdots, x_m)^T$ 是由评价对象的实际观测值构成的状态向量，即评价指标的观测值矩阵。如果将第 i 个评价对象 s_i（$i = 1, 2, 3, \cdots, n$）的 m 个指标的实际观测值代入综合测量函数中计算，可以得到：

$$Y = \begin{pmatrix} y_1 \\ y_2 \\ \vdots \\ y_n \end{pmatrix}, A = \begin{bmatrix} x_{11} & x_{12} & \cdots & x_{1m} \\ x_{21} & x_{22} & \cdots & x_{2m} \\ \vdots & \vdots & & \vdots \\ x_{n1} & x_{n2} & \cdots & x_{nm} \end{bmatrix}$$

即：

$$Y = AW \tag{3-9}$$

$$\sigma^2 = \frac{1}{n} \sum_{i=1}^{n} (y_i - \bar{y})^2 = \frac{Y^T Y}{n} - \bar{y}^2 \tag{3-10}$$

而要求评价指标矩阵 X 的线性函数 $W^T X$，使线性函数 y 对 n 个被评价对象取值的差异度即函数的方差越大越好。可以得知，变量 $y = W^T X$ 对 n 个被评价对象的评价值所构成的方差计算：将 $Y = AW$ 代入，并把评价指标的实际观测值进行标准化处理后，根据已知 $\bar{y} = 0$，则有：

$$n\sigma^2 = W^T A^T A W = W^T H W \tag{3-11}$$

式（3-11）中 $H = A^T A$ 为实对称矩阵。当对权向量系数 W 没有限制条件的时候，可以取无限大的值。限定 $W^T W = 1$，求最大值，即存在 W，使得：

$$\begin{cases} \max W^T H W \\ \text{s. t. : } W^T W = 1, W > 1 \end{cases} \tag{3-12}$$

值得注意的是，当 W 取得的矩阵为实对称矩阵的最大特征值所对应的特征向量时，式（3-12）取得最大值。且矩阵 A 中任意两行或者两列的指标实际观测值相互交换位置时，线性函数 y 最后的结果相同。归一化计算结果即可得到权重系数。

二 差异驱动的评价过程

根据差异驱动的原理，结合赋权法的思想，简单梳理了基于差异驱动思想的综合评价过程。

（1）评价指标数据标准化

在对被评价对象的评价研究中，先对其各项指标的原始数据进行标准化处理，即无量纲化处理。设第 i 个评价对象的第 j 个评价指标的观测

值为 $x_{ij}(i=1,2,3\cdots,n;j=1,2,3\cdots,m)$，将评价指标的观测值根据指标属性进行下述运算。

对极大型指标，即指标值越大，代表其发展情况越好：

$$x_{ij}^* = \frac{x_{ij} - \min(x_j)}{\max(x_j) - \min(x_j)} \quad (3-13)$$

对极小型指标，即指标值越小，代表其发展情况越好：

$$x_{ij}^* = \frac{\max(x_j) - x_{ij}}{\max(x_j) - \min(x_j)} \quad (3-14)$$

式（3-13）和式（3-14）中：x_{ij}^* 是 x_{ij} 进行归一化的值；$\max(x_j)$ 代表第 j 个评价指标的最大值，$\min(x_j)$ 代表第 j 个评价指标的最小值。

（2）构建评价矩阵

$$A = \begin{bmatrix} x_{11}^* & x_{12}^* & \cdots & x_{1m}^* \\ x_{21}^* & x_{22}^* & \cdots & x_{2m}^* \\ \vdots & \vdots & & \vdots \\ x_{n1}^* & x_{n2}^* & \cdots & x_{nm}^* \end{bmatrix} \quad (3-15)$$

将标准化后的评价指标值 x_{ij}^* 构成评价矩阵 A_{nm}。

（3）求得评价矩阵的协方差矩阵。

（4）计算协方差矩阵的特征值 λ 与特征向量 α。

（5）归一化计算出权重系数向量的最优解 W^*。

（6）计算出综合评价值，并按照综合评价值的大小对评价结果进行排序。

三　时间价值函数

在综合评价结果中容易出现结果相同的情况，而且大部分学者在研究对象中期或长期发展情况的动态综合评价中，会考虑到评价对象在不同时间内的作用，多数情况下研究者为了体现对不同时间段的重视程度，会加入"时间价值"。现有研究中体现时间价值的思想主要有两种：一种是"厚古薄今"思想，即更加注重评价对象早期的发展数据；另一种是"厚今薄古"思想，即更加注重评价对象近期的发展数据。因此根据这两种思想的特性，分别对其进行时间价值函数的定义，并根据研究目标和研究对象的特性，对其进行时间赋权。

(1)"厚古薄今"型

定义3.1 称 $h' = 1/e^{\lambda' t}$，$t \in (t_1, t_N)$ 为时间价值函数，其中 λ' 为时间价值因子，$0 \leq \lambda' \leq 1$，λ' 的取值越大，表明研究者对早期时间的重视程度越大。

定义3.2 设 $w' = (w_1', w_2', w_3', \cdots, w_T')^T$ 为第 $T(T = 1,2,3,\cdots,N-1)$ 个时间段的时间权重系数，w_T' 可以表示为：$w_T' = \int_{t_T}^{t_{T+1}} e^{\lambda' t} dt / \int_{t_1}^{t_N} e^{\lambda' t} dt$。

(2)"厚今薄古"型

定义3.3 称 $h = e^{\lambda t}$，$t \in (t_1, t_N)$ 为时间价值函数，其中 λ 为时间价值因子，$0 \leq \lambda \leq 1$，λ 的取值越大，表明研究者对近期时间的重视程度越大。

定义3.4 设 $w = (w_1, w_2, w_3, \cdots, w_T)^T$ 为第 $T(T = 1,2,3,\cdots,N-1)$ 个时间段的时间权重系数，w_T 可以表示为：$w_T = \int_{t_T}^{t_{T+1}} e^{\lambda t} dt / \int_{t_1}^{t_N} e^{\lambda t} dt$。

第五节 模糊数学思想

在日常生活中，我们经常会遇到一些模糊现象和模糊问题，并且会很自然地运用模糊数学的思想来解决遇到的模糊问题。例如，我们经常用"年轻人"和"老年人"来模糊界定一个人的年龄，但是很难明确界定多少岁为"年轻人"，多少岁才能成为"老年人"；类似的，在身高的描述上，我们也经常用"高个子"和"矮个子"来区分一个人的身高，但是具体多少厘米是高的，多少厘米是矮的，却没有一个明确的数值来界定；在一个人的品行上，我们经常说一个人是"善良的"或"可恶的"，但是到底具体什么样的人才能称为善良的呢？这些都很难界定，我们称之为模糊的分析和比较。现实中很多问题是难以用具体的数学语言来表达和界定的，这种情况下只能依靠丰富的经验，根据对问题的熟悉程度和目前所掌握的信息进行模糊粗略的比较和判定。模糊性是对事物本质的一种"亦此亦彼"性描述与判断，其本质是对事物概念的不确定性判断。

美国加利福尼亚大学最早从学术层面开展模糊数学的系统理论化研究，其中最著名的学者、数学家扎德（Lotfi A. Zadeh）教授从控制论与数学视角对模糊理论进行了研究与阐述。他在研究中指出，模糊数学在数学的发展与研究中占据重要地位。"模糊"一词的研究最早来自对英文单词"Fuzzy"的翻译，主要用来表示"模糊不清的""概念意义不明确""事物描述不清楚""形状界定不明确"等意义。模糊性是对事物本质的一种"亦此亦彼"性描述与判断，其本质是对事物概念的不确定性判断。

一　模糊集合与隶属函数

研究发现，模糊集合是由普通集合通过推广和延伸发展出来的，在普通集合的研究和表述中发现，对某一研究对象来说，它要么属于该普通集合，要么不属于该普通集合，必定只有这两种结果，不可能出现其他的选择或者模棱两可的情况。而与之相反的是，模糊集合恰恰是不能完全表明的情况，由于研究对象自身的模糊现象和问题，要明确地分辨出该研究对象是否处于该模糊集合界定的范围是很难的，因为既不能明确地判定该对象属于该研究集合，也不能明确地表明该对象不属于该研究集合，正是这种不明确的描述，使答案也变得模糊化。因此，对于研究中某些既无法明确判定属于，也无法明确判定不属于研究集合的问题，只能借助模糊集合来解决这类无明确界限的属性问题。

在数学研究中，对于普通集合的表述，经常会使用一些特征函数如$A(u)$来表示它是一个不具有模糊属性的普通集合。当普通集合中的特征函数$A(u)$的运算结果等于1时，说明该研究元素u在数学意义上是属于普通集合A的；当运算结果不等于1时，恰好说明该研究元素u在数学意义的描述上是不属于该集合的。在数学描述普通集合的过程中，特征函

数 $A(u)$ 的运算结果数值传统意义上就是集合 $\{0,1\}$。在普通集合向模糊集合进行研究推广的过程中，多数学者将特征函数 $A(u)$ 运算结果取值的范围从开区间的集合 $\{0,1\}$ 进一步拓宽到闭区间的 $[0,1]$ 上。由此一来，在对某研究对象是否属于该模糊集合的界定研究中，就可以进一步利用闭区间 $[0,1]$ 内的某一个具体的数值来表示该研究对象属于该模糊集合的程度。在研究运算中，该研究对象的运算结果取值越靠近闭区间中的数值1，则表示该研究对象与该模糊集合的匹配度越高，即该研究对象属于该模糊集合的程度或可能性越大；反之，研究对象的取值越靠近闭区间的数值0，则表示该研究对象与该模糊集合的匹配度越低，即属于该模糊集合的程度或可能性越小。

根据已有研究成果和上述对模糊集合性质及特征的描述，并结合其发展过程，把模糊集合界定为一种函数映射，即集合在论域 U 上给定的映射：

$$\eta_A : U \to [0,1] \quad \eta \to \eta_A(\mu) \qquad (3-16)$$

式（3-16）把 $\underline{A}$ 确定为论域 U 上的一个具有模糊特征的子集。η 是具有模糊特征子集 $\underline{A}$ 的模糊隶属函数，称为 η_A。另外，η_A 在 $\mu \in U$ 点处的值 $\eta_A(\mu)$ 表达为元素 u 对模糊子集 $\underline{A}$ 的隶属度，即表示为元素 u 在函数表现上属于模糊子集 $\underline{A}$ 的归属值和属于程度值。另外，为了进一步区分，我们经常把具有模糊特征的模糊子集简单地称为模糊集，并在表述上将 η_A 与 $\eta_A(u)$ 简单表达为 $A(u)$。

研究发现，隶属函数的差异性决定了模糊集的差异性，因此在统一既定的隶属函数 $A(u)$ 的约束条件下，可以计算出一个明确的模糊子集 $\underline{A}$。在同一个论域 U 的条件约束下，可以同时存在多个模糊子集，模糊集不具有唯一性。如果任意元素 $u \in U$ 这种情况，我们通常称为元素 u 可能在多大概率或程度上属于模糊集合 $\underline{A}$，而不是简单地称为该元素隶属于该模糊集合。在这个表述中要强调其模糊性，不能明确地表述出某元素是否隶属于该集合，这就是普通集合和模糊集合在函数表述上的本质区别。但也有特殊情况，即模糊集合的隶属函数 $A(u)$ 的运算结果值恰好是闭区间 $[0,1]$ 两端的 0 或 1 时，可以说该元素隶属于该集合，这时的隶属函数不具有模糊性,属于一个普通的特征函数,该集合也属于一个普通集合。

二 问题描述

研究发现,在对评价对象进行综合动态的测度研究中,通常会对某一时间段的研究对象进行测度求解,一般评价结果就是一个静态的、综合的多指标测量问题,通过多个静态综合评价值的测算,可以进一步分析出研究对象在连续时间上各个时间段的表现值。

假设被评价对象 O_i,$i \in (1,2,3\cdots,M)$ 在 t_k,$k \in (1,2,3\cdots,N)$ 时刻的综合评价值为 y_{ik},信息矩阵为:

$$A = \begin{bmatrix} y_{11} & y_{12} & \cdots & y_{1N} \\ y_{21} & y_{22} & \cdots & y_{2N} \\ \vdots & \vdots & & \vdots \\ y_{M1} & y_{M2} & \cdots & y_{MN} \end{bmatrix} \quad (3-17)$$

研究发现,在研究对象的评价测量过程中,如果将评价对象在各个时间点的测量结果值进行连接规划,可得到一个完整的、连续的评价对象的发展轨迹。如果进一步将 N 个时点进行合理的划分,假设划分为 T 个时段,即 $T = N - 1$,可以得出,评价对象在每个合理划分的时间段中的表现都处于一种均匀的运行状态。

三 模糊奖惩控制线的设置与表达

研究发现,模糊奖惩具有复杂性和抽象性,为了进一步对模糊奖惩进行解释,引入了一种新的概念——"控制线"。把"模糊奖惩控制线"定义为一种新的模糊奖惩状态,通过模糊奖惩控制线,将模糊奖惩划分为位于线上的奖励状态和位于线下的惩罚状态。

定义3.5:设论域 U_T 为 M 个被评价对象在第 T 个 ($T = 1,2,\cdots,N-1$) 时段内的评价值的集合,其中 $y_T^{\max}$ 为 M 个被评价对象在第 T 个时段内的最大值,$y_T^{\min}$ 为最小值。

$$U_T = [y_T^{\max}, y_T^{\min}] \tag{3-18}$$

定义3.6：设对于任意 U_T，有三个模糊集 A_{T1} = "奖励"、A_{T2} = "无奖惩"、A_{T3} = "惩罚"，分别代表对被评价对象实施奖励、无奖惩和惩罚的三种状态。

定义3.7：设 c_T 为"无奖惩点"，该点主要表现了研究者对奖惩状态的偏好，体现了对未来的发展期望，假设三种状态的隶属度分别为0、1、0。

$$c_T \to A_{T1}, A_{T2}, A_{T3} \tag{3-19}$$

研究发现，确定模糊奖惩的途径具有多样性，具体可以根据奖惩的变动和决策者的偏好来确定模糊奖惩的隶属函数，其中多数研究者采用均匀分布和非均匀分布的隶属函数。

1. 均匀分布

在均匀分布的隶属函数中，隶属度会根据研究变量的变动而均匀变化，表明研究对象在某一时间段内所接受到的奖惩变化属于均匀状态。设奖励、无奖惩和惩罚三种状态的隶属函数分别表示为：

$$A_{T1} = \begin{cases} 0 & u_T \leq c_T \\ \dfrac{u_T - c_T}{y_T^{\max} - c_T} & u_T \geq c_T \end{cases} \tag{3-20}$$

$$A_{T2} = \begin{cases} 1 - \dfrac{u_T - c_T}{y_T^{\max} - c_T} & u_T \geq c_T \\ 1 & u_T = c_T \\ 1 - \dfrac{c_T - u_T}{c_T - y_T^{\min}} & u_T \leq c_T \end{cases} \tag{3-21}$$

$$A_{T3} = \begin{cases} 0 & u_T \geq c_T \\ \dfrac{c_T - u_T}{c_T - y_T^{\min}} & u_T \leq c_T \end{cases} \tag{3-22}$$

2. 非均匀分布

当评价对象处于一种非均匀分布的状态时，模糊奖惩的隶属度会根据变量的变化而出现一种非均匀变化的状态,说明该评价对象在研究时间内所得到的奖励或惩罚也处于一种非均匀变动的情况。假设处于非均匀分布的评价对象所受到的奖励或惩罚处于一种增加的变化状态,其隶属函数分别表示为:

$$A_{T1} = \begin{cases} 0 & u_T \leqslant c_T \\ \left(\dfrac{u_T - c_T}{y_T^{\max} - c_T}\right)^p & u_T \geqslant c_T \end{cases} \quad (3-23)$$

$$A_{T2} = \begin{cases} 1 - \left(\dfrac{u_T - c_T}{y_T^{\max} - c_T}\right)^p & u_T \geqslant c_T \\ 1 & u_T = c_T \\ 1 - \left(\dfrac{c_T - u_T}{c_T - y_T^{\min}}\right)^p & u_T \leqslant c_T \end{cases} \quad (3-24)$$

$$A_{T3} = \begin{cases} 0 & u_T \geqslant c_T \\ \left(\dfrac{c_T - u_T}{c_T - y_T^{\min}}\right)^p & u_T \leqslant c_T \end{cases} \quad (3-25)$$

其中,p > 0,p值代表了隶属度的变动情况,p越大,表示隶属度的变动速率越大,即从无奖惩点开始,沿着论域中代表最大值(最小值)的方向,向着越靠近论域代表最大值(最小值)的区域变动,这时隶属度的变动速率也越来越大。

四 模糊奖惩控制线的确定

定义3.8:$A(\mu_t) = (a_1, a_2, a_3)$,设隶属度代表了研究对象的评价值在模糊奖惩评价中所对应的三种模糊集的隶属关系,其中a_1、a_2、a_3分别代表$A_{T1}(\mu_{t1})$、$A_{T2}(\mu_{t2})$、$A_{T3}(\mu_{t3})$,$a_1 + a_2 + a_3 = 1$。

则在相应的研究时间内,$y = \mu_t$即隶属度为$A(\mu_t)$的模糊奖惩控制线(见表3-3)。

表 3-3 隶属度变动情况

$A(\mu_t)$ 的取值情况	μ_t 的奖惩情况 ($S^+ + S^0 + S^- = \mu_t$)	含义说明
$a_1 = 1, a_2 = 0, a_3 = 0$	$S^+ = u_t, S^0 = 0, S^- = 0$	对评价值 μ_t 的全部进行"奖励"
$0 \leq a_1 \leq 1, 0 \leq a_2 \leq 1, a_3 = 0$	$0 \leq S^+ \leq \mu_t, 0 \leq S^0 \leq \mu_t, S^- = 0$	μ_t 部分获得"奖励",剩余部分"无奖惩"
$a_1 = 0, a_2 = 1, a_3 = 0$	$S^+ = 0, S^0 = 1, S^- = 0$	评价值 μ_t 全部处于"无奖惩"状态
$a_1 = 0, 0 \leq a_2 \leq 1, 0 \leq a_3 \leq 1$	$S^+ = 0, 0 \leq S^0 \leq \mu_t, 0 \leq S^- \leq \mu_t$	μ_t 部分获得"奖励",剩余"无奖惩"
$a_1 = 0, a_2 = 0, a_3 = 1$	$S^+ = 0, S^0 = 0, S^- = \mu_t$	对评价值 μ_t 的全部进行"惩罚"

表 3-3 主要描述了 5 种经典的模糊奖惩控制线的表现形式,其中 $A(\mu_t) = (0,0,1)$,表示处于该控制线上的评价值都处于一种奖惩的情况;相对应的,$A(\mu_t) = (1,1,0)$,表示处于该控制线上的评价值都处于一种奖励的情况;$A(\mu_t) = (0,0.5,0.5)$,表示处于该控制线上的评价值有一半处于惩罚、一半处于无奖惩的情况。另外,$A(\mu_t) = (0.5,0.5,0)$,表示处于该控制线上的评价值有一半处于奖励状态、一半处于无奖惩的情况。最后 $A(\mu_t) = (0,1,0)$,表示处于该控制线上的评价值都处于一种无奖惩的情况。

从本质上看,模糊奖惩控制线可能不是直线,也可能不是数量有限的,该控制线主要分布在 $N-1$ 个论域中,目的是使隶属度 $A(\mu_t)$ 具有相同的 $y = \mu_t$ 的集合,因为 $y = \mu_t$ 在本质上是可以进行无数次细分的,因此也可以进一步说明模糊奖惩控制线的数量具有无限性。研究发现,随着隶属度 $A(\mu_t)$ 的不断变化,研究对象的评价值也在三种状态之中变化,即处于奖励、无奖惩和惩罚的程度也不断变化。由此可以得出，研究对象在模糊奖惩中的奖励或惩罚的变动情况，具体如表 3-3 所示。从表 3-3 可以看出，研究对象的评价值在对一部分进行"奖励"的同时，也可以对另外一部分进行"无奖惩"的处理。同样的情况，当然也可以对研究对象的评价值进行一部分的"无奖惩"，同时对另外一部分评价值进行"惩罚"的处理。

根据模糊奖惩控制线的性质和形式特点可以看出：(1) 模糊奖惩控制线有无数条；(2) 评价对象在某时段内的最大值和最小值可以确定出该时段内的模糊奖惩控制线；(3) 在任何时刻研究对象的评价值都可能会处于奖励或惩罚的情况。

第六节 多阶段信息集结

一 信息集结模型

确定了模糊奖惩控制线及隶属度 $A(\mu_t)$ 之后，可通过集结模型得出被评价对象 O_i 在各个时段处于"奖励"状态的评价值：

$$S_{it}^+ = \int_{t_k}^{t_t} A_{t1}(y_{it}) f_{it}(t) dt + \int_{t_t}^{t_{k+1}} A_{t1}(y_{it}) f_{it}(t) dt \quad (3-26)$$

处于"惩罚"状态的评价值：

$$S_{it}^- = \int_{t_k}^{t_t} A_{t3}(y_{it}) f_{it}(t) dt + \int_{t_t}^{t_{k+1}} A_{t3}(y_{it}) f_{it}(t) dt \quad (3-27)$$

以及处于"无奖惩"状态的评价值：

$$S_{it}^0 = \int_{t_k}^{t_{k+1}} f_{it}(t) dt - S_{it}^+ - S_{it}^- \quad (3-28)$$

其中，$y_{it} = f_{it}(t)$ 为被评价对象 O_i 在第 T 个时段的评价值函数（即发展轨迹所在直线），$t_k = k$，t_k 为无奖惩点 C_t 对应的横坐标。

被评价对象带有奖惩特征的综合评价值为：

$$S_i = \sum_{t=1}^{N-1} S_{it}^\pm \quad (3-29)$$

$S_{it}^{\pm}$ 为被评价对象 O_i 在第 T 个时段带有奖惩特征的评价值，令

$$S_{it}^{\pm} = (1+\mu^+)S_{it}^+ + (1-\mu^-)S_{it}^- + S_{it}^0 \qquad (3-30)$$

其中，μ^+、μ^- 分别为奖、惩系数，S_{it}^+、S_{it}^-、S_{it}^0 分别为获得奖励、惩罚、无奖惩的评价值。

二　奖惩系数的确定

为了确定奖惩系数 μ^+、μ^-，设定两个奖惩规则如下。

规则 1：奖惩守恒规则。所有被评价对象的正负奖惩总和相等：

$$\mu^+ \sum_{i=1}^{M} \sum_{t=1}^{N-1} S_{it}^+ = \mu^- \sum_{i=1}^{M} \sum_{t=1}^{N-1} S_{it}^- \qquad (3-31)$$

规则 2：适度奖惩规则。正负奖惩系数的和为 1：

$$\mu^+ + \mu^- = 1 \qquad (3-32)$$

根据上述规则各对应一个方程，联立（3-17）和（3-18）可以解出奖惩系数 μ^+、μ^- 的值。

定理 3.1：在适度奖惩规则下，任一被评价对象带有模糊奖惩特征的动态综合评价值为正。

证明：被评价对象 O_i 在 $[t_k, t_{k+1}]$，其中带有模糊奖惩的动态综合评价值为：

$$S_i = \mu^+ S_i^+(t_k, t_{k+1}) + S^0(t_k, t_{k+1}) - \mu^- S_i^-(t_k, t_{k+1}) \qquad (3-33)$$

由于 $\mu^+ \mu^- \geq 0$ 且 $\mu^+ + \mu^- = 1$，故有 $0 \leq \mu^+ \mu^- \leq 1$。由表 3-3 可知：

$$S_i^+(t_k, t_{k+1}), S_i^-(t_k, t_{k+1}) \leq S_i^0(t_k, t_{k+1}) \qquad (3-34)$$

故：

$$0 \leq S_i^0(t_k, t_{k+1}) - u^- S_i^-(t_k, t_{k+1}) \leq u^+ S_i^+(t_k, t_{k+1})$$
$$+ S_i^0(t_k, t_{k+1}) - u^- S_i^-(t_k, t_{k+1}) = S_i(t_k, t_{k+1}) \qquad (3-35)$$

又 $S_i = \sum_{k=1}^{N-1} S_i(t_k, t_{k+1})$，$S_i(t_k, t_{k+1}) \geq 0$，故有 $S_i \geq 0$，定理得证。

第七节 模糊神经网络理论

一 模糊理论

1. 模糊数学与传统数学

模糊数学突破传统数学要求精准的约束，其界定标准具有模糊不清的特征。传统数学对某一特征的分类提出严格的边界，例如对体脂率的划分，通常划分为"偏低""标准""偏重""过重"。虽然这种划分方式有科学依据，也具有简单快捷分辨的优点，但现实生活中很难明确判断在两个体重划分边界上的人群所属的明确领域。对此类划分方式也很难包含容错率，难以形成明确的阈限，但模糊数学在此类场景应用更加合适。

从概念来说，传统数学和模糊数学有本质上的区别，前者拥有精确界定的范围，相比而言，后者则是统筹的、混沌的。"模糊"（Fuzzy）在此表示研究对象界限不清，其属性难以用简单明了的边界界定，因此模糊数学的处理对象通常是具有模糊特征的事物，而传统数学则聚焦于解决具有明确数值、标准阈值等特征的问题。就拿中餐放盐来说，指导手册上一般会有盐放"少许""适量""稍多"的说法，这种说法十分普遍与正常，但究竟量的多少则很难用具体克数来表示，即没有一个精准的界定，这个时候传统数学是没有办法处理的，只有依靠模糊数学的概念来研究。

2. 模糊集合及隶属函数

元素相对于集合的状态只存在属于和不属于两种，模糊概念突破其限制，不再是二元论，而是可能游离在"属于"或者"不属于"之间的某种状态。模糊集合的定义：假定有集合 U，U 在 $[0, 1]$ 上的任意一个映射 $\mu_C: U \to [0, 1]$，在模糊集合 C 中，U 都和 C 存在映射关系，那么 μ_C 称为 C 的隶属函数，若用 x 代表 C 中所有的元素，那么 x 和 C 之间存在模糊关系，也称隶属度，用 $\mu_C(x)$ 表示。相较于传统数学简单划分阈值的方法，利用模糊集合的表述更能贴近人脑中的原本概念，而传统的普通集合描述方法对于模糊性概念则略显粗糙。

模糊理论的量化过程是其处理真实问题的前提条件,输入变量的隶属度需要由隶属函数决定。① 若对隶属函数特殊化处理,取值只有 0 和 1,那么模糊集合就是传统的集合,即普通确定的集合是模糊集合的一个特殊情况。但是在当前阶段,隶属函数的研究缺乏成熟的理论体系,缺乏足够的客观性,因此高斯型、三角形和梯形隶属函数最常使用,其中高斯型为缺省形式,表达式如下:

$$\mu(x) = e^{(x-a/b)^2}, b > 0 \qquad (3-36)$$

其中,a 是函数中心,b 是函数宽度。

3. 模糊逻辑推理

推理的过程是运用几个确定或不确定的已知前提判断,推导出一个未知结果的思维过程。如果推理的已知条件是精准而完善的,那结论应该是绝对的,但现实生活中,这种单一的二值逻辑推理的事物仅占少部分,更多的已知条件是复杂不确定的,因此在多值逻辑的基础上,模糊逻辑推理的方法应运而生。模糊逻辑推理的思维方式与人类大脑的逻辑推理相似,它运用模糊语言规则,以模糊判断为前件推导出模糊判断结论,这是从一组模糊 if-then 和已知的事实中得出结论的推理过程。②

在传统二值逻辑当中,基本的推理规则如下。

前提 1(事实):x 是 A,前提 2(规则):如果 x 是 A,则 y 是 B;结论:y 是 B。

模糊推理过程通常使用两种方法,分别是 Mamdani 法和 Tagagi-Sugeno 法。

(1) Mamdani 法

利用一组精确值的输入变量,以及一组从专家处获得的语言控制规则,推理出输出的隶属函数,再通过去模糊化,将其转为精确值输出,完成从输入到输出的非线性控制。

---

① 郝晶晶、朱建军、刘思峰:《基于前景理论的多阶段随机多准则决策方法》,《中国管理科学》2015 年第 1 期。

② E. H. Mamdani, "An Experiment in Linguistic Synthesis with a Fuzzy Logic Controller", *International Journal of Man-Machine Studies*, Vol. 7, No. 1, 1975, pp. 1–13.

以事实和两个规则为例：前提1（事实）：x 是 A'，and y 是 B'；前提2（规则1）：If x is A1 and y is B1, then z is C1；前提3（规则2）：If x is A2 and y is B2, then z is C2；结论：z 是 C'。以上事实中，x 是 A'，并且 y 是 B'，同时根据两个规则的约束，可以推导出 z 是 C' 的结论。

（2）Tagagi-Sugeno 法

利用一个多项式替代通常意义上的模糊量来表示推理后件，其输出以输入数据的函数即 $z=f(x,y)$ 的形式出现。

推理规则形式如下：如果 x 是 A，and y 是 B，则 $z=f(x,y)$。其中，A 和 B 是前提中的模糊集合，$z=f(x,y)$ 是结论。

在推理过程当中，每条规则都是一个精确输出，集结结构通过加权平均，从而得到整个系统的整体输出，其加权因子由每条规则中的模糊集合运算产生。[1]

二 人工神经网络理论

1. 人工神经网络的发展路径

20 世纪中叶，人工神经网络理论初步形成。神经生理学家沃伦·麦克洛克（Warren McCulloch）和数学家沃尔特·皮茨（Walter Pitts）提出经典的形式神经元（M-P）模型，标志着神经网络研究进入新阶段。此后，Hebb 规则的引入及感知机的提出，首次实现了对生物学习特征的模拟。20 世纪六七十年代，人工神经网络研究进入发展低谷期。《感知器》一书的问世标志着"只能求解线性问题"的初期发展阶段结束，而 S. Grossberg 与 A. Carpenter 提出的自适应共振理论（ART）及 T. Kohonen 提出的自组织映射网络（SOM）理论，成为该时期推动领域发展的重要突破。20 世纪 80 年代是神经网络理论与研究加速发展的重要时期：1982 年 Hopfield 网络、1986 年反向传播（BP）算法等关键模型的提出，推动了研究进程；1987 年首届国际神经网络学术会议（ICANN）在美国召开，标志着神经网络研究热潮向全球范围传播，促使这一领域在世界范围内形成学术与应用的双重发展趋势。

---

[1] 韩力群编著：《人工神经网络教程》，北京邮电大学出版社 2006 年版。

当前人工神经网络的理论研究与实际应用仍处于持续发展阶段，尽管在计算机视觉、自然语言处理等领域已实现深度应用，但其核心矛盾仍聚焦于"数字模型对生物人脑的模拟"这一起点问题。现阶段，人类对大脑工作机制的认知虽在神经科学、脑机接口等领域取得阶段性进展，但尚未从底层理论层面完全揭示生物神经系统的信息处理优越性，这一局限客观上制约了人工神经网络在架构创新与学习效率上的突破。然而，这种理论瓶颈也恰恰凸显了该领域的研究潜力——对生物脑机制的深入探索与人工神经网络的交叉融合，仍是未来极具挑战性与创新性的前沿方向。

人工神经网络的研究发展至今，在深度和广度上都达到前所未有的水平，其他各领域的研究也因为神经网络的加入而发展得更加成熟。但对人工神经网络的研究缺乏突破性进展，根本原因在于生物学上对人脑运行机制的研究没有重大意义的发现，导致通过现代科学技术模拟人脑的实际成果受到脑神经科学等生物科学研究进展的制约。因此，该领域以接近人类认知机制为目标，人工神经网络的发展潜力巨大。

2. 人工神经网络的特点及功能

生物学对人脑的探究结果获得人工的表达形式，并拥有高度相似性，形成一个可以并行、分布式处理非线性问题的流程。不仅能显著缩短分析时间，而且较强的容错性降低对数据准确度的要求。[①] 数字形式对人脑活动机理的量化过程是一个高并行运作的系统，擅长处理在时空分布上并行的大规模数据，这一优点使该系统可以高效处理问题且容错率水平更高。[②] 神经网络的自学习特性使其在模型构建过程中，无须人工干预即可应对内外因素的影响，通过自行修正误差、迭代训练并自动优化参数，最终实现预期的建模目标。

人工神经网络作为仿生学与计算科学的交叉成果，具备弱类人智能特性，可通过联想记忆处理音视频等信息，基于分类辨识实现模式认知，

[①] 陈志明：《基于模糊神经网络的智能控制策略的研究》，硕士学位论文，南昌大学，2010年。

[②] 马秀会：《模糊神经网络研究综述》，硕士学位论文，吉林大学，2008年。

依托非线性映射构建行业数学模型。其应用已渗透至多领域：商业中辅助市场分析等决策，医疗里助力影像诊断等判断，金融端实现风险监控与交易信号分析，在理论与实际中均展现出解决多元问题的能力。

人工神经网络的仿生学特点使该系统拥有智能的特征，如在现实场景声音图像的分类识别、图像信号处理的联想记忆功能、有利于在建模时创造非线性映射功能等。除此之外，在信贷风险的评估和市场未来表现的预测，以及企业绩效和创新能力的评估等众多方面，可以解决传统相关性研究无法解决的问题，对未来经济与管理研究发展具有重要意义。

3. 人工神经网络理论基础

神经元为处理人脑信息的最小结构单元，人工神经网络的最基本结构单元是模拟生物神经元的处理单元，称为神经元或"节点"，运算模型具有多种形式，如多输入单输出、输入加权、输入加权求和输入—输出函数等，每个输入的大小和权重都有差异。神经元之所以能够具有各自不同的处理信息的能力，是因为不同变换函数的使用，包括阈值型、非线性、分段线性及概率型变换函数。

阈值型变换函数使用如图 3-1 所示的单位阶跃函数。

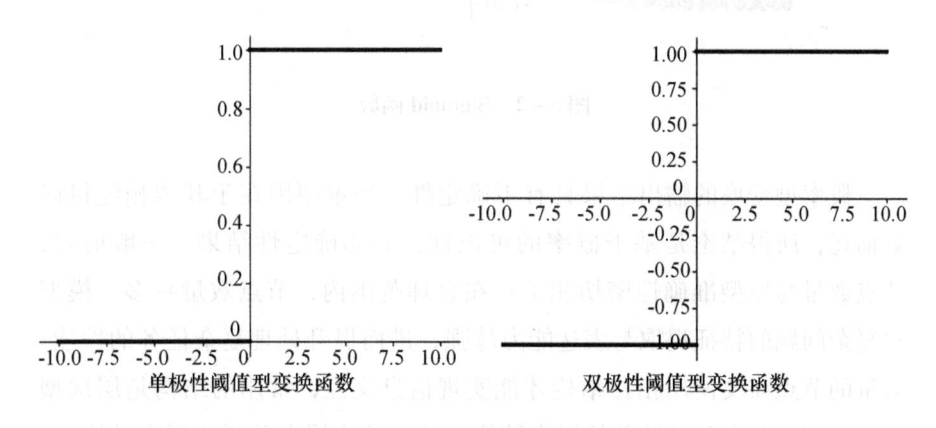

单极性阈值型变换函数　　　　双极性阈值型变换函数

图 3-1　阈值型函数

非线性变换函数的代表函数是 Sigmoid 函数（见图 3-2），即 S 型函数。单极性 S 型函数为：

$$f(x) = \frac{1}{1 + e^{-x}} \tag{3-37}$$

双极性 S 型函数为：

$$f(x) = \frac{1 - e^{-x}}{1 + e^{-x}} \tag{3-38}$$

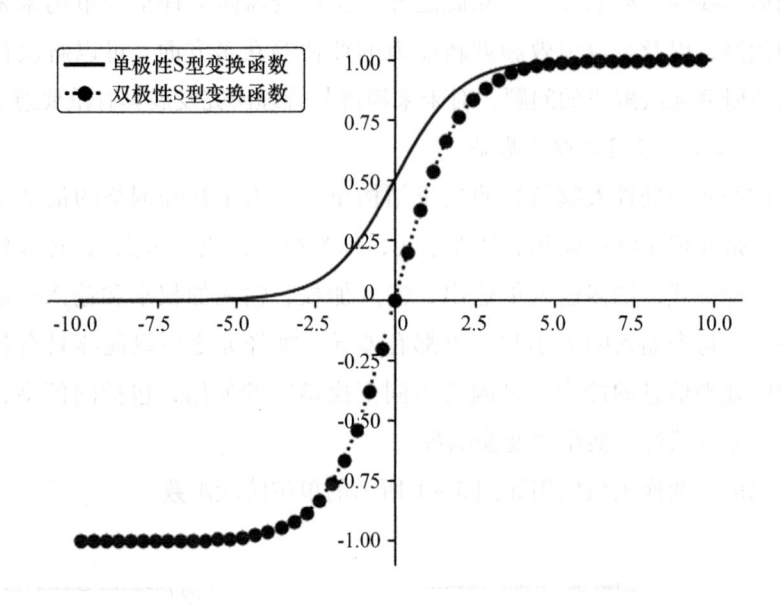

图 3-2　Sigmoid 函数

概率型变换的输出结果具有不确定性，根本原因在于其依赖随机函数描述，所得结论是基于概率的可能性，而非确定性结果。一般而言，节点数量与模型准确性密切相关：在合理范围内，节点数量越多，模型对复杂问题的特征提取与表达能力越强，进而提升处理复杂任务的性能。大量的节点需要使用拓扑结构才能实现信息交互，常用的结构是层次型和互连型。前者包括简单的层次结构、输入结论层有关联的层次结构等，后者涵盖完整互通结构、部分互通结构和加入权的互通结构。在网络中，数据的传递具有方向性的特点，一般分为两类：前馈型和反馈型。

神经网络最大的优点是自我学习能力，即其受到样本输入值的影响，为了接近最优输出目标和理想的误差范围，会不断动态调整每个节点的权重。神经网络是一种监督型的机器学习方式，本质是在训练之前必须有完整输入和输出。当时其拥有良好的兼容特性，在解决各类非线性问题时，又可以融合其他监督学习和非监督学习的模型，各节点的权值在训练过程中根据输入输出的映射关系不断进行调整，Shun-ichi Amari 通过研究获得了一套可靠的学习规则，该规则可以有效优化网络权重以达到合理取值。

输入样本的差异会影响神经网络的学习过程。在训练过程中，网络权重会不断自我调整以趋近最优状态，最终输出接近理想目标的结果。每个神经元都是一个自适应单元，可以根据输入、输出信号和学习信号调整连接权值，Shun-ichi Amari 提供的参数调整学习过程如下：

$$\Delta W_j = \eta r[W_j(t), X(t), d_j(t)]X(t) \qquad (3-39)$$

其中，r 为学习信号，η 为学习常数。即在 t 时刻，权向量 W_j 的调整量 $\Delta W_j(t)$ 与输入向量 $X(t)$ 及 r 的乘积成反比。

三 BP 神经网络

为了维持并提升算法的自主学习能力，神经网络的基础研究方向在学习算法的开发上。在已有的研究中，Hebb 学习算法、Hopfield 反馈神经网络学习算法和 BP 反向传播学习算法是常见的神经网络算法。其中，BP 算法作为典型代表，不仅是一种被广泛认可的学习算法，还在各学科领域中做出了突出贡献。

Back Propagation 神经网络算法，即 BP 神经网络，是神经网络算法中最常见的算法之一，并且在多学科和领域应用广泛。BP 的成功问世主要归功于感知器在神经网络的成功应用。不同于以往顺序传递流的思路，BP 神经网络的创新点是对网络中的误差进行逆向传递，同时正向的数据流也及时进行传递。在输入层和输出层中间加入隐藏过渡层，原始值依次穿过并获得仿真输出流，并与期望结果随时进行比对。如果两者出现偏差较大的情况，则进入逆向误差传递过程，一直追溯到输入源。在逆向追溯期间，获取所有误差并进行遍历分析，找到存在问题的节点并调节优化对应的权值。在循环往复的正向求值、判断差异、逆向调整过程中，最终得到满意的 BP 神经网络模型，上述过程也就是学习的核心流程。隐藏层的数量直接决定神经网络处理复杂问题的效用程度，已有研究中发现使用单隐藏层较多，但为解决复杂问题（如管理决策、医学推理和自然语言学习等）会添加多个隐藏层。

四 模糊神经网络

1. 模糊理论与神经网络的结合

模糊理论与神经网络的异同十分显著。共性：（1）都可以并行处理数据，对模糊逻辑而言，模糊规则输出结果，而对神经网络而言，并行的神经元处理数据得到结果；（2）两者能根据输入输出的数据，构建非线性的映射。

然而两者也各有特点：（1）模糊逻辑的学习规则由专家给出，容错率较低，擅长归纳，而神经网络的核心是算法，容错率高，调整权值就可继续学习；（2）模糊逻辑的学习规则是隶属函数，而神经网络是神经元；（3）模糊神经网络是一种推理速度较慢的启发式算法，其规则可见，而神经网络推理速度快，但规则运行时是不可见的；（4）在推理过程中，模糊系统提升模糊性，而神经网络降低模糊性。虽然二者起源不同，前者来源于哲学和学习，后者来源于心理学和数据逻辑，但是都在现实问题的解决过程中起到关键作用，尤其是决策领域。殊途同归，作为更接近人类思维方式的数学方法，其优缺点明显互补，两者结合发展的可行性非常高。

2. 模糊神经网络的分类

模糊神经网络分为神经网络的模糊化处理和构建以模糊逻辑为基础的神经网络系统两大类。前者是对神经网络中的组成和参数进行模糊化处理，包括输入数据、权值等，最重要的效果是提高训练的精准性；后者采用模糊逻辑为核心的分析系统，利用神经网络加速处理过程并降低模糊程度，最终得到理想训练模型和结果。以模糊推理系统为主，融合神经网络对模糊化后的数据进行学习，从而降低整体训练误差并缩短训练耗时。

3. 模糊神经网络的学习算法

在模糊系统中，最重要的是隶属函数，其参数通常是固定值，神经网络可以弥补这个缺陷，其学习算法对系统的参数自动调整，使自学习和自适应的调整目标在模糊系统中的实现成为可能。选择合适的隶属函数直接影响模型训练的效果，然而目前如何正确选择该函数仍主要依赖经验，需通过手动调整来确保最优训练效果。之后的分析推理工作中各个参数的最优调节可以依靠神经网络的自学习和自适应能力完成。模糊神经网络常用的学习算法包括误差反向传播算法、基于最小二乘法的学习算法、高斯算法和聚类法等，[①] 具体如下。

（1）误差反向传播算法，即 Back Propagation 算法，简称 BP 算法，作为基本算法尤其在管理学研究中是最广泛运用的神经网络算法。

（2）最小二乘法，设目标函数为：

$$j_p = \sum_{j=1}^{p} [f(x_0^j - y_0^j)]^2 \qquad (3-40)$$

对形式 $y = f(x) = \dfrac{\sum_{i=1}^{M} y^{-l} \left\{ \prod_{l=1}^{n} \exp\left[-\left(\dfrac{x_i - x_i^{-l}}{\sigma_i^l} \right)^2 \right] \right\}}{\sum_{i=1}^{M} \left\{ \prod_{l=1}^{n} \exp\left[-\left(\dfrac{x_i - x_i^{-l}}{\sigma_i^l} \right)^2 \right] \right\}}$ 的系统采用最小二乘算法。

先根据经验值确定模糊规则数 M，再根据规则设定 x_i^{-l} 和 σ_i^l。每个 $\exp\left[-\left(\dfrac{x_i - x_i^{-l}}{\sigma_i^l} \right)^2 \right]$ 构成一个模糊基函数，设 $\theta = [y^{-1}, y^{-2}, \cdots, y^{-M}]^T$，$h = [h^1, h^2, \cdots, h^M]^T$，其中 $h^l = \dfrac{\prod_{i=1}^{n} \exp\left[\left(\dfrac{x_i - x_i^{-l}}{\sigma_i^l} \right)^2 \right]}{\sum_{i=1}^{M} \left\{ \prod_{l=1}^{n} \exp\left[\left(\dfrac{x_i - x_i^{-l}}{\sigma_i^l} \right)^2 \right] \right\}}$，$l = 1, 2, \cdots, M$，

即可写为 $y = h^l \theta$。

使用最小二乘法计算参数：

---

① E. H. Mamdani, "An Experiment in Linguistic Synthesis with a Fuzzy Logic Controller", *International Journal of Man-Machine Studies*, Vol. 7, No. 1, 1975, pp. 1–13.

$$\theta(p) = \theta(p-1) + K(p)[y_0^p - h^T(x_0^p)\theta(p-1)] \qquad (3-41)$$

4. 聚类法

聚类的根本是降维，尽可能用少的变量替代绝大多数影响因素，利于加快训练，避免过多地输入浪费分析资源。常用聚类学习算法包括减法聚类和模糊 C 均值聚类等。

模糊神经网络的学习算法不仅包含最小二乘法、反向传播算法等，还可以结合多种算法，利用各自优势弥补相互的不足，并得到最理想的结果。

第八节　本章小结

综上所述，企业家精神的发展具有发展波动性，其概念的抽象性导致企业家精神的测度具有模糊性和复杂性。基于此，本章根据企业家精神的发展特征，通过对学界相关测量方法的比较分析，从模糊数学、激励奖惩、突变级数、差异驱动以及模糊神经网络等理论出发，确定企业家精神测度的方法和理论基础。其中，模糊数学能够解决因企业家精神概念抽象性而导致的模糊性，突变级数能够有效解决企业家精神在发展变化中出现的突变性，而三次差异驱动在测度中减少了企业家精神在连续时间发展中出现的波动性和能量消耗，并加入了时间贴现因子，强调了评价对象在连续时间上的时间效应，模糊神经网络通过机器学习和人工学习，能进一步提高企业家精神测度的准确性和合理性。前文对各测度理论的有效解释和阐述，为后文企业家精神测度模型的构建提供了理论基础和支持。

第四章

知识产权资本的测度

第一节 知识产权资本的特征

知识产权资本化能够有效促进知识产权的价值发挥,从而将知识产权和资本两种财产关系有机结合在一起,因此深入分析知识产权资本化的特征十分重要。知识产权资本化具有时间限制性、法定性、高收益性等特征。

(1) 时间限制性。知识产权是指智力劳动者对其智力创造性劳动成果依法享有的权利,是一种无形产权。并且智力劳动者,即知识产权人在一段时间内可以对知识产权进行授权,得到授权的单位或个人有资格在一定时间内使用该智力成果。知识产权的法律保护均有一定的期限,不管是发明专利、实用新型、外观设计还是商标权、著作权等,在法律保护期满后,知识产权人对其智力成果的排他性使用将失效。所以说,知识产权资本化也具有时间限制,知识产权的价值以其所能产生收益的年限进行衡量,年限越久价值越大。

(2) 法定性。为了避免知识产权的滥用、扩散和流失,中国对知识产权的获取和出资都有明确的法律依据以及既定的法定程序,因此知识产权资本化必须依法进行。中国《公司法》《外商投资企业法》《合伙企业法》等企业法律制度中,以及知识产权相关法律条文中也明确指出知识产权资本化的法律依据。例如,《中华人民共和国促进科技成果转化法》第十六条规定,科技成果持有者可以将科技成果作为无形资产投资于公司,折算成公司股份或出资比例，从而进行科技成果的转化。

（3）高收益性。由于法律对知识产权在一定期限的保护和知识产权自身的难以模仿性，知识产权使用者能够在法定产权保护期间获得智力成果的高额收益，这一获取价值最具增值的活动即为知识产权资本化过程。将知识产权这一潜在生产力进行资本化并推向市场，便可以为知识产权使用者带来高额回报，为企业乃至整个社会带来巨大的经济效益。同时，知识产权资本化为智力劳动者带来的高额回报，能够正向激励发明创造者的积极性，进而有效提升我国的科研创新水平。

第二节　知识产权资本测度的影响因素

在知识产权资本的相关研究中，资本化测度或评估的过程本身就牵涉到很多外部和内部的影响因素，特别是国内外许多学者会根据不同的研究目的，采取不同的研究方法对知识产权进行差异性的测度分析和资本化评估。因此，根据测度目标对知识产权资本的影响因素进行有效识别和界定十分重要。基于此，本章在有效分析和评估现有研究文献的基础上，从内部和外部两个主要方面梳理出知识产权进行资本化评估的主要影响因素。

一　内部影响因素

内部影响因素主要分为知识产权的技术影响因素和企业发展的经济影响因素。

1. 技术影响因素

（1）技术成熟度。知识产权类似于企业生命体，有自身的生命周期，经历从初级到高级的成长过程。达到高级阶段的知识产权，较初级阶段的技术更加成熟，具有较好的稳定性，因此该阶段的知识产权技术有更高的评估价值；初级阶段虽有较好的预期和创新，但技术尚不成熟，具有较大不确定性，此阶段下知识产权技术的评估价值较低。

（2）技术寿命。随着现代科技的迅速发展，学科之间相互交叉和渗透，新技术和新产品不断涌现。技术水平的飞速发展，使许多产品和技术的生命周期缩短。具有较高创造性的知识产权技术更是资本的目标。

2. 经济影响因素

（1）预期收益。成本确定收益不定是投资的一个重要特征。预期收益是指一项知识产权投入正常经营之后能为投资者带来的未来收益，是投资者进行投资的关键因素。知识产权预期能为投资者带来的收益越大，其估值越高。除此之外，若知识产权的使用会对社会产生正外部性，便极有可能在未来得到政府的支持和资助，那么此项知识产权将得到更高的收益，具有更高的估值。

（2）知识产权投入。知识产权属于无形资产，与企业其他资产一样，在其形成过程中会产生成本。知识产权是智力劳动者通过创造性智力劳动形成的成果，因此其形成成本难以准确估量。但相较于知识产权预期的高额收益，其形成成本的评估值通常较低。

二　外部影响因素

知识产权资本测度的主要外部影响因素，即影响知识产权应用效益的关键因素，主要包括以下两点。

（1）使用期限。知识产权受法律保护的存续期间具有时间限制，其应用效益的估值与受法律保护时间的长短表现出正相关关系。此外，知识产权的不同类型如专著、发明专利、外观设计专利等受法律保护的期限存在一定差异。

（2）保护程度。知识产权受法律保护的程度会对其产权应用效益产生不同影响。一方面，基于对创新者智力成果的尊重，知识产权所受到的法律保护制度越完善越严格，就越不容易被侵权，其应用效益的评估值越高，同时切实保障创新者的合法权益，可以进一步促进个人、社会乃至国家创新思想进步与创新发展；另一方面，如果对知识产权保护过度，则不利于形成良性竞争的社会环境，进一步削弱社会整体创新氛围。

第三节　知识产权资本的测度指标体系构建

知识产权与直接消费产品不同，其在金融市场的支持下，通过社会化、规模化运用从终端实现应用价值。在信息不对称的市场环境下，知识产权的价值因缺乏统一的标准与方法而难以准确真实地进行衡量。在知识产权资本化测度中，其价值评估更容易因金融机构、投资者等主体的认知差异而产生分歧，进而影响知识产权资本化在社会中的应用程度。结合知识产权资本化的特征，在分析影响知识产权资本化的内部因素和外部因素的基础上，建立知识产权资本化测度的基本思路和指标体系构建的原则。

一　知识产权资本测度体系构建原则

构建知识产权资本测度体系需要反映理论和实践两个方面的目标要求：理论上能够为知识产权资本化价值评估充分提供客观科学的依据；在实践过程中具备可操作性和实用价值。

1. 科学性与数据可得性相结合的原则

知识产权资本化因自身性质而具有特殊性与多样性，与一般资产的资本化不同，在构建其测度指标体系时，既要根据评估对象的特征进行科学评价，又要确保反映知识产权真实的市场需求和自身价值。与此同时，指标设计需要考虑衡量的可操作性。知识产权资本测度需要考虑数据收集渠道，选取较为容易获取的指标，无论是财务性还是非财务性指标、定量还是定性指标都一定要能够直接采集获得结果，或可以将采集的数据进行相应的科学处理得到最终结果。

2. 系统性与层次性相结合的原则

知识产权资本化涉及确权、出资、转让等多个环节，因此其测度评估应从整体出发，将各个环节统一结合，以保证知识产权资本测度的连贯性与全面性。同时，为反映影响知识产权的不同因素之间的关系，应构建层次清晰的指标体系进行综合测度。

3. 定性与定量指标相结合的原则

定量指标数据易获取且能够客观清晰地反映出测量结果及测量效果的优劣，但并不适用于所有指标，部分指标难以用定量指标进行衡量时，需进一步采用定性指标进行准确衡量。针对定性指标，为尽量体现其客观性，可通过科学方法获取并对原始数据进行客观处理。定性指标与定量指标相结合可以保证测量结果的准确、客观、全面与公正。

4. 指标数量合理性原则

知识产权资本化测度体系是一个系统，应考虑系统内各衡量指标数量的协调统一，确定适宜数量的指标。若测量指标太少，可能导致评价结果不能准确反映客观事实；若指标太多，各指标之间易存在相关性，甚至出现不协调的现象，不仅会导致数据获取及统计困难，评价难度也会相应提高。因此需综合考量指标数量，构建一个科学完整、可操作的测度指标体系。

二 知识产权资本指标体系

根据知识产权资本测度的研究目标和指标构建原则，将测度指标体系分为目标层、准则层和指标层三个等级，即目标层、一级指标和二级指标。目标层是测度分析的主要研究方向或评估对象，本章以知识产权资本为主要测度目标，以准则层确定知识产权资本测度的角度和内容，根据影响知识产权资本化的两个主要因素确定指标体系的维度，一级指标主要包括技术水平、经济价值、应用效益，二级指标主要是根据一级指标进行指标的筛选和设置的。最后一级指标层要能够详细、精准地反映出上一级指标层的指标内容和主要特征，因此要筛选可获取的、合理的指标进行度量与描述分析。根据知识产权资本的测度指标体系准则层的划分和描述，本节选择技术水平、经济价值、应用效益三个一级指标，包括六个二级指标对知识产权资本进行测度分析（见表4-1）。

表4-1　　　　　　知识产权资本的测度指标体系

目标层	一级指标	二级指标	指标描述
知识产权资本	技术水平	技术成熟度	知识产权的技术水平，分9个等级
		技术寿命	知识产权在技术上的使用年限
	经济价值	预期收益	该项知识产权能为公司带来的预期收益
		知识产权投入	企业在知识产权开发上的资本投入
	应用效益	使用期限	知识产权在法律上的有效使用年限
		保护程度	企业在法律上对知识产权的保护程度

三 知识产权资本测度指标权重的确定

一般权重确定的方法主要包括熵值法、层次分析法、模糊综合评价法、数据包络分析法、因子分析法等评价方法。通过对上述指标权重确定方法特征的分析发现，不同的指标体系特征所选择的权重确定方法具有明显的差异性，因此本章根据知识产权资本的测度指标体系特征和实际测度情况，在权重测算方法的选择上以层次分析法为主、专家打分法为辅。

通过向知识产权领域专家学者发放问卷开展调查咨询，采用7级量表对知识产权资本测度指标权重进行专家打分。首先完成问卷回收，再对打分数据进行对比分析，经数据处理、统计分析及一致性检验后，计算出指标体系中一级指标和二级指标的权重值（见表4-2）。由知识产权资本测度指标权重的结果可知，知识产权的技术水平和经济价值是资本化测度的重要维度，而技术成熟度、知识产权的技术寿命、知识产权的预期收益是影响知识产权资本测度的主要指标，在知识产权资本化的过程中发挥着重要的作用，是影响知识产权价值的主要因素。

表4-2　　　　　　知识产权资本测度的指标权重

目标层	一级指标	二级指标	权重排序
知识产权资本的测度	技术水平（0.38）	技术成熟度（0.227）	1
		技术寿命（0.153）	3
	经济价值（0.27）	预期收益（0.148）	5
		知识产权投入（0.122）	6
	应用效益（0.35）	使用期限（0.199）	2
		保护程度（0.151）	4

第四节　知识产权资本的测度模型

综合国内外学者对竞争力测度使用的评价方法，主要有模糊层次分析法、灰色关联法、DEA 模型、模糊综合评价法等，模糊层次分析法在确定指标权重时有很强的主观性，影响评价的科学性；灰色关联法的局限性在于其指标最优值难以确定，这会影响评价结果的可靠性；DEA 模型只能评价相对发展指标，没有实际值；模糊综合评价法的计算较为复杂，并且当指标个数较多时，会出现权向量与模糊矩阵不匹配导致评价失败。因此，在知识产权资本的测度分析中选择 TOPSIS 方法，较之单一指标对比分析法，TOPSIS 法能进行综合分析，且该方法具有普遍适用性，适用范围非常广，既可应用于简单的、小规模的评价对象，也可应用于复杂的、大规模的评价对象；既适用于单层次指标体系的评价，也适用于多层次指标体系的评价；既可用于企业内的纵向对比评价，也适用于企业间的横向对比评价。同时，TOPSIS 法对指标样本的要求也不高，对少量的样本数据进行评价就可以得出科学有效的结论。

TOPSIS 法又被称为"逼近理想解排序法"。TOPSIS 法将各指标计算结果当中的最大值作为该指标的"正理想解"，最小值作为"负理想解"，通过计算评价单元与正、负理想解之间的欧式距离，得出所有评价对象的优劣排序。将熵权法和 TOPSIS 法结合起来运用于企业业绩评价具有诸多优点：首先，熵权法计算简单便捷，将其应用于评价指标的客观赋权，避免了主观赋权的诸多缺点；其次，通过 TOPSIS 法，计算到正、负理想解的贴近度来作为评价标准，打破了传统选取评价标准的做法；再次，通过 TOPSIS 法计算评价对象与正、负理想解的贴近度作为评价标准，突破了传统评价中主观设定单一标准的局限；最后，TOPSIS 法的评价结果具有层次性，适用于单层次指标和多层次指标的评价，兼具局部评价和整体评价的优点。具体步骤如下：

第一步：标准化处理。

对于越大越优的指标：

$$X_{ij} = \frac{x_{ij} - \min(x_{1j}, x_{2j}, \cdots, x_{nj})}{\max(x_{1j}, x_{2j}, \cdots, x_{nj}) - \min(x_{1j}, x_{2j}, \cdots, x_{nj})}$$

$$(i = 1, 2, \cdots, n; j = 1, 2, \cdots, m) \tag{4-1}$$

对于越小越优的指标：

$$X_{ij} = \frac{\max(x_{1j}, x_{2j}, \cdots, x_{nj}) - x_{ij}}{\max(x_{1j}, x_{2j}, \cdots, x_{nj}) - \min(x_{1j}, x_{2j}, \cdots, x_{nj})}$$

$$(i = 1, 2, \cdots, n; j = 1, 2, \cdots, m) \quad (4-2)$$

式（4-2）中，x_{ij}为第i个样本第j项指标的原始数值，r_{ij}为标准化后的指标值。

第二步：指标归一化处理，计算第i个指标在第j年的比重。

$$X_{ij} = \frac{x'_{ij}}{\sum_{i=1}^{n} x'_{ij}} \quad (4-3)$$

第三步：计算指标的信息熵e_j。

$$e_j = -\frac{1}{\ln n} \sum_{j=1}^{n} (X_{ij} \times \ln X'_{ij}), \ (0 \leqslant e_j \leqslant 1) \quad (4-4)$$

第四步：计算各个指标的差异系数g_j与指标权重w_j。

$$g_j = 1 - e_j \quad (4-5)$$

$$w_j = \frac{g_j}{\sum_{j=1}^{m} g_j} \quad (4-6)$$

第五步：加权算数平均模型。多指标综合评价中，需要通过数学模型将指标进行合成，确定各指标的熵：

$$D_i = \sum_{j=1}^{m} d_{ij} w_j \quad (4-7)$$

第六步：构建规范化决策矩阵。

$$Z_{ij} = \frac{X_{ij}}{\sqrt{\sum_{i=1}^{m} X_{ij}^2}} \quad (4-8)$$

构造加权规范化决策矩阵V，其中元素$V_{ij} = W_j Z_{ij}$。

第七步：确定正理想解和负理想解。其中，V^+代表第m个指标的最大值，V^-代表第m个指标的最小值。

正理想解：

$$V^+ = (V_1^+, V_2^+, \cdots, V_m^+) = \{\max V_{ij} \mid j = 1, 2, \cdots, m\} \quad (4-9)$$

负理想解：

$$V^- = (V_1^-, V_2^-, \cdots, V_m^-) = \{\min V_{ij} \mid j = 1, 2, \cdots, m\} \quad (4-10)$$

第八步：计算各评价指标到正理想解的距离 S_i^+ 和到负理想解的距离 S_i^-。

$$S_i^+ = \sqrt{\sum_{j=1}^{m} (V_j^+ - V_{ij})^2} \quad (4-11)$$

$$S_i^- = \sqrt{\sum_{j=1}^{m} (V_j^- - V_{ij})^2} \quad (4-12)$$

第九步：计算各个评价对象与理想解之间的相对贴近度，相对贴近度用于描述评价对象与理想解的相对接近程度：

$$C_i = \frac{S_i^-}{S_i^+ + S_i^-} \quad (4-13)$$

第五节 知识产权资本的测度分析

一 数据来源及权重分析

根据研究内容及研究目的，以科技型上市企业为样本筛选的研究对象，选取具体企业数据进行定量分析，剔除发展时间较短、数据不全及 ST 企业后，以 2015—2020 年为研究时间范围，选取全国 1378 家科技型企业为样本，为了确保数据统一性和准确性，数据主要来源于同花顺财经数据中心及各具体企业的统计年报。

先对数据进行标准化处理，并根据熵值法的步骤计算出知识产权资本测度的各指标权重，具体结果如表 4-3 所示。通过对表 4-2 和表 4-3 对比分析可知，基于熵值法的知识产权资本测度指标权重排序与专家打分法的结果整体上具有一致性，对知识产权资本影响权重较大的指标分别为使用期限、保护程度、技术成熟度和技术寿命。由此可见，知识产权作为一种无形产权，排他性的使用期限、受法律保护程度及企业自身所拥有的技术成熟度是知识产权资本评估的核心，也是知识产权资本可持续发展的关键。此外，技术寿命、预期收益及知识产权投入也是评价知识产权资本的重要指标维度。

表4-3　　　　　　　　　基于熵的指标权重值

目标层	一级指标	二级指标	权重排序
知识产权资本的测度	技术水平（0.34）	技术成熟度（0.223）	2
		技术寿命（0.116）	4
	经济价值（0.22）	预期收益（0.113）	5
		知识产权投入（0.103）	6
	应用效益（0.43）	使用期限（0.277）	1
		保护程度（0.168）	3

二　基于熵值法的测度结果

根据知识产权资本测度的模型，利用熵值法计算出2015—2020年全国1378家科技型上市公司知识产权资本的综合测度值，结果如表4-4所示，并根据知识产权资本的测度值绘制了其综合测度值的分布图4-1和图4-2。

表4-4　　　基于熵值法的各年份知识产权资本的综合测度值

年份	知识产权资本测度值均值
2015	0.2866
2016	0.2805
2017	0.3209
2018	0.3224
2019	0.3119
2020	0.2920

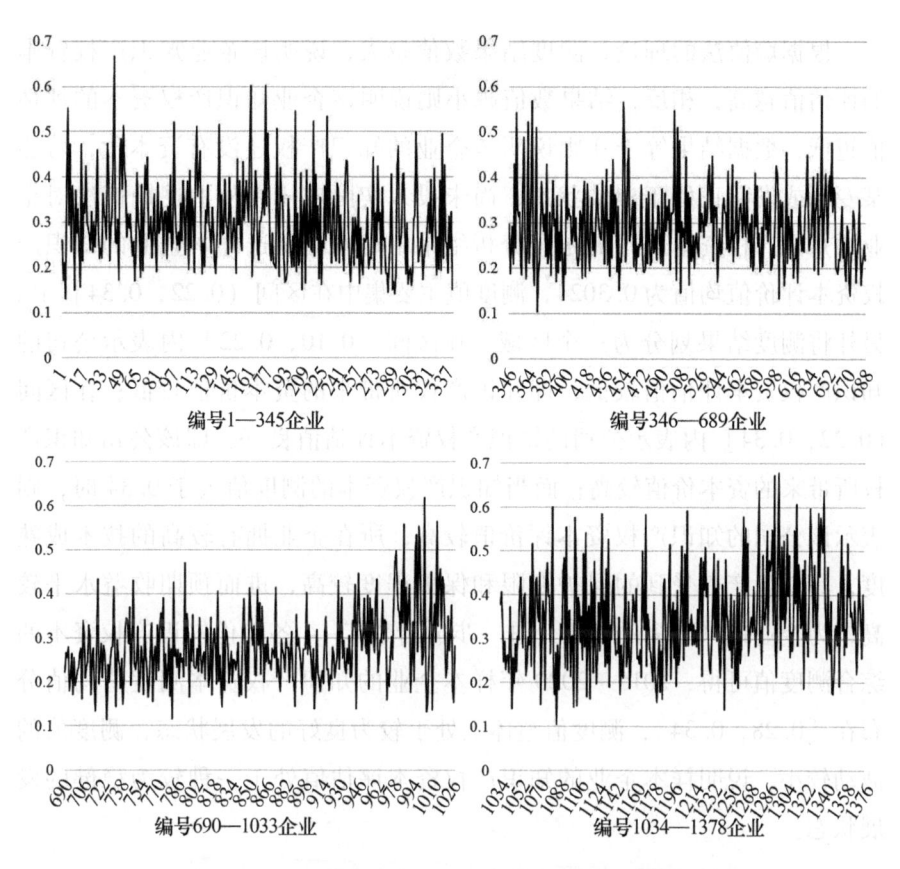

图 4-1　基于熵值法各企业知识产权资本综合测度值

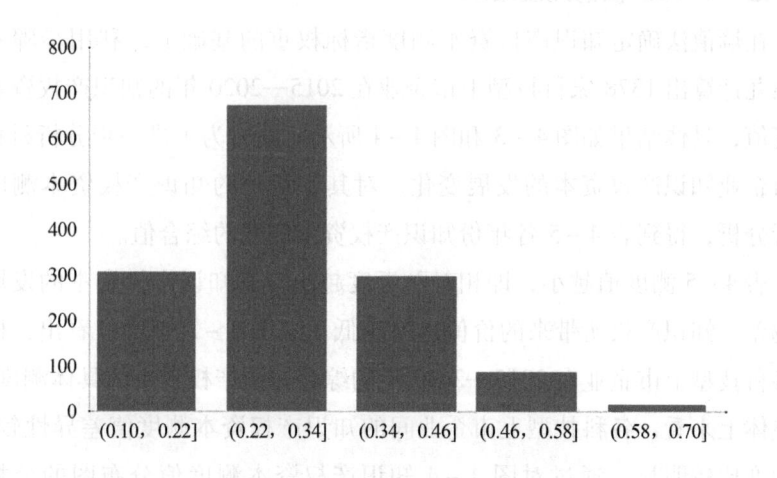

图 4-2　基于熵值法企业知识产权资本测度值分布

根据熵值法的理论，测度结果数值越大，说明该企业知识产权资本的评估值越高；相反，结果数值越小则说明该企业知识产权资本的评估值越低，数据结果等于 0 则说明该企业的知识产权还没有资本化，可能某专利或发明正处于申请状态，尚未投入实际应用。从上述熵值法对企业的知识产权资本进行的定量分析结果中可知，所选样本企业的知识产权资本评价值均值为 0.3024，测度值主要集中在区间（0.22，0.34］上。另外将测度结果划分为三个区域，在区间（0.10，0.22］内表示公司的知识产权资本评估值较低，即知识产权所带来的资本价值较低；在区间（0.22，0.34］内表示公司的知识产权资本评估值良好，即该公司知识产权所带来的资本价值较高；而当知识产权资本的测度值大于 0.34 时，则表示该公司的知识产权资本评价值较高，所在企业拥有较高的技术成熟度，其知识产权受到的保护期限和保护程度较高，进而预期收益水平较高，为企业带来更多的价值。进一步分析表 4-4 各年份知识产权资本的综合测度值可得，2015—2020 年样本企业的知识产权资本测度值均值分布在［0.28，0.34］，测度值整体上处于较为良好的发展状态，测度值的波动较小，说明样本企业的知识产权资本评估值处于一种较为稳健的发展状态。

三 TOPSIS 法的测度结果

在熵值法确定知识产权资本测度指标权重的基础上，利用步骤六到步骤九计算出 1378 家科技型上市企业在 2015—2020 年的知识产权资本的测度值，具体结果如图 4-3 和图 4-4 所示。同时为了进一步分析科技型上市企业知识产权资本的发展变化，对其各年份的知识产权资本测度值进行分析，得到表 4-5 各年份知识产权资本测度的综合值。

表 4-5 测度值越小，即相对贴近度越小，其知识产权资本的发展状况越差，知识产权所带来的价值也就越低。从图 4-3 中可以看出，样本内各科技型上市企业在 2015—2020 年的综合知识产权资本的具体测度值，从整体上来看，各科技型上市企业间的知识产权资本测度值差异性较小，集中度比较明显。通过对图 4-4 知识产权资本测度值分布图的分析可知，中国科技型上市企业知识产权资本的测度值主要集中在［0.05，0.10］，

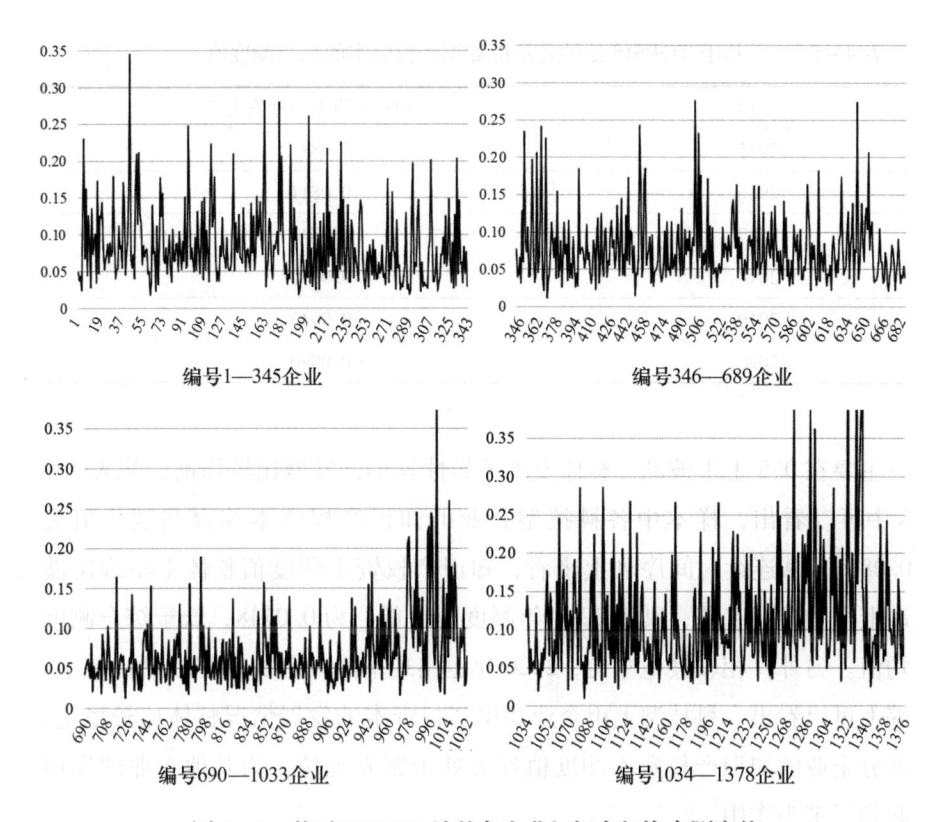

图 4-3　基于 TOPSIS 法的各企业知识产权资本测度值

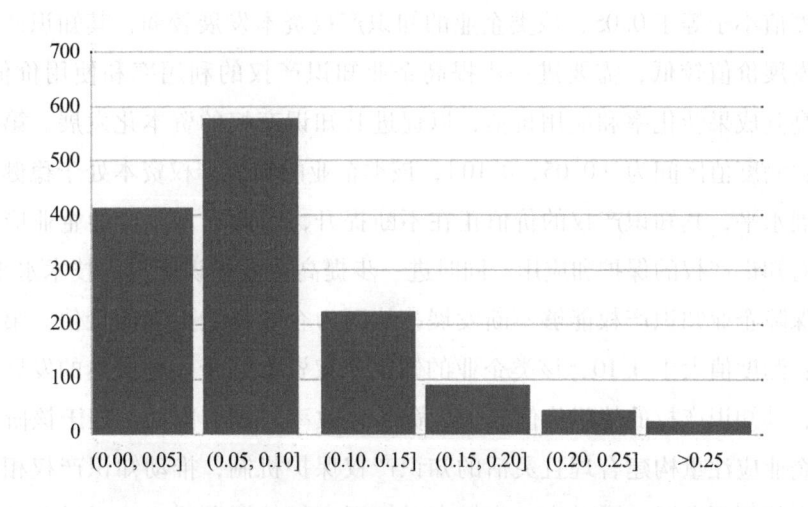

图 4-4　基于 TOPSIS 法的企业知识产权资本测度值分布

表4-5　基于 TOPSIS 法的各年份知识产权资本的综合测度值

年份	知识产权资本测度值均值
2015	0.0823
2016	0.0811
2017	0.0748
2018	0.0912
2019	0.0943
2020	0.0890

且主要在0.5上下波动，整体发展差异性较小，发展比较均衡。从表4-5中可以看出，样本中各科技型企业的知识产权资本综合测度均值为0.0855，从连续时间序列上来看，知识产权资本测度值整体上呈现出波动上升的发展趋势，其中2017年测度值最低，为0.0748，低于综合测度均值。另外，相较其他年份，2020年也出现下降的趋势，但波动比较小。综上可以看出，科技型上市企业知识产权资本的发展情况整体比较稳定，部分企业的知识产权资本测度值发展处于领先地位，为其他企业的发展起到了带头作用。

另外，由图4-4可以将知识产权资本的测度值分为三类。第一类：测度值小于等于0.05，该类企业的知识产权资本发展较弱，其知识产权的发展价值较低，需要进一步提高企业知识产权的利用率和使用价值，提高其成果转化率和应用价值，以促进其知识产权的资本化发展。第二类：测度值区间为（0.05，0.10]，该类企业的知识产权资本处于稳健的发展水平，其知识产权的价值正在不断提升，因此在该阶段的企业应注重对知识产权的保护和应用，同时进一步提高企业知识产权的技术水平，以保障企业知识产权能够不断发展，从而为企业创造更多的价值。第三类：测度值大于0.10，该类企业的知识产权资本处于一种成熟的发展水平，其知识产权的使用价值较大、资本化效率较高，因此，处于该阶段的企业应注重构建合理且灵活的知识产权保护机制，推动知识产权相关技术的创新发展，同时进一步加大对知识产权的资源投入，通过开发新技术促进企业知识产权的迭代升级与可持续发展。

第六节　本章小结

在当前经济转型与高质量发展的背景下，知识产权作为关键生产要素，在赋能社会经济创新发展、驱动产业结构优化升级、提升企业市场竞争力、促进科学技术高效发展、提高服务价值，以及完善知识产权制度以强化创新驱动等方面发挥着重要作用。对知识产权资本进行科学测度和合理分析，是促进知识产权发展、科技创新的有效途径。因此，本章对知识产权资本化特征进行分析和阐述，结合国内外相关研究，从内部和外部两个主要方面对知识产权资本化测度的影响因素进行识别和综合分析，并根据知识产权资本测度的研究目的和指标体系的构建原则，从技术水平、经济价值和应用效益三个一级指标，技术成熟度、技术寿命、预期收益、知识产权投入、使用期限和保护程度六个二级指标出发，构建了知识产权资本测度的指标体系。在此基础上，采用以层次分析法为主、德尔菲法为辅的权重方法确定了知识产权资本测度的指标体系权重。

在知识产权资本的测度上，本章对2015—2020年1378家科技型上市企业的知识产权资本进行测度分析。通过对熵值法和德尔菲法指标权重测度结果的对比分析可以看出，技术水平和应用效益是知识产权资本测度的主要影响因素，其中技术成熟度、技术寿命、使用期限和保护程度对知识产权资本化的影响贡献度比较大。通过熵值法和TOPSIS法对知识产权资本的测度分析可以看出，各科技型上市企业的知识产权资本测度结果比较均衡，企业知识产权资本的测度差异性较小，主要在区间（0.05, 0.10］均衡发展，这进一步说明知识产权资本化发展水平较高，为企业带来较高的价值。从时间截面来看，各年份知识产权资本的整体发展情况较好，发展波动性较小，处于一种稳健的发展状态。最后根据知识产权资本的主要分布，把各科技型企业知识产权资本的发展分为三类，并根据其发展特征给出了相应的对策与建议，以进一步促进科技型企业知识产权资本的发展，为企业发展注入更多发展动能与提供资本支持。

第五章

基于知识产权资本的企业家精神测量指标体系构建

在实现对企业知识产权资本的测度和研究基础上,根据对企业家精神相关研究文献的梳理和分析,在构建企业家精神评价指标体系时,借鉴 Stephen X. Zhang 等提出的企业家精神设计思想,结合科技型上市企业发展速度较快、创新能力较强等特征,基于知识产权资本的测度,从组织层面企业发展特征的角度选取能够反映科技型上市企业的企业家精神测量指标。①

第一节 测量指标体系构建原则

1. 可获取性原则

在以往企业家精神的研究中数据主要通过问卷调查的方式获得,数据收集的过程比较烦琐,且主观性比较强,因此在定量研究中考虑数据收集的渠道,结合现有研究成果,筛选具有理论支撑和数据支持的成熟指标,使评价指标具有合理性和科学性。

---

① Stephen X. Zhang, Elco Van Burg, "Advancing Entrepreneurship as a Design Science: Developing Additional Design Principles for Effectuation", *Small Business Economics*, No. 55, 2020, pp. 607–626.

2. 灵敏性原则

在指标的设计中要考虑结果的准确性和客观性，因此要选择能够直接对测量结果产生影响的指标，剔除对测量结果影响较小的指标，选取代表性较强的指标，避免产生无效数据而影响整体统计与评价，进一步提高指标评价的灵敏度。

3. 针对性原则

筛选出的指标应能针对性地反映科技型中小企业的企业家精神发展水平及企业科普工作的实际成效，因此在科技型中小企业企业家精神测量的指标选择中，应剔除区域和个体企业家精神的独特性，排除不同层次企业家精神影响因素的干扰，以提高指标的准确性与针对性，最大限度降低测量误差，使评价指标更贴合企业实际发展状况。

4. 可比性原则

在设计企业家精神指标体系时，需进一步对各指标的内涵界定、应用场景及计算方法展开详尽的分析与对比，旨在确保指标统计口径与应用范围的一致性，推动企业家精神各测量维度的联动衔接，使单个样本具备横向可比性。另外，通过企业家精神的差异性分析，深入探究不同企业间企业家精神的发展态势与潜在问题。

5. 协调性原则

将企业家精神视作一个系统，各评价维度构成子系统。因此，不仅需确保企业家精神各评价维度之间的协调性，还需保证各维度内评价指标的逻辑一致性。当系统出现矛盾时，应在维持指标体系科学性与完整性的前提下，剔除矛盾指标。另外，把知识产权资本测度结果融入企业家精神的测度评价中，所选评价指标与企业内企业家精神的实际发展状况和知识产权资本相协调。

第二节 企业家精神测量维度的构建

通过对企业家精神测度研究的综述发现，多数学者主要从区域的研究层面对企业家精神进行实证研究，结合当下的研究背景和目的，将企业家精神的概念和特征进行重构，并根据其特征划分为几个维度进行测量和分析，缺乏对组织层面企业家精神的相关测度研究。总结现有对公司层面企业家精神的测量研究发现，虽然学者们在企业家精神测量维度的开发和指标的选取上存在分歧，但在相关实证研究中常常将其划分为以下几个维度进行测量。例如 D. Miller 主要从创新性、冒险性和开创性三个维度利用问卷调查对企业家精神的发展进行研究。[①] J. Covin 和 D. Slevin 在此基础上对企业家精神的三个维度进行了概念解释，他们认为企业家精神的创新性是指企业家为了提高企业利润在企业内部进行的创新活动；开创性主要是指企业家为了提高市场份额或市场竞争力所采取的积极主动的扩张行为；与开创性不同，冒险性更多是指企业家为了追求更大的利润在市场环境不确定性的条件下所采取的具有冒险性的行为和态度。[②] G. T. Lumpkin 和 G. Dess 在企业家精神的相关研究中，借鉴了 J. Covin 和 D. Slevin 的三个维度，并在此基础上引入自主性和竞争性两个概念对企业家精神的内涵进行了新的解释。[③] W. R. Van 和 M. Adonisi 在企业家精神传统三个维度的基础上，根据公司内部的作用机理提出了新业务创立和组织内部变革的企业家精神新维度，其中新业务的创立性主要是指在原业务无法满足公司的发展需求时，公司根据市场需求及时发现新的商机，并通过调整或扩展新业务来促进公司的持续发展；组织内部变革性主要是指当公司自身的发展无法满足市场变化时，公司对自身生产经营模式和管理制度的调整与变革过程。[④]

总结现有企业家精神的测量研究发现，在测量维度的选择上以三维、四维、五维为主，根据指标体现构建的全面性和精简性，考虑企业家精神的四维体系。在企业家精神的维度构建上，多数学者从创新性和创业性两个维度去研究企业家精神，因此先从创新能力和创业能力两个维度

[①] D. Miller, "The Correlates of Entrepreneurship in Three Types of Firms", *Management Science*, No. 7, 1983, pp. 770–791.

[②] J. Covin, D. Slevin, "A Conceptual Model of Entrepreneurship as Firm Behavior", *Entrepreneurship Theory and Practice*, Vol. 16, No. 1, 1991, pp. 7–25.

[③] G. T. Lumpkin, G. Dess, "Clarifying the Entrepreneurial Orientation Construct and Linking it to Performance", *Academy of Management Review*, Vol. 21, No. 1, 1996, pp. 135–172.

[④] W. R. Van, M. Adonisi, "The Relationship between Corporate Entrepreneurship, Market Orientation, Organizational Flexibility and Job Satisfaction, Dissertation", University of Pretoria, 2003.

对公司层面的企业家精神进行测量。其中,创新能力是指企业管理者为了追求更大的企业核心竞争力而在企业内采取创新的生产经营活动,主要包括对新产品、新服务或新技术流程研发的投资意愿,目的是发明创造新产品、新服务或新技术来更好地满足顾客的需求,强调的是企业内部的变革和创新能力,而知识产权是企业进行创新活动后的主要产出和形式体现。因此,知识产权资本是企业进行创新活动的主要体现和评估指标,创业能力是公司所具有的一种前瞻能力,能够及时预测企业在未来所面临的风险,并且在风险来临前能够及时处理的能力,利用新产品或新服务勇于进入新市场,或者挖掘潜在的新市场把公司的产品或服务推向顾客而获取利润的行为,包括对市场的开发和利用,目的是提高市场竞争力,强调的是企业对外进行市场开拓的能力。

前文对不同层次的企业家精神进行了综述性研究,发现不同层面企业家精神的研究具有差异性(见表5-1),与个体和社会层面的企业家精神相比,组织层面的企业家精神更注重企业的创新和变革,目的是促进企业的成长和可持续发展。根据公司企业家精神理论,企业家精神的实质是创新、冒险与创业活动的结合。企业家是主要行为者,通过组织经营整合资源、推动创新,目标不仅是追求物质利益,还包括创造社会价值与组织可持续发展。在这一过程中,企业家需要具备一定的素质和才能,从而运用杰出的运营能力对企业资源进行优化配置,促进企业的发展。由此可见,创新性和创业性是企业家精神的核心,企业家的经营能力是企业家精神转化为物质利益的主要动力,而企业的成长性是企业家精神的物质化表现,同时科技型上市企业具有创新性、市场依赖性和高成长性等特点。因此,在借鉴谢众等对公司企业家精神的测量维度划分的基础上,选择创新能力、创业能力、经营能力和成长能力作为公司企业家精神的测量维度。

表5-1　　　　　　　　　不同层次企业家精神的差异性

	个体	组织	社会
主体	创业者	企业/公司	国家、区域

续表

	个体	组织	社会
主要特征	个体精神特质、行为表现	企业特质、公司机制、外部环境	社会文化、宏观环境国家机制、社会互动
体现	个体性格、态度、实践	组织文化、结构、制度、创新创业实践	民族文化、宗教、全民创业教育、投资等
功能	依托组织生存	促进组织成长和发展	社会发展、经济增长
机会识别	个体能力	组织战略	经济政策和发展战略
表现	创建新企业	企业变革和创新	社会经济改革和创新

第三节 测量指标体系的构建思路与方法

一 企业家精神指标体系构建思路

根据测量指标体系构建的原则，把企业家精神看成一个系统，其创新能力、创业能力、经营能力和成长能力四个维度是企业家精神的子系统。基于各子系统之间的相互作用和协调性，构建企业家精神的系统框架，如图5-1所示。

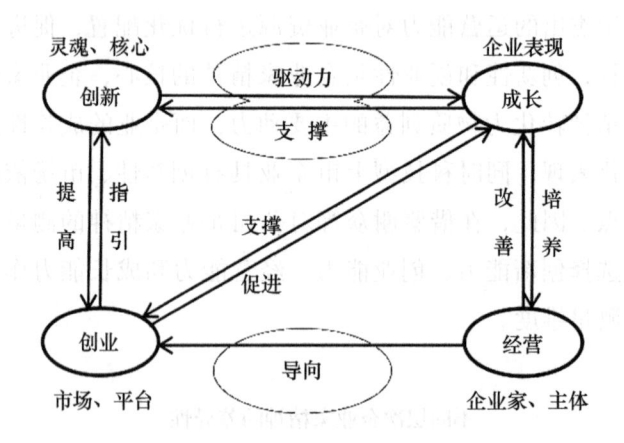

图5-1 企业家精神的系统框架

该系统框架反映了构成企业家精神指标体系的各要素之间的内在联系，创新能力作为企业家精神的核心和灵魂是促进企业成长的主要驱动力；创业能力主要指企业家精神的市场开拓性，是企业进行创新创业活动和企业家精神发挥作用的主要平台，体现了企业家精神的对外开创能力；经营能力是企业家精神的核心实践能力，指企业家通过战略规划、资源整合、运营管理等才能，支撑创业活动实施的系统性能力，是企业家精神落地的关键支撑；成长能力是企业家精神作用的物质化体现，表现为企业通过创新与资源整合实现规模扩张、竞争力提升的动态发展效能。同时，创业能力和经营能力对企业的成长性具有促进和改善作用，企业的成长能力也为企业家精神的创新能力、创业能力和经营能力提供支撑和培养作用。

基于企业家精神测度的研究目标，确定了企业家精神测量指标体系的构建思路。首先结合企业家精神的文献梳理和科技型中小企业的发展特征，对测量指标进行初步筛选，目的是提高企业家精神测量指标体系的全面性，再根据企业家精神的构建原则剔除数据无法获取或不具有观测性的指标。其次利用专家打分法对初次筛选后指标的重要程度或专家认同度进行1—7打分，并计算每个指标得分的平均值，然后进行定性筛选，剔除平均值小于4的指标，目的是提高企业家精神测量指标体系的精简性和针对性；进一步对定性筛选后的指标进行定量筛选，利用熵值法计算每个指标的权重，剔除权重值较小的指标，提高了企业家精神测量指标体系筛选的客观性和科学性。最后理性分析并补充完善企业家精神的指标体系，提高企业家精神测量指标体系的合理性和科学性，目的是利用20%的指标反映99%的原始数据，最终确定企业家精神的测量指标体系。

二 企业家精神指标体系构建方法

1. 专家打分法

德尔菲法（Delphi Method）是专家打分法的一种典型方法，通过匿名多轮反馈机制对定性问题进行定量化处理，强调专家共识的统计整合。首先根据评价对象具体要求设定若干个评价指标，再根据评价指标制定出评价标准，聘请若干代表性专家凭借经验按此评价标准给出各指标的评价分值，然后对其进行集结，经多轮反馈和综合，最终得到一致的评价结果。对企业家精神指标的认同度进行打分，其步骤如下。

（1）选择专家。选取的专家应当熟悉企业家精神的研究情况，具有权威性和代表性，人数应适当。选择相关国家社科项目中的专家，在保证评估结果拥有满意的可靠性的基础上，适当控制评估专家的人数，8—12人为宜。

（2）确定权数。专家根据各指标对企业家精神的相对重要性，分别确定其权数，且权数之和为1。考虑到是对企业家精神初步筛选指标认同度的打分，设置各指标的权重相同，均为1。

（3）划分等级。为了区别各专家对企业家精神指标认同度或指标重要程度的态度，设计1—7的打分答案，表示从"完全不认同"依次加深到"完全认同"。

（4）计算均值。将每项指标权数与对应的等级分别相乘，求出各指标总分，然后除去专家人数，计算企业家精神各指标认同度的均值。

（5）决策。以1—7打分等级的中位数4为判断标准，剔除认同度均值低于4的指标，保留认同度大于等于4的指标。

2. 熵值法

熵值法的核心是利用指标数据的差异性来确定指标权重，从而进一步计算出研究对象的综合评价值，主要适用于多指标的测量评价。熵的概念最早源于物理学，用于度量系统的无序程度（混乱度）。随着理论发展，其在社会经济学、管理学等领域被拓展应用，常见于系统评价、效率分析等研究场景。在信息集结指标矩阵 $X = \{x_{ij}\}_{n \times m}$ 中，指标的数据离散性越强，其蕴含的信息量越大，对应的信息熵越大，该指标在综合评价中的权重越大，对评价结果的影响也越大；反之，数据离散性越弱，信息量越小，信息熵越小，指标权重越小，对评价的影响也越小。采用熵值法对指标进行权重分析，既能够有效地避免主观赋权的随机性和客观赋权的局限性，也能够解决变量之间的信息重复性，提高评价的科学性和准确性。因此根据样本指标数据的离散性，采取熵值法对企业家精神的指标进行赋权分析，其计算步骤如下。

(1) 构造判断矩阵

假设某个指标体系有 n 个评价样本，m 个评价指标，则由 n 个样本和 m 个评价指标构成的 $n \times m$ 阶判断矩阵为：

$$D = (x_{ijnm}) = \begin{bmatrix} x_{11} & x_{12} & \cdots & x_{1m} \\ x_{21} & x_{22} & \cdots & x_{2m} \\ \vdots & \vdots & & \vdots \\ x_{n1} & x_{n2} & \cdots & x_{nm} \end{bmatrix} \quad (5-1)$$

其中，x_{ij} 指的是第 i 个被评价样本在第 j 个评价指标下的评价值。

(2) 判断矩阵的无量纲处理

评价体系主要包含正向、逆向两种指标，且不同类别的指标无量纲处理方法是不同的。其中，正向型指标处理方法为：

$$X_i = \frac{x_i - x_{\min}}{x_{\max} - x_{\min}} \quad (5-2)$$

逆向型指标处理方法为：

$$X_i = \frac{x_{\max} - x_i}{x_{\max} - x_{\min}} \quad (5-3)$$

其中，$x_{\max}$ 和 $x_{\min}$ 分别代表某个评价指标实测数据的最大值和最小值。通过对已构建的判断矩阵进行处理，最终得到决策矩阵 R：

$$R = (e_{ij})_{nm} \quad (5-4)$$

(3) 比例系数的计算

计算 p_{ij}，即第 i 个评价样本的第 j 个指标所占整体的比例。

$$p_{ij} = \frac{r_{ij}}{\sum_{i=1}^{n} r_{ij}} \quad (i = 1,2,\cdots,n; j = 1,2,\cdots,m) \quad (5-5)$$

(4) 计算指标的熵值

$$E_j = -K \sum_{i=1}^{n} P_{ij} \ln P_{ij} \quad (5-6)$$

其中，$i = 1,2,\cdots,n$；$j = 1,2,\cdots,m$；$K = \frac{1}{\ln m}$。

(5) 指标权重的计算

$$u_j = \frac{\exp\left(\sum_{k=1}^{m} E_k + 1 - E_j\right) - \exp(E_j)}{\sum_{j=1}^{m}\left[\exp\left(\sum_{k=1}^{m} E_k + 1 - E_j\right) - \exp(E_j)\right]} \quad (5-7)$$

针对传统熵权公式的不足,利用改进的权重公式计算各指标的权重。

第四节 企业家精神测量指标体系的构建

在企业家精神测度指标体系构建中,知识产权是企业创新活动的核心成果与显性表征,也是企业家精神中创新维度的重要体现。对知识产权资本(如专利数量、商标价值、版权转化率等)的测度,是评估企业家精神创新价值的关键指标之一。因此,本书将知识产权资本测度纳入企业家精神创新能力的核心测度指标体系。在实现对知识产权资本测度的基础上,借鉴企业家精神表现的框架结构和全球创业观察(GEM)的度量指标,参考刘亮对企业家精神的量化处理方法,[①] H. Zhen 等提出的物质财富最大化是企业家生产经营活动的首要动力,[②] 以及企业家精神的相关文献综述,根据企业家精神理论,结合科技型中小企业创新稳定性、[③] 市场竞争性、高成长性、财务灵活性和快速的高盈利性等特点,[④] 初步筛选出企业家精神的测量指标,具体结果如表 5-2 所示。

[①] 刘亮:《企业家精神的度量及其度量方法的改进》,《世界经济情况》2008 年第 4 期。

[②] H. Zhen, L. Man, "Analysis of the Path of Innovation and Entrepreneurship Development of Business Management Major", Proceedings of the 2018 8th International Conference on Education and Management (ICEM 2018), 2019.

[③] 王洪生、刘德胜:《企业家背景特征、竞争战略与中小企业成长——基于中小制造业上市公司实证》,《北京理工大学学报》(社会科学版)2014 年第 3 期。

[④] 曹文才、单汨源:《科技型中小企业持续创新能力影响因素》,《北京理工大学学报》(社会科学版)2013 年第 6 期。

表 5-2　　　　　　　　企业家精神的初选指标集

序号	指标	序号	指标
1	市场投资能力	41	产权明晰程度
2	市场研究能力	42	营业收入增长率
3	董事会独立性	43	技术转让费用
4	营业利润率	44	创新战略管理
5	学历水平	45	产品市场占有率
6	从业时间	46	企业文化氛围
7	基本每股收益	47	管理人员比例
8	创新收入占比	48	制度创新能力
9	研发资金投入	49	研发机构数量
10	交易型金融资产	50	顾客满意度
11	研发人力投入	51	员工满意度
12	每股资本公积金	52	市场主动性
13	每股经营现金流	53	市场冒险性
14	权益比率	54	风险控制能力
15	股东利润	55	企业家自信程度
16	人均固定资产	56	环境变化响应性
17	人均无形资产	57	应付账款周转率
18	专利申请数	58	技术开发计划
19	销售能力	59	新产品收入
20	人均销售收入	60	利息保障倍数
21	技术专业知识优势	61	净利润增长率
22	R&D 成果转化水平	62	机构经费支出
23	引进创新人才投入额	63	学习创新能力
24	开发潜在市场投入	64	净资产收益率
25	研发费用资本化率	65	员工薪酬比率
26	新产品开发周期	66	企业创新文化
27	研发团队的人员构成	67	企业制度创新
28	管理人员创新意识	68	研发人员结构
29	科技成果转化为价值	69	知识产权资本
30	专利申请数量水平	70	企业研发产出
31	企业家机会识别能力	71	竞争战略管理
32	企业家机遇把握能力	72	科技成果获奖数
33	企业家机会利用能力	73	新产品利税率
34	创新市场前景洞察	74	赫芬达尔指数
35	企业员工劳动生产率	75	新产品利润
36	企业研发投入强度	76	企业账面市值比
37	市场研发、产品定位	77	企业家工作经验
38	每千人专有技术数量	78	媒体报道
39	商业概念和实践创新	79	合作专利占比
40	企业家任期年限	80	股权性质

通过对企业家精神相关研究文献的梳理和对科技型中小企业发展特征的总结，初步筛选出 80 个企业家精神的测量指标，再根据测量指标体系原则中的可获取性原则、针对性原则和可比性原则，初步剔除不具有观测性的指标，然后利用专家打分法对企业家精神测量指标的认同度进行定性分析，选择项目组 10 位专家进行调研，并采用 Likert7 级量表进行打分，计算出企业家精神测量指标的认同度，最后根据专家对各指标认同程度的平均值，剔除认同程度小于 4 的指标，保留认同度大于等于 4 的指标。另外，利用熵值法对剩余的指标进行权重计算，分析各指标对企业家精神测量研究的重要程度，在创业板和科创板上选择 1378 家科技型上市企业为研究样本，以 2018 年的数据为研究区间，数据主要源于同花顺财经数据中心及各具体企业的统计年报。根据熵值法公式计算出剩余的企业家精神测量指标权重，并按权重大小排序，剔除排序靠后的指标，具体结果如表 5-3 所示。

表 5-3　　　　　　　　　企业家精神指标的筛选结果

序号	指标	初选	认同度	权重	结果
1	市场投资能力	可	6.34	3	保留
2	市场研究能力	可	5.62	4	保留
3	董事会独立性	可	5.36	23	剔除
4	营业利润率	可	5.16	10	保留
5	学历水平	可	3.06	0	剔除
6	从业时间	可	2.71	0	剔除
7	基本每股收益	可	5.36	21	剔除
8	创新收入占比	可	5.40	20	剔除
9	研发资金投入	可	6.36	1	保留
10	交易型金融资产	可	1.05	0	剔除
11	研发人力投入	可	5.35	5	保留
12	每股资本公积金	可	5.37	19	剔除
13	每股经营现金流	可	5.34	12	保留
14	权益比率	可	5.35	13	保留
15	股东利润	可	5.42	11	保留

续表

序号	指标	初选	认同度	权重	结果
16	人均固定资产	可	5.36	15	剔除
17	人均无形资产	可	3.95	0	剔除
18	专利申请数	可	5.36	18	剔除
19	销售能力	可	6.37	2	保留
20	人均销售收入	可	3.36	0	剔除
21	技术专业知识优势	可	2.76	0	剔除
22	R&D 成果转化水平	可	4.37	17	剔除
23	引进创新人才投入额	可	4.39	24	剔除
24	开发潜在市场投入	不可	0	0	剔除
25	研发费用资本化率	可	1.23	0	剔除
26	新产品开发周期	可	2.18	0	剔除
27	研发团队的人员构成	可	2.42	0	剔除
28	管理人员创新意识	不可	0	0	剔除
29	科技成果转化为价值	可	4.37	16	剔除
30	专利申请数量水平	可	4.38	25	剔除
31	企业家机会识别能力	不可	0	0	剔除
32	企业家机遇把握能力	不可	0	0	剔除
33	企业家机会利用能力	不可	0	0	剔除
34	创新市场前景洞察	不可	0	0	剔除
35	企业员工劳动生产率	可	4.37	29	剔除
36	企业研发投入强度	可	4.36	27	剔除
37	市场灵活性	不可	0	0	剔除
38	每千人专有技术数量	可	2.37	0	剔除
39	商业概念和实践创新	不可	0	0	剔除
40	企业家任期年限	可	1.37	0	剔除
41	产权明晰程度	不可	0	0	剔除
42	营业收入增长率	可	5.85	9	保留
43	技术转让费用	可	3.18	0	剔除
44	创新战略管理	不可	0	0	剔除
45	产品市场占有率	不可	0	0	剔除
46	企业文化氛围	不可	0	0	剔除
47	管理人员比例	可	4.47	22	剔除
48	制度创新能力	可	6.02	7	保留

续表

序号	指标	初选	认同度	权重	结果
49	研发机构数量	不可	0	0	剔除
50	顾客满意度	不可	0	0	剔除
51	员工满意度	不可	0	0	剔除
52	市场主动性	不可	0	0	剔除
53	市场冒险性	不可	0	0	剔除
54	风险控制能力	不可	0	0	剔除
55	企业家自信程度	不可	0	0	剔除
56	环境变化响应性	不可	0	0	剔除
57	应付账款周转率	可	2.77	0	剔除
58	技术开发计划	不可	0	0	剔除
59	新产品收入	可	3.18	0	剔除
60	利息保障倍数	可	4.00	28	剔除
61	净利润增长率	可	4.75	6	保留
62	机构经费支出	可	3.60	0	剔除
63	学习创新能力	不可	0	0	剔除
64	净资产收益率	可	4.01	14	剔除
65	员工薪酬比率	可	3.11	0	剔除
66	企业创新文化	不可	0	0	剔除
67	企业制度创新	不可	0	0	剔除
68	研发人员结构	可	2.34	0	剔除
69	知识产权资本	可	6.13	8	保留
70	企业研发产出	可	4.67	26	剔除
71	竞争战略管理	不可	0	0	剔除
72	科技成果获奖数	不可	0	0	剔除
73	新产品利税率	可	1.23	0	剔除
74	赫芬达尔指数	可	2.18	0	剔除
75	新产品利润	可	2.42	0	剔除
76	企业账面市值比	可	3.23	0	剔除
77	企业家工作经验	不可	0	0	剔除
78	媒体报道	不可	0	0	剔除
79	合作专利占比	可	1.88	0	剔除
80	股权性质	可	3.01	0	剔除

根据表 5-3 企业家精神指标的筛选结果，并结合公司企业家精神发展的特性以及科技型上市公司企业家精神的发展特征，从企业家精神系统的创新能力、创业能力、经营能力和成长能力 4 个子系统之间的联系和协调性维度出发，在实现知识产权资本测度的基础上，最终筛选了 13 个二级指标，构成了企业家精神的测量指标体系，具体指标见表 5-4。

1. 创新能力

创新能力不仅是企业家精神的核心和灵魂，也是科技型企业的主要特征。对企业家精神创新能力的衡量，主要从创新投入（研发资金和研发人力投入）、知识产权资本和制度创新三个方面来分析。创新投入包括研发经费投入和研发人员投入，用研发经费投入营业比和研发人力资本来考察；知识产权是企业进行创新活动的主要产出之一，是企业创新的具体表现和实体化产品，知识产权的资本化是企业家精神进行创新投入后的产出，是企业创新活动的价值评估。欧雪银在企业家精神的研究中强调了制度创新能力的重要性，认为制度创新能力可以按照其创新方式的不同划分为诱致性、强制性和中间扩散性三种创新。[1] 中层管理者在企业中处于承上启下的位置，在高层管理者和基层员工之间扮演着重要的沟通桥梁的角色，在企业创新中发挥着重要作用。同时很多企业家来源于中层管理者，因此用中层管理者人数占在职人员总数量的比来测量制度创新能力。

2. 创业能力

科技型中小企业具有较强的市场依赖性，企业家精神创业能力是指在企业的生产经营活动中，针对市场的变动，企业家能够迅速地做出反应，识别和开发新机会的能力。创业是指对新机会开发利用的过程，这一过程的产出是新产品或新服务。[2] 与市场中现有的产品和服务不同，新产品或新服务的开发具有风险性，市场环境的不确定性导致无法确定需求规模和需求偏好，这是造成新产品或新服务开发失败的主要因素。因

---

[1] 欧雪银：《公司企业家精神的内涵与构成》，《社会科学家》2011 年第 2 期。

[2] A. Van Stel, M. Carree, R. Thurik, "The Effect of Entrepreneurship in the United States 1899 - 1988", *Journal of Management*, No. 22, 1996, pp. 747 - 781.

此，在新产品或新服务上市前，企业家对市场的调研很重要。基于此，用市场投资能力、市场研究能力和销售能力来作为衡量企业家创业能力的主要指标，其中对市场的投资和研究是为了更加迅速、准确地识别市场的变动与发展规律，以便快一步开发出新产品或新服务，并通过销售来快速占领市场。

3. 经营能力

经营能力更多强调企业家精神的主体，即企业家对企业内部发展的管理和运作能力。企业家作为企业决策的主要倡导者和主导者，对中小型企业有绝对的话语权，对企业生产经营与管理决策活动产生着重要影响。以企业财务数据为测量新视角，选取经营现金流、权益比率和股东利润作为测量企业家经营能力的指标。其中权益比率主要反映了企业长期的债务偿还能力，经营现金流能够体现出企业财务经营状况，企业现金流的多少直接说明了企业主营业务收入的回款能力，从而体现出企业的产品竞争性和发展潜力。

4. 成长能力

科技型中小企业主要生产高科技产品，其技术领先，附加价值大，具有明显的市场优势，使企业具有高盈利和高成长的能力。在企业家精神的研究中，国内学者时鹏程等从个体、组织和社会三个层次对企业家精神的特征进行深入分析与研究，他们强调公司企业家精神的作用主要体现在企业内部的发展性和盈利性上。[1] 另外，公司企业家精神的发展目标，主要是通过构建优秀的企业文化与制度体系，推动企业动态能力的持续提升。与个体和社会层面不同，公司层面的企业家精神更加强调企业家精神所产生的盈利性。靳卫东等在企业家精神的度量和对经济绩效的影响研究中发现，企业精神对市场竞争力、产品销售和企业绩效等方面均有显著影响。[2] 因此用营业利润率、营业收入增长率、净利润增长率来测量企业家精神的盈利性和成长能力。

---

[1] 时鹏程、许磊：《论企业家精神的三个层次及其启示》，《外国经济与管理》2006年第2期。

[2] 靳卫东、高波、吴向鹏：《企业家精神：含义、度量和经济绩效的评述》，《中南财经政法大学学报》2008年第4期。

表 5-4　　　　　　　　企业家精神度量的指标体系

一级指标	二级指标	指标描述
创新能力	知识产权资本	根据第四章的测度指标利用熵值法测算而来
	研发资金投入	企业对于研发产品的资金投入/主营业务收入
	研发人力投入	从事研发相关工作的人员/总人员数量
	制度创新能力	中层管理者/在职人员总数
创业能力	市场投资能力	企业对外投资活动投入的现金数量
	市场研究能力	市场研究人员数量比率
	销售能力	销售收入增长率/销售费用增长率
经营能力	每股经营现金流	经营活动净额/总股本
	权益比率	所有者权益总额/资产总额
	股东利润	企业总利润/总股本
成长能力	营业利润率	营业利润/营业收入
	营业收入增长率	营业收入与上年同期营业收入
	净利润增长率	本期净利润与上期净利润水平比

资料来源：毛良虎等：《基于熵值法的企业家精神评价体系构建》，《统计与决策》2020 年第 6 期；S. Markussen, K. Røed, "The Gender Gap in Entrepreneurship: The Role of Peer Effects", *Journal of Economic Behavior & Organization*, No. 134, 2017；欧雪银：《公司企业家精神的内涵与构成》，《社会科学家》2011 年第 2 期；张玉利、谢巍：《改革开放、创业与企业家精神》，《南开管理评论》2018 年第 5 期；谢众、张杰：《营商环境、企业家精神与实体企业绩效——基于上市公司数据的经验证据》，《工业技术经济》2019 年第 5 期；Campello Murillo et al., "Testing for Slope Heterogeneity bias in Panel Data Models", *Journal of Business & Economic Statistics*, Vol. 37, No. 4, 2019；王飞、丁苏闽：《企业家精神、融资约束与企业僵尸化的关系研究》，《工业技术经济》2019 年第 6 期。

第五节　本章小结

在企业家精神测量指标体系的构建上，本章通过对企业家精神相关研究文献的综述，总结和归纳了企业家精神的发展特征与相关测量研究成果。在实现对知识产权资本测度的研究上，本章根据企业家精神理论，结合科技型上市企业的发展特征，从微观角度确定了基于知识产权资本测度的科技型上市企业的企业家精神测量维度，并从创新能力、创业能力、经营能力和成长能力四个维度分析了企业家精神的系统框架，确定了企业家精神测量指标体系的构建思路和分析方法。

根据企业家精神测量指标体系的构建思路，通过对企业家精神理论和科技型企业发展特征的分析，本章先对企业家精神的测量指标进行初步筛选，并采用专家打分法和熵值法对测量指标进行多轮选择，最终确定了包含创新能力（制度创新能力、研发资金投入、研发人力投入、知识产权资本）、创业能力（市场投资能力、市场研究能力、销售能力）、经营能力（每股经营现金流、权益比率、股东利润）和成长能力（营业利润率、营业收入增长率、净利润增长率）4个一级指标、13个二级指标的企业家综合测量指标体系。

第 六 章

企业家精神的测量模型构建

第一节 熵值法

"熵"的概念最早被应用在热力学中,是一种无序程度的度量。后来逐渐被引入其他领域,主要用来测量评价指标信息的效用价值,对指标进行赋权。熵值法是学界目前使用最为广泛的一种客观赋权方法,具有较高的可信度和精确度。熵值法计算指标权重的步骤如下。

(1) 数据非负化处理

对于负向指标,熵值在计算过程中的结果越小,说明其效用水平越大,即指标的差异程度对系统的作用水平越大,其权重越大的情况:

$$r_{ij} = \frac{x_{ij} - \min(x_{1j}, x_{2j}, \cdots, x_{nj})}{\max(x_{1j}, x_{2j}, \cdots, x_{nj}) - \min(x_{1j}, x_{2j}, \cdots, x_{nj})}$$

$$(i = 1, 2, \cdots, n; j = 1, 2, \cdots, m) \quad (6-1)$$

对于正向指标,熵值在计算过程中的结果越大,说明其效用水平越大,即指标的差异程度对系统的作用水平越大,其权重越大的情况:

$$r_{ij} = \frac{\max(x_{1j}, x_{2j}, \cdots, x_{nj}) - x_{ij}}{\max(x_{1j}, x_{2j}, \cdots, x_{nj}) - \min(x_{1j}, x_{2j}, \cdots, x_{nj})}$$

$$(i = 1, 2, \cdots, n; j = 1, 2, \cdots, m) \quad (6-2)$$

其中,x_{ij} 为第 i 个样本、j 项指标的原始数值,r_{ij} 为标准化后的指标值。

(2) 计算第 j 项指标下,第 i 个样本占该指标比重(p_{ij}):

$$p_{ij} = \frac{r_{ij}}{\sum_{i=1}^{n} r_{ij}} \quad (i = 1, 2, \cdots, n; j = 1, 2, \cdots, m) \quad (6-3)$$

（3）计算第 j 项指标熵值（e_j）：

$$e_j = -k \sum_{i=1}^{n} p_{ij} \ln(p_{ij}), \quad k = \frac{1}{\ln(n)}, \quad e_j \geq 0 \quad (6-4)$$

（4）计算第 j 项指标的差异系数（g_j）：

$$g_j = 1 - e_j, \quad 0 \leq g_j \leq 1 \quad (6-5)$$

（5）计算第 j 项指标权重（w_j）：

$$w_j = g_j / \sum_{j=1}^{m} g_j \quad (6-6)$$

（6）计算第 i 个样本的综合得分（S_i）：

$$S_i = \sum_{j=1}^{m} w_j p_{ij} \quad (6-7)$$

第二节 三次差异驱动

郭亚军在动态评价研究中提出了三次差异驱动理论，[①] 这一理论的研究原理是通过运用一次差异驱动强调不同时期内各评价指标之间存在的区别性，二次差异驱动重点是时间的差异性，用时间贴现因子来体现，第三次差异驱动强调目标客体在全部评价过程中的差异性，然后通过三次差异驱动的综合评价值对新创企业家精神进行排序。记 $z_1, z_2, \cdots, z_i$ 为样本企业，$x_1, x_2, \cdots, x_m$ 为新创企业家精神的评价指标，$t_k (k = 1, 2, \cdots, N)$ 为评价的时间周期，三次差异驱动模型主要包括以下三种。

1. 一次差异驱动

在任意时刻 $t_k (k = 1, 2, \cdots, N)$ 内，新创企业家精神的各评价指标 $x_1, x_2, \cdots, x_m$ 的权重应当各不相同。采用改进的熵值法计算各时刻内各指

[①] 郭亚军：《一种新的动态综合评价方法》，《管理科学学报》2002 年第 2 期。

标的权重值以强调其相异性,记为 $w_j(t_k)(j = 1,2,\cdots,m;k = 1,2,\cdots,N)$,并根据权重系数和评价观测值得出评价对象的综合评价值:

$$y_i(t_k) = \sum_{j=1}^{m} w_j(t_k)x_{ij}(t_k),$$
$$k = 1,2,\cdots,N;i = 1,2,\cdots,n \quad (6-8)$$

根据式(6-8)可以算出 y_i 在不同时刻 t_k 的综合评价值。

2. 二次差异驱动

使用动态综合评价过程,往往会面临两个重要的问题:指标权重和时间权重。不同时刻内评价值 y_i 的作用显然不同。为了解决这一问题引用"厚今薄古"理论,对综合排序指数进行定义:

$$h_i = \sum_{k=1}^{N} \exp\{\lambda t_k\} y_i(t_k), i = 1,2,\cdots,n \quad (6-9)$$

式(6-9)中 λ 为时间的贴现因子,突出了时间的不同表现力。基于郭亚军在类似研究中的规定,设置 $\lambda = (2N)-1$。

3. 三次差异驱动

h_i 的优势是突出了时间权重非静止状态下的相异性,但仍然存在一些干扰因素,$y_i(t)$ 的动态变化会对综合结果的准确性有影响,根据郭亚军等提出的能量消耗理论,① 对 y_i 在 $[t_1,t_k]$ 中的全面运转情况进行综合分析。能量的消耗是指 y_i 在 $[t_1,t_k]$ 中会发生的起伏,由于 y_i 在 $[t_1,t_k]$ 内全面运转情况的分析值追求最大化,以及消耗的起伏追求最小化,能量消耗指数的定义为:

$$\tau_i = \begin{cases} \dfrac{E(y_i)}{\sqrt{D(y_i)}} D(y_i) > 0 \\ \min\{\tau_i\} - CD(y_i) = 0 \end{cases} \quad (6-10)$$

式(6-10)中 $E(y_i)$ 表示 y_i 在 $[t_1,t_k]$ 内综合评价值的算术平均值,C 为常数,$D(y_i)$ 为该时间段上的方差,为了避免出现综合评价值过大而波

---

① 郭亚军等:《基于全局信息的动态激励评价方法及激励策略》,《系统工程学报》2017年第2期。

动过小的问题，用常数对该评价值进行限制。也就代表着，能量消耗指数越小，其结果值越理想。由能量消耗指数 τ_i 可以得出 y_i 在 $[t_1, t_k]$ 上的综合评价值：

$$p_i = -\mu_1 \tau_i + \mu_2 h_i, i = 1, 2, \cdots, n \qquad (6-11)$$

其中，μ_1 和 μ_2 可以预先给定，p_i 是 y_i 在 $[t_1, t_k]$ 上具有"由表及里"和能量消耗特性的综合评价值，最后根据 p_i 值的大小对 y_i 进行排序，得出评价对象的整体运行状况。

第三节 模糊奖惩视角下具有变化速度特征的测度模型

一 突变级数

将突变理论与模糊数学相结合构建势函数模型，通过归一公式进行综合运算，进而利用该公式对评价目标实施递归迭代运算。若同一对象的各个控制变量之间存在显著的相关性，则称各控制变量之间为互补型，对于互补性控制变量取 x 的平均值；如果各个控制变量之间不存在显著的相关性，则各控制变量之间为非互补型，对于非互补性控制变量按"大中取小"的原则取值，最终得出研究样本在某时间段的测量结果。[①] 根据企业家精神的测量指标体系得出两种常见突变模型表达式。

表 6-1 常见突变模型表达式以及运算

模型	燕尾突变	蝴蝶突变
势函数	$f(x) = \frac{1}{5}x^5 + \frac{1}{3}ax^3 + \frac{1}{2}bx^2 + cx$	$f(x) = \frac{1}{6}x^6 + \frac{1}{4}ax^4 + \frac{1}{3}bx^3 + \frac{1}{2}cx^2 + dx$
分歧点方程	$a = -6x^2, b = 8x^3, c = -3x^4$	$a = -6x^2, b = 8x^3, c = -3x^4, d = 5x^5$
归一方程	$x_a = a^{\frac{1}{2}}, x_b = b^{\frac{1}{3}}, x_c = c^{\frac{1}{4}}$	$x_a = a^{\frac{1}{2}}, x_b = b^{\frac{1}{3}}, x_c = c^{\frac{1}{4}}, x_d = d^{\frac{1}{5}}$

---

① 陈伟等：《基于突变级数的知识密集型制造业技术创新能力动态综合评价——变化速度特征的视角》，《运筹与管理》2015 年第 1 期；郑志强：《基于突变级数法的智能制造能力评价研究》，《经济论坛》2018 年第 9 期。

设同层控制变量的大小为 $a > b > c > d$，根据改进突变级数计算出 m 个评价样本，在延续的 n 个时期 t_1，t_2，$\cdots$，t_n 内的静态测度结果 $y_{ij} = y_i(t_j)$，$(i = 1, 2, \cdots, m; j = 1, 2, \cdots, n+1)$，形成的时序信息矩阵为：

$$P = [y_{ij}]_{m \times (n+1)} = \begin{bmatrix} y_{11} & y_{12} & \cdots & y_{1(n+1)} \\ y_{21} & y_{22} & \cdots & y_{2(n+1)} \\ \vdots & \vdots & & \vdots \\ y_{m1} & y_{m2} & \cdots & y_{m(n+1)} \end{bmatrix} \quad (6-12)$$

二 变化速度特征

通过对相关文献的研究发现，在对评价对象进行综合动态的测度研究中，通常会对某一时间段的研究对象进行测度求解，一般评价结果就是一个静态的、综合的多指标测量问题，通过多个静态综合评价值的测算，可以进一步分析出研究对象在连续时间上各个时间段的表现值。在研究对象的评价测量过程中，如果将评价对象在各个时间点的测量结果值进行连接规划，可得到一个完整的、连续的评价对象的发展轨迹。如果进一步将 N 个时点进行合理的划分，假设划分为 T 个时段，即 $T = N - 1$，可以得出，评价对象在每个合理划分的时间段中的表现都处于一种均匀的运行状态。

根据式（6-12）可以得知企业家精神的静态测量矩阵，在此基础上可以研究企业家精神在 $[t_j, t_{j+1}]$ 时间内的变化速度 v_{ij}，$(i = 1, 2, \cdots, m; j = 1, 2, \cdots, n)$，形成的变化速度时序信息矩阵为：

$$V = [v_{ij}]_{m \times n} = \begin{bmatrix} v_{11} & v_{12} & \cdots & v_{1n} \\ v_{21} & v_{22} & \cdots & v_{2n} \\ \vdots & \vdots & & \vdots \\ v_{m1} & v_{m2} & \cdots & v_{mn} \end{bmatrix} \quad (6-13)$$

矩阵中 $v_{ij} = (y_{i,j+1} - y_{ij}) / (t_{j+1} - t_j)$，$(i = 1, 2, \cdots, m; j = 1, 2, \cdots, n)$。当 $v_{ij} > 0$ 时，表示企业家精神的变化速度是一种增长的趋势；当 $v_{ij} < 0$ 时，表示企业家精神的变化速度是一种下降的趋势；当 v_{ij}

= 0 时，企业家精神的变化速度是一种均衡的发展状态。

三　模糊奖惩

1. 模糊隶属度

企业家精神的发展具有不确定性和偶然性，因此利用模糊思想模糊化处理企业家精神测量中的复杂性，即在模型的设计上加入模糊思想。研究发现，模糊奖惩具有复杂性和抽象性，为了进一步对模糊奖惩进行解释，引入了一种新的概念"控制线"。把模糊奖惩控制线定义为一种新的模糊奖惩状态，通过模糊奖惩控制线将模糊奖惩划分为位于线上奖励状态和位于线下惩罚状态。[①]

根据企业家精神的静态测度结果，由式（6-13）对变化速度时序信息矩阵进行运算，得到 $v_t = [v_{t\max}, v_{t\min}]$，其中 $v_{t\max}$ 表示 m 个研究样本在第 t 个时段内的最大值，$v_{t\min}$ 表示最小值。对于任意的 v_t，有 $\tilde{\varphi}_{t1}$ = "奖励"、$\tilde{\varphi}_{t2}$ = "无奖惩"、$\tilde{\varphi}_{t3}$ = "惩罚" 三种状态。设 λ_t 为无奖惩点，对应的隶属度 $\tilde{\varphi}_{t1}$、$\tilde{\varphi}_{t2}$、$\tilde{\varphi}_{t3}$ 分别为 0、1、0。假设降半正态分布的隶属函数，则研究样本的变化速度的隶属函数分别为：

$$\begin{cases} \tilde{\varphi}_{t1} = \begin{cases} 0 & v_t \leqslant \lambda_t \\ 1 - e^{-(v_t - \lambda_t)} & v_t > \lambda_t \end{cases} \\ \tilde{\varphi}_{t3} = \begin{cases} 0 & v_t \geqslant \lambda_t \\ 1 - e^{-(\lambda_t - v_t)} & v_t < \lambda_t \end{cases} \end{cases} \quad (6-14)$$

目前，学界尚未定义出统一的标准来界定企业家精神发展的质量，针对判断标准的不明确性，根据式（6-14）可知各企业家精神发展的隶属函数以及相应的隶属度，基于此可以分析出其模糊集的隶属程度。参考易平涛等提出的有关分层激励的控制线的理论方法，[②] 设定在某一时段

[①] 郭亚军：《一种新的动态综合评价方法》，《管理科学学报》2002 年第 2 期。
[②] 易平涛：《基于分层激励控制线的多阶段信息集结方法》，《运筹与管理》2013 年第 6 期；郭亚军等：《基于全局信息的动态激励评价方法及激励策略》，《系统工程学报》2017 年第 2 期。

内，$v = v_t$ 为相应的隶属度的模糊奖惩控制线，不同时间段的模糊激励与惩罚控制线有可能不相同，由于隶属度的变化，企业家精神变化速度的激励、惩罚、无奖惩状态也可能随之改变。而模糊激励与惩罚线受到某一时间段内企业家精神变化速度的激励与惩罚的静态测度值的最大值和最小值影响，因此定义在某一时间段内的模糊激励与惩罚线为：

$$\lambda_t = (v_{\max} + v_{\min}) \times 0.5 \qquad (6-15)$$

2. 模糊奖惩控制线

在确定了企业家精神动态综合测度的模糊奖惩控制线及模糊隶属度之后，根据信息集结理论，通过集结模型可以对科技型中小企业企业家精神在各个时间段中的评价值进行测算。

奖励状态的评价值：

$$S_{it}^+ = \int_{t_j}^{t_k} \tilde{\varphi}_{t1}(v_{it}) f_{it}(t_j, t_{j+1}) dt + \int_{t_k}^{t_{j+1}} \tilde{\varphi}_{t1}(v_{it}) f_{it}(t_j, t_{j+1}) dt \qquad (6-16)$$

惩罚状态的评价值：

$$S_{it}^- = \int_{t_j}^{t_k} \tilde{\varphi}_{t3}(v_{it}) f_{it}(t_j, t_{j+1}) dt + \int_{t_k}^{t_{j+1}} \tilde{\varphi}_{t3}(v_{it}) f_{it}(t_j, t_{j+1}) dt \qquad (6-17)$$

无奖惩状态的评价值：

$$S_{it}^0 = \int_{t_j}^{t_{j+1}} f_{it}(t_j, t_{j+1}) dt - S_{it}^+ - S_{it}^- \qquad (6-18)$$

变化速度的发展轨迹：

$$f_{it}(t_j, t_{j+1}) = v_{ij} + (t - t_j) \times \frac{v_{i,j+1} - v_{ij}}{t_{j+1} - t_j} \qquad (6-19)$$

其中，t_k 表示无奖惩点 λ_t 在 $f_{it}(t_j, t_{j+1})$ 对应的横坐标。

在企业家精神动态综合测度模型的构建过程中发现，企业家精神的发展变化会受到奖励和惩罚的影响，因此根据奖惩守恒和适度规则，可以确定企业家精神变化速度状态的奖励系数和惩罚系数。

$$\begin{cases} \alpha \sum_{i=1}^{m} \sum_{t=1}^{n-1} S_{it}^+ = \beta \sum_{i=1}^{m} \sum_{t=1}^{n-1} S_{it}^- \\ \alpha + \beta = 1 \end{cases} \qquad (6-20)$$

根据式（6-20）求解出奖惩系数 α、β，其反映了企业家精神所受奖励和惩罚的程度。在企业家精神动态综合测量模型的构建中，考虑到企业家精神的变化速度以及模糊奖惩的特征，则企业家精神在某一段时间内具有变化速度和模糊奖惩特征的评价值为：

$$S_{it}^{\pm} = (1+\alpha)S_{it}^{+} + (1-\beta)S_{it}^{-} + S_{it}^{0} \qquad (6-21)$$

企业家精神的动态综合评价由速度和加速度共同决定，上述分析考虑到企业家精神的变化速度的状态，故分析企业家精神的变化速度的趋势，运用加速度反映变化速度的趋势。由物理学关于速度的描述可知，速度是一个矢量；同样，可以认为变化速度状态值也是一个矢量。因此，当其为正值时，说明变化的速度状态朝着有利于企业家精神的方向发展；当其为负值时，说明变化的速度状态朝着不利于企业家精神的方向发展。但是，企业家精神最终的综合效应需要考虑"合力"的作用。因此，借鉴物理学中关于加速度的描述，变化的速度状态的加速度可以定义为：

$$\partial_{ij} = \frac{v_{i,j+1} - v_{ij}}{t_{j+1} - t_j} \qquad (6-22)$$

由于变化速度在不同时期状态下的表现能力不同，因此需要对变化速度趋势的测量进行修正：

$$\pi(\partial_{ij}) = \eta + \frac{\delta}{1+e^{-\partial_{ij}}} \qquad (6-23)$$

其中，$e^{-\partial_{ij}}$ 表示速度变化的集聚效果，当 $\partial_{ij}=0$ 时，$\pi(\partial_{ij})=1$，处于稳定的状态，即变化速度不做出任何修正，则有 $\eta+\delta/2=1$。当 $\partial_{ij}>0$ 时，则 $\pi(\partial_{ij})>1$，变化的趋势处于上升的状态；当 $\partial_{ij}<0$ 时，则 $\pi(\partial_{ij})<1$，变化的趋势处于下降的状态；由激励和惩罚的偏好比较显而易见，则 $\pi(\max\partial_{ij})/\pi(\min\partial_{ij})=u$，而根据刘微微等的研究，[①] 假设 $u=2$。

最后，根据模糊奖惩和变化速度趋势的特性，而 $\sum F = ma$，可以将企业家精神的变化速度状态 $S_{it}^{\pm}$ 代入，$\pi(\partial_{ij})$ 即为加速度，由物理学可知，在物体质量 m 一定时，物体所受到的力 F 与物体的加速度 a 成正比

[①] 刘微微、石春生、赵圣斌：《具有速度特征的动态综合评价模型》，《系统工程理论与实践》2013 年第 3 期。

关系；在力 F 不变时，质量 m 与加速度 a 成反比例关系。企业家精神的动态综合测度值通过"不同受力"情况进行反映，再对其进行综合集结，类似于不同的力作用于同一个物体，综合各力并进行矢量合成，分析合力的作用，区域创新网络的动态综合测度值体现出与合力相同的规律。在综合评价中，把企业家精神的变化速度趋势和模糊奖惩评价值进行合力作用，最终得到企业家精神的动态综合测度值 Z_{jv}：

$$Z_{jv} = S_u^{\pm}(t_j, t_{j+1}) \times \pi(\partial_{ij}) \qquad (6-24)$$

根据物理学中力的作用，当力大于 0 时，表示物体的运动与力的方向相同；当力小于 0 时，表示物体的运动与力的方向相反。因此，当 $Z_{jv} = 0$ 时，企业家精神的发展趋势平稳；$Z_{jv} > 0$ 时，表明企业家精神的发展趋势处于上升阶段；$Z_{jv} < 0$ 时，表明企业家精神的发展趋势处于下降阶段。

第四节 模糊神经网络模型建立

一 模糊神经网络的五层结构模型

模糊理论与神经网络都存在优劣性，前者善于利用模糊逻辑，把信息中可能存在的特点作为参考，尤其在面对一些传统方法难以处理的信息缺失问题时，选择模糊逻辑更能给出合理的解决办法，其缺点是演算速度过慢。后者的优点在于能够在预测模拟、自学习等方面为特征识别、市场分析与增强验证等提供更多的优化和可能，同时极快的运算速度可以弥补模糊推理的短板。神经网络的特点在于自身没有固定的模型公式，而是根据输入因素和输出结果，通过多轮自主学习不断地进行修正，最终得到理想的目标结果。

利用模糊理论构建的神经网络模型凸显二者优势，模糊技术的优势在推理过程中尤为突出，擅长对拥有高复杂度的信息、数据进行分析评价，因而将其导入神经网络中有利于提升模型分析复杂信息、数据的能力；在生成隶属函数时，处理模糊数据和内容计算量大的问题，在神经网络中得到解决。模糊神经网络由多个模糊神经元连接构成，是用来处理和分析复杂信息的系统。系统结构一般包括五层，分别是输入层、模糊化层、规则层、反模糊化层和输出层，利用 TS 型推理法，由前件网络（L）和后件网络（SL）两部分组成，[①] 具体结构如下。

第一层：输入层。

作为系统的第一层，神经元和输入向量 x_i（$i=1,2,\cdots,n$）一一对应。输入向量在进入神经网络之前，需要进行预处理，可以利用归一化的方法，使所有向量处于同一量级。节点和输入变量对应，并作为载体将其传入下一层。

第二层：模糊化层。

模糊化层核心是隶属度，进行输入变量的模糊处理。在这一层，语言变量由每个神经元表示，隶属函数常用高斯型：

$$\mu_{ij}(x_i) = e^{(x_i - a_{ij}/2b_{ij})^2}, b > 0, i = 1,2,\cdots n; j = 1,2,\cdots m \quad (6-25)$$

其中，a 表示神经元个数；b 表示输入向量的维数；μ_{ij} 表示第 i 个变量的第 j 个隶属函数；a_{ij} 表示隶属函数的高度；b_{ij} 表示隶属函数的宽度。

各隶属度的分类取决于输入向量的特征。此外，为了应对输入量庞大的情况，需要先对数据进行分组处理，通过自适应学习方法得到聚类中心。常用聚类算法包括 K - means、Fuzzy C - Means 以及 DBSCAN 等。

第三层：规则层。

规则层也称"与"层，该层中节点数和规则数相同，输入样本对规则的信任度由输出结果表现，输出为：

$$\varphi_j = \mu_{1j}(x_1)\mu_{2j}(x_2)\cdots\mu_{nj}(x_n) \quad (6-26)$$

第四层：反模糊化层。

该层又称"或"层，合适的反模糊化方法更有利于数据从模糊变回清晰，该层的节点数与上一层的数量相同，输出为：

$$\varphi_j = \varphi_j / \sum_{k=1}^{m} \varphi_k, j = 1,2,\cdots,m \quad (6-27)$$

上述输出的权值是对第 j 条规则通过该层处理后的置信水平。

[①] 常虹、何丕廉：《神经网络与模糊技术的结合与发展》，《计算机应用研究》2001 年第 5 期。

第五层：输出层。

输出层也称清晰化层，该层的输出是每个节点可信度加权求和（权是上一层中对应的输出），输出为：

$$y = \sum \omega_j \varphi_j \qquad (6-28)$$

将中小企业上市公司数据导入上述五层结构模型并进行运算，多次训练后预测的结果趋向平稳，并验证其模型的准确性，最终得到满足预期的模型。

二 模糊神经网络的学习算法

通常情况下，模糊神经网络的学习训练算法最常用的是最小二乘法、反向传播算法和混合学习算法，此次建模运用混合算法，即利用反向传播算法和最小二乘法共同作为学习算法。原因在于只使用反向传播（BP）算法极有可能在训练初期导致局部最小值，影响模型的训练结果，而混合算法可以极大程度地避免此类问题。因此，为了保证训练的速度和训练结果的准确性，混合算法是更优的选择。混合算法的学习过程如下。

首先，确定所选择的隶属函数为聚类方法。输入变量过多，如果使用通常情况下的高斯函数，会导致内存溢出，超过计算能力的上限。利用已有研究的结果，选择合适的模糊规则，构建原始隶属函数，等量切分输入变量，定义期望误差。[①]

其次，初始的模糊规则的前件条件和参数需要根据数据的具体需求进行调节，利用选择的混合算法为训练做准备。

最后，当误差水平满足预期，或者样本训练次数达到预设水平，结束训练过程，得到完整的自适应模糊推理系统。

混合算法中向前传播过程和向后传播过程互不干涉。向前传播过程中，利用最小二乘法更新规则的后件参数，不影响前件参数。向后传播

---

① M. Sugeno, G. T. Kang, "Structure Identification of Fuzzy Model", Vol. 28, No. 1, 1988, pp. 15–33.

过程中，利用反向传播算法更新规则的前件参数，不影响后件参数。① 正是由于彼此之间不会相互影响，又可以利用两种算法的优点，所以相较而言，混合算法作为学习算法更加合适。

三　模糊神经网络系统流程

（1）设置运行环境的基本参数，根据企业家精神的样本数据，确定初始训练集和验证集，并导入训练集。

（2）对隶属函数的类型和函数数量进行确定，并且自变量的数量确定规则数，得到初始的网络模型。

（3）使用混合算法作为学习算法，同时设置训练次数和预期误差，并开始训练。

（4）当误差达到预期或者训练次数达到设定值，结束训练。

（5）保存完成的训练模型，并利用模型对测试集进行验证。

（6）通过对比实际结果与模型运算生成的模拟结果，采用 RMSE（均方根误差）作为检验模型拟合度的评价指标。

第五节　本章小结

本章根据企业家精神的特征，结合相关测度理论和方法，从静态和动态两个方面对企业家精神进行模型的构建。在企业家精神测量模型的构建上，通过对传统单一测量方法的分析和总结，基于静态分析和动态分析相结合的思想，选择多种组合的方式构建了企业家精神的动态综合测度模型，并根据企业家精神的发展特性和评价过程可能出现的问题，选择采取熵值法和突变级数对企业家精神进行静态分析，结合差异驱动、时间贴现因子和能量消耗理论，构建了具有时间贴现因子和能量消耗特征的三次差异驱动模型，根据模糊数学、变化速度、激励奖惩和信息集结理论，构建了模糊奖惩视角下具有变化速度特征的企业家精神动态综

---

① 李志：《模糊神经推理系统—ANFIS 在散货船运力预测中的应用研究》，硕士学位论文，大连海事大学，2000 年。

合测度模型，并采用模糊神经网络对企业家精神进行综合测度分析。

在企业家精神的静态测量模型中，利用熵值法确定了企业家精神测量指标的权重，提高了赋权的客观性和准确性；利用突变级数法刻画了企业家精神发展过程中的差异性与突变特征，同时处理了数据中的突变点和异常值；在此基础上，通过熵值法与突变级数法的结合，有效克服了突变级数赋权的主观性问题，进而提升了静态测量结果的客观性与准确性。在动态测量模型中，三次差异驱动模型有效地解决了评价对象在连续时间序列上的发展波动性和时间权重对评价对象的影响问题；模糊奖惩特征能更加突出被评价对象的差异性，该方法有较大的内在激励作用；同时，模糊奖惩控制线的应用，弥补了过于清晰的奖惩界限在特定管理情境下的局限性；变化速度的两次运算也有效地分析了静态条件下企业家精神在连续时间内的变化情况，以及模糊奖惩状态下企业家精神的发展变化趋势。由此可见，具有时间贴现因子和能量消耗特征的三次差异驱动模型能够凸显企业家精神在时间序列上的发展差异性，模糊奖惩视角下具有变化速度特征的企业家精神动态综合测度模型能够有效解决企业家精神在测量过程中出现的模糊性、不确定性和多重性问题，而神经网络模型则有效提高了测量的灵活性和适用性。

第七章

基于熵值法和三次差异驱动对企业家精神的测量研究

根据前文对企业家精神测度模型的构建结果，本章先运用熵值法对多维度、多指标的企业家精神测度指标体系进行权重分析，并基于熵值法对各年份企业家精神的发展进行静态化的测量分析。考虑到企业家精神在连续时间序列上的波动变化和发展，在熵值法的基础上利用具有时间贴现因子和能量消耗特征的三次差异驱动模型对企业家精神进行动态化的测量分析。

第一节　样本选择与数据来源

样本选择应遵循多样性原则，即通过确保样本群体具备充分的异质性（而非趋同性）及足够的代表性，来保障测量结果在时间维度上的稳定性与可靠性。考虑到企业家精神的发展受地理条件、经济发展、社会背景、文化政策和行业特征等一系列外部因素的影响，因此以科技型上市企业为样本筛选的研究对象，选取具体企业数据进行定量分析，剔除发展时间较短、数据不全及 ST 企业后，为了体现"厚今薄古"的思想，突出时间表现的差异性，最终以 2015—2020 年为研究时间范围，选取全国 1378 家科技型企业为样本。为了确保数据统一性和准确性，数据主要源于同花顺财经数据中心及各具体企业的统计年报，考虑样本多样化后不同企业之间的可比性，指标采取指数化处理，确保了研究的多样性、实质性，增强了测量结果的准确性。

第二节　熵值法测量结果

先根据熵值法对各年份样本企业的原始数据进行标准化处理，得到标准值 r_{ij}，再计算出第 j 项指标下第 i 个样本企业的值在该指标下的比重值 p_{ij}，为避免比重值为 0 导致无法计算，将全部比重值向右平移 0.0000001。然后分别计算各年份第 j 项指标的熵值 e_j、差异系数 g_j 及其权重 w_j，最后对样本企业各年份的指标权重值进行算术平均，得到具体指标权重结果如表 7-1 所示。

表 7-1　　　　　　　　　　指标权重

一级指标	二级指标	权重	排名	一级指标	二级指标	权重	排名
创业能力 (0.2792)	识别能力	0.1221	3	创新能力 (0.3623)	制度创新能力	0.1657	1
	开创能力	0.1145	4		研发资金投入	0.1061	5
	销售能力	0.0426	10		研发人力投入	0.0733	6
成长能力 (0.2280)	营业收入增长率	0.1444	2	经营能力 (0.1305)	知识产权资本	0.0172	12
	营业利润率	0.0718	7		每股经营现金流	0.0479	8
					净资产收益率	0.0455	9
	净利润增长率	0.0118	13		股东利润	0.0371	11

从根据熵值法计算出的企业家精神的指标权重结果可以看出，对企业家精神影响较大的一级指标依次是创新能力、创业能力、成长能力和经营能力；在二级测量指标中，影响权重较大的指标分别是制度创新能力、营业收入增长率、识别能力、开创能力、研发资金投入和研发人力投入。综上可以看出，在企业家精神的测量上，创业能力和创新能力具有较高的价值，在企业家精神的发展中发挥着重要作用。这主要是因为创业和创新是企业家精神的灵魂，创业能力和创新能力为企业的健康成长提供充分的动力。由此可见，创新性和创业性是企业家精神的核心，

是科技型企业的发展特征。此外，企业家精神的创新性和创业性为企业成长提供了动力，该结论与企业家精神理论相符。熊彼特在企业家职能的阐述中表明，企业家利用创新思想和知识获取资金，并将这些创新思想转化为技术、商业活动和组织创新，在刺激经济活力方面发挥着关键作用。[①] 同时企业家善于分析和把握市场机遇，创造新的市场机会，实现企业的转型和发展。另外，企业家精神的发展还体现在企业的成长过程中，而企业成长的具体表现主要体现在企业的财务经营中。企业家精神发展的主要目的是促进企业成长及可持续发展，企业家作为企业家精神的主体，其对内部发展的管理与运作能力对企业的经营活动产生着重要影响。企业家精神在中小企业中表现出一种行为上的企业家活力，具有快速有效的决策能力和可管理性，能够快速有效地促进企业成长，改善企业的财务经营状况。由此可见，成长能力与经营能力也是从公司层面研究与评价企业家精神的重要维度和指标。因此，创新能力和创业能力的权重更高，其次是成长能力和经营能力。

进一步对二级指标的权重进行分析可知，企业家精神的创业精神主要表现在识别能力与开创能力上，该结论符合企业家精神的开创性特征，强调企业及时预测未来风险的前瞻能力；创新能力主要体现在制度创新能力、研发资金投入以及研发人力投入上，制度创新能力表现为企业的管理创新，而研发资金和研发人力投入则代表企业的技术创新和新产品或新服务的开发效率；成长能力主要体现在营业收入增长率和营业利润率上，即企业家所创造的新价值，强调企业家精神的高盈利性；经营能力主要体现在每股经营现金流，代表了企业的投资和发展能力，即企业产品的竞争性与发展潜力。

计算出所选1378家公司的综合评价值 s_i，即各个公司的企业家精神综合评价值，结果如图7-1所示，另根据企业家精神综合评价值绘制分布直方图，如图7-2所示。

根据熵值法的评价原则，评价结果数值越大，说明企业的企业家精神发展水平越高；相反，结果数值越小则说明公司的企业家精神发展水

---

① ［美］约瑟夫·熊彼特：《经济发展理论》，郭武军译，中国华侨出版社2020年版。

(a) 编号1—345样本企业

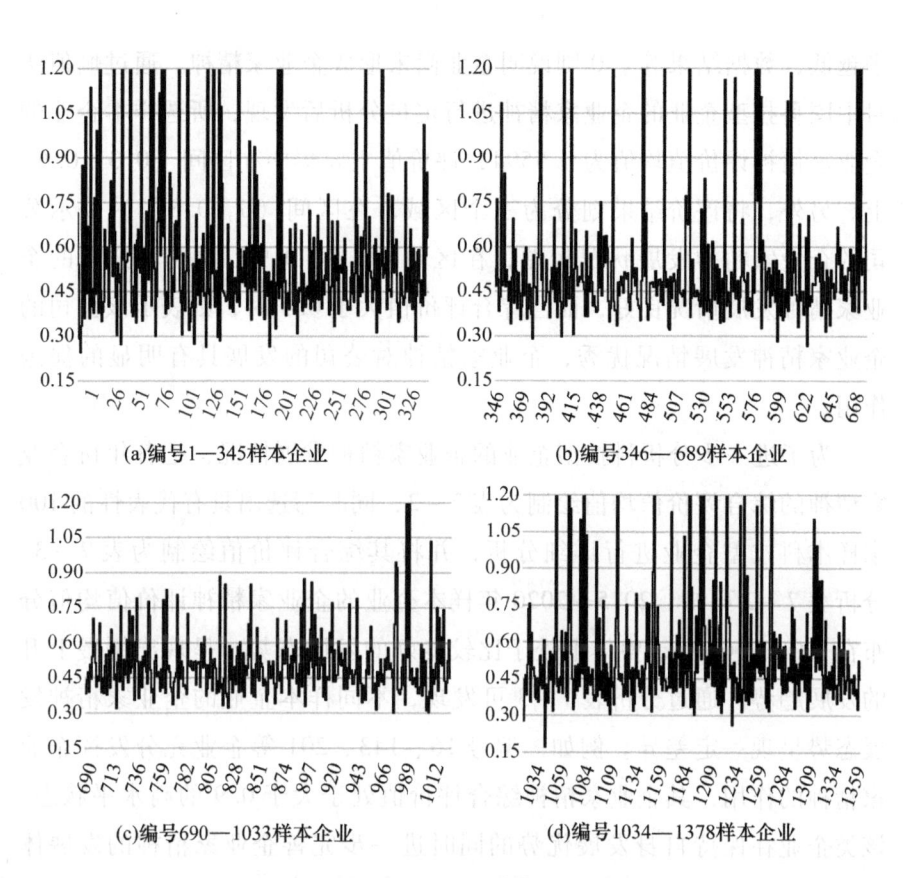

(b) 编号346—689样本企业

(c) 编号690—1033样本企业

(d) 编号1034—1378样本企业

图 7-1　样本企业企业家精神的评价值分布

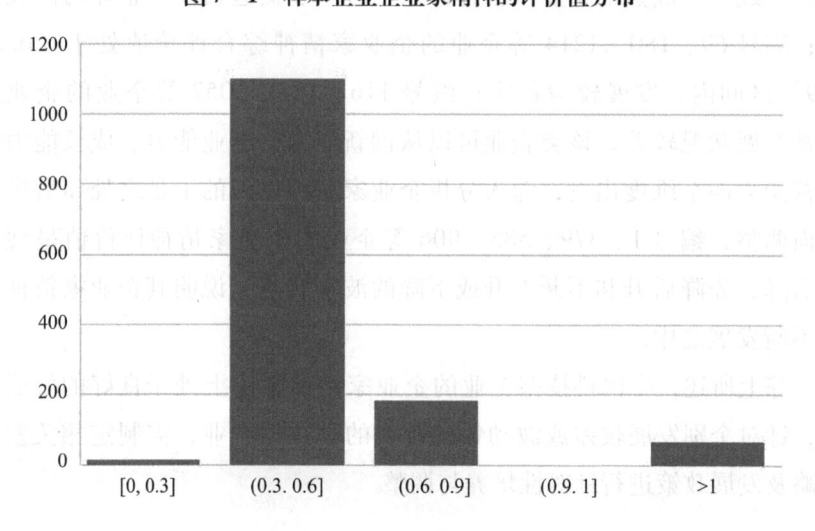

图 7-2　样本企业企业家精神的评价值总体分布

平越低，数据结果等于 0 则说明企业尚未形成企业家精神。通过熵值法对中国科技型企业的企业家精神进行定量分析后发现，所选样本企业的企业家精神评价值均值为 0.5594，评价值主要集中在区间（0.3，0.6]上。另外，将评价结果划分为三个区域，在区间（0，0.3]内表示公司的企业家精神发展状况较差，在区间（0.3，0.9]内表示公司的企业家精神发展情况良好，而当综合评价值大于 0.9 时，则表示该公司的企业家精神发展情况优秀，企业家精神对公司的发展具有明显的促进作用。

为了进一步分析科技型企业的企业家精神发展情况，把各年份企业家精神的综合评价值均值绘制为表 7-2，同时筛选出具有代表性的 100 家样本科技型企业进行详细分析，并将其综合评价值绘制为表 7-3。分析表 7-2 可知，2015—2020 年样本企业的企业家精神评价值均值分布在（0.3，0.9]，整体上处于比较良好的发展态势，呈现出缓慢上升的发展趋势。通过分析表 7-3 可发现，不同样本企业的企业家精神发展态势呈现一定差异。例如，编号 16、143、201 等企业充分发挥企业家精神的作用，其企业家精神综合评价值处于大于 0.9 的高水平状态，该类企业在保持自身发展优势的同时进一步完善企业家精神的发展体系，形成一套成熟的企业家精神体系，进一步促进科技型企业的高成长性；编号 69、180、1214 等企业的企业家精神综合评价值处于（0.3，0.9]区间内，发展较为稳定；编号 116、128、1057 等企业的企业家精神发展状况较差，该类企业可以从创新能力、创业能力、成长能力和经营能力四个维度出发，深入分析企业家精神发展的不足之处而后进行全面调整；编号 1、379、585、906 等企业的企业家精神评价值呈现先升后降、先降后升和不断上升或下降的波动状态，说明其企业家精神处于不断发展之中。

综上所述，中国科技型企业的企业家精神整体上处于良好的发展状态，针对个别发展较差或波动情况较大的科技型企业，需制定相关发展战略及发展政策进行针对性培养与调整。

表7-2　　　　　各年份样本企业企业家精神评价值均值

年份	企业家精神评价值均值
2015	0.5113
2016	0.5474
2017	0.5499
2018	0.5507
2019	0.5603
2020	0.6368

表7-3　　　　　筛选样本企业各年份企业家精神评价值

企业编号	2015年	2016年	2017年	2018年	2019年	2020年
1	0.4606	0.3537	0.6813	0.2453	1.5330	1.0191
6	0.8452	0.8234	0.8857	0.8734	0.9345	0.8798
11	0.5762	0.8120	0.5992	0.6196	0.6756	0.7352
16	1.3626	1.1377	1.0588	0.9028	1.3405	1.0235
18	0.7748	0.7290	0.7409	0.7338	0.7223	0.8947
21	0.4033	0.5016	0.4964	0.5519	0.5155	0.5070
36	0.4835	0.5025	0.5592	0.4582	0.4129	0.5935
42	0.5450	0.4704	0.5839	0.5729	0.4192	0.4649
43	0.4933	0.4548	0.4675	0.4619	0.4762	0.5271
46	0.5499	0.5527	0.5903	0.5054	0.5586	0.5875
47	0.8579	0.6780	0.7834	0.6776	0.7270	0.7768
69	0.7170	0.7178	0.7634	0.7288	0.7270	0.6668
81	0.7652	0.8109	0.8025	0.8239	0.8246	0.7696
100	0.7164	0.7299	0.6764	0.7113	0.6151	0.6674
116	0.2758	0.2969	0.2588	0.2849	0.2918	0.2392
128	0.2777	0.2646	0.2584	0.2572	0.2521	0.2775
137	0.2359	0.2748	0.5078	0.4970	0.3758	0.4999
143	1.1986	1.5254	1.2002	1.4839	1.2530	1.6024
145	0.9816	1.1020	1.1495	1.0995	1.0188	1.0881
147	0.3810	0.3979	0.7816	0.4269	0.4164	0.2094
158	0.4241	0.5182	0.3980	0.4850	0.4760	0.4890

续表

企业编号	2015 年	2016 年	2017 年	2018 年	2019 年	2020 年
164	0.5361	0.4758	0.4961	0.5220	0.3974	0.4660
165	0.4812	0.4954	0.4713	0.4720	0.4807	0.5584
175	0.4138	0.5492	0.4125	0.5383	0.4056	0.4653
177	0.4551	0.4251	0.4624	0.4805	0.4594	0.4512
180	0.4928	0.5512	0.5335	0.5465	0.5798	0.5710
184	0.5120	0.5402	0.5232	0.5346	0.5359	0.5749
201	1.4229	1.9704	1.5367	2.2866	1.6416	1.4917
204	1.3112	1.1406	0.9827	0.9663	0.9333	1.4304
215	0.2937	0.1822	0.4352	0.6075	0.3032	0.4330
283	0.6689	0.6550	0.6965	0.6682	0.6251	0.6168
296	0.4727	0.3955	0.4268	0.4014	0.4254	0.4573
303	0.5251	0.5342	0.5748	0.5509	0.5305	0.5420
310	0.7651	0.6615	0.7274	0.8818	0.8059	0.7969
312	0.5607	0.5352	0.4851	0.4852	0.5094	0.5145
315	0.3975	0.3976	0.4640	0.4085	0.4133	0.4036
329	0.3775	0.4471	0.4415	0.4325	0.4400	0.5411
332	0.5508	0.5427	0.5437	0.5744	0.5509	0.5441
344	0.8660	0.7057	0.7674	0.7883	0.7343	1.2516
345	0.6163	0.6554	0.6149	0.6374	0.6485	0.6238
350	0.2570	0.2927	0.7189	0.2284	0.3878	0.4144
379	0.5944	0.5554	0.5779	0.5641	0.1443	0.3268
401	0.6939	0.6003	0.6697	0.8161	0.7116	0.6996
504	0.2928	0.3751	0.5852	0.4674	0.3639	1.0121
505	1.4538	1.1759	1.2898	1.2101	1.1466	1.0269
555	0.3420	0.3928	1.0006	0.4655	0.2311	0.3244
585	0.2902	0.2373	0.3774	0.5712	0.5473	0.6540
591	1.1608	0.9264	1.5638	1.5082	1.3386	1.3739
619	0.3888	0.1725	0.5381	0.4035	0.4668	0.3017
658	0.5098	0.4549	0.5147	0.4625	0.3807	0.5434
669	0.5468	0.5050	0.4924	0.4824	0.4925	0.4977
670	0.4078	0.5674	0.5245	0.5387	0.2504	0.2321

续表

企业编号	2015 年	2016 年	2017 年	2018 年	2019 年	2020 年
673	0.5526	0.4900	0.5820	0.4659	0.5357	0.5068
675	0.4060	0.4320	0.4272	0.4313	0.4287	0.4950
679	0.4947	0.4801	0.4897	0.4693	0.4519	0.4531
720	0.1974	0.0782	0.4402	0.4061	0.3278	0.4740
792	0.4876	0.4842	0.4513	0.4321	0.5112	0.5275
793	0.5134	0.5278	0.5183	0.4859	0.5768	0.4961
794	0.5625	0.4866	0.5155	0.5148	0.4748	0.5841
796	0.5733	0.4612	0.5537	0.5219	0.4869	0.4613
853	0.6412	0.6273	0.6477	0.6165	0.6361	0.8204
871	0.3686	0.1196	0.5608	0.4109	0.4203	0.5707
880	0.8585	0.6683	0.6561	0.6775	0.6432	0.6617
895	0.4035	0.4408	0.5766	0.5343	0.1931	0.3268
906	0.2656	0.3939	0.5926	0.4203	0.3452	0.3635
923	0.6043	0.6203	0.8787	0.8435	0.8316	0.8489
930	0.5053	0.5142	0.5495	0.5254	0.4923	0.4650
932	0.4808	0.5362	0.4965	0.5353	0.5034	0.4683
936	0.4584	0.4613	0.5249	0.5004	0.5062	0.5196
941	0.5279	0.4421	0.5072	0.4721	0.4749	0.4787
943	0.3768	0.4222	0.4284	0.4171	0.4301	0.4999
945	0.5609	0.3977	0.5066	0.4302	0.4765	0.5319
948	0.4303	0.4244	0.4615	0.4641	0.4131	0.4261
1027	0.7748	0.7006	0.7349	0.7297	0.8421	0.6691
1057	0.0319	0.0754	0.1602	0.1441	0.2682	0.3498
1112	0.6154	0.6872	0.7377	0.8193	0.6473	0.6720
1116	0.6457	0.6457	0.7075	0.7570	0.7361	1.1130
1129	0.6282	0.7163	0.6627	0.6835	0.7007	0.7799
1146	0.5420	0.4105	0.5371	0.5544	0.4326	0.4966
1149	0.4928	0.4566	0.5086	0.4831	0.4684	0.5278
1151	0.4428	0.4946	0.4651	0.4134	0.4643	0.4341
1152	0.5727	0.5208	0.4564	0.4590	0.3989	0.4950
1156	0.5091	0.5135	0.4646	0.4670	0.5524	0.5117

续表

企业编号	2015 年	2016 年	2017 年	2018 年	2019 年	2020 年
1161	0.6907	0.8098	0.7170	0.7452	0.8213	0.7762
1162	0.5319	0.5421	0.4899	0.5854	0.4196	0.5577
1165	0.5770	0.5376	0.4866	0.4858	0.4585	0.5091
1194	0.7891	0.6953	0.7013	0.6529	0.7044	0.5889
1214	0.7819	0.7296	0.7561	0.7303	0.7586	0.8731
1219	0.7107	0.6948	0.8602	0.6315	0.6808	0.4254
1232	1.4001	1.6767	1.0853	1.1642	1.5913	1.8447
1234	0.6413	0.6770	0.6743	0.7192	0.6382	0.6705
1257	0.2468	0.1560	0.4076	0.4386	0.3069	0.3308
1261	0.2077	0.2961	0.4232	0.4428	0.3778	0.4283
1274	1.0873	1.1573	1.2653	1.2486	1.0268	1.1367
1279	1.1766	1.2581	1.4343	1.2485	1.3144	1.2934
1281	0.1618	0.3417	0.9820	0.3576	0.4314	0.4433
1308	0.7062	0.6154	0.7370	0.6909	0.7158	0.9921
1369	0.4065	0.4604	0.4361	0.5161	0.4481	0.4326
1370	0.4003	0.4201	0.5094	0.4337	0.4538	0.4912
1372	0.4506	0.4739	0.4453	0.4514	0.4526	0.5269

注：因篇幅限制，仅筛选100家企业进行展示。

第三节　三次差异驱动测量结果

运用熵值法对科技型企业企业家精神评价指标赋权，按照熵值法步骤计算各指标权重，根据式（6-8）计算各时间点企业家精神评价值，对2015—2020年评价值求和取平均，得到基于熵值法的企业家精神综合评价值。

根据式（6-9）和式（6-10）计算出科技型企业企业家精神的综合排序指数 h_i 与能量消耗指数 τ_i，借鉴董庆兴等提出的假设，[①] 令 $\mu_1 = 0.3$，

[①] 董庆兴、郭亚军、马凤妹：《基于差异驱动的主客体协作式综合评价方法》，《中国管理科学》2012年第1期。

$\mu_2 = 0.7$。利用式（6-11）最终计算出科技型企业企业家精神的综合评价值，并根据评价值的大小对评价对象进行排序。以编号 17 的企业为例，先对数据进行标准化处理，通过熵值法算出不同时间点下企业家精神的评价指标权重，并根据式（6-8）计算出编号 17 的企业在 2015—2020 年的综合评价值 $y_i(t_k)$，结合式（6-9）计算出编号 17 的企业在 2015—2020 年的综合排序指数 $h_i = 3.2743$，同时计算出 $y_i(t_k)$ 在 2015—2020 年内均值 $E(y_i) = 0.3791$，标准差 $\sqrt{D(y_i)} = 0.0178$。

根据式（6-10）计算出编号 17 的企业在 2015—2020 年的能量消耗指数 $\tau_i = E(y_i)/\sqrt{D(y_i)} = 21.3331$。根据式（6-11）计算出编号 17 的企业企业家精神的动态综合评价值 $p_i = -0.3 \times \tau_i + 0.7 \times h_i = -4.1079$。同理，计算出其他样本企业的企业家精神动态综合评价值，并根据评价值的分布状态绘制直方图（见图 7-3）。

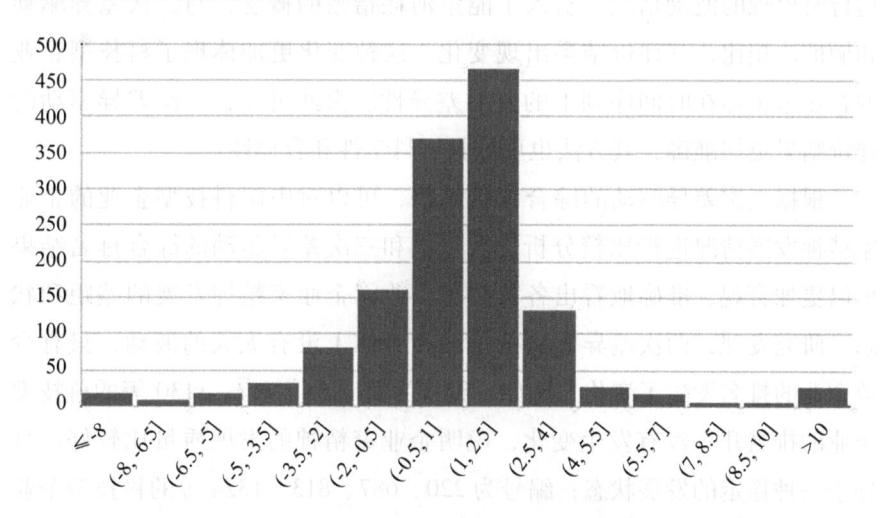

图 7-3 三次差异驱动下样本企业企业家精神的评价值分布

分析图 7-3 可以看出，三次差异驱动下所选样本企业的企业家精神综合评价均值为 0.8751，以均值 0.8751 为分界线，发现评价均值上方的企业有 749 家，在评价均值下方的企业有 629 家。进一步分析图 7-3 可以发现，中国科技型企业的企业家精神在三次差异驱动下的评价值呈现正态分布，比较符合现实，个别样本企业企业家精神的评价值相对较低，处于不稳定发展状况，但从整体来看，样本企业的企业家精神综合评价值主要集中分布于（1, 2.5］区间内，总体上大于评价均值，说明中国科技型企业的企业家精神整体处于比较良好的发展态势。与此同时，部分样本企业的评价值较高，说明这一部分科技型企业的企业家精神拥有很大的发展优势。

为了进一步分析科技型企业的企业家精神发展状况，筛选出具有代表性的100家样本企业对其企业家精神的三次差异驱动结果进行排序，如表7-4所示。根据表7-4科技型企业的企业家精神排序结果，熵值法计算的排序和加入时间贴现因子的二次差异驱动的排序之间具有一定的差异性，多数企业的排名出现小幅调整。从整体上看，其差异波动性不大，这种小幅的变化体现了科技型企业的企业家精神在时间上的发展差异性。三次差异驱动在二次差异驱动的基础上进一步考虑到了评价对象在整体运行时出现的波动情况，引入了能量消耗指数的概念，与二次差异驱动和熵值法相比，其评价结果出现变化，这种变化更加体现了科技型企业的企业家精神在时间序列上的发展差异性。由此可见，三次差异驱动的评价结果更加准确，其方法也更加具有科学性和合理性。

根据三次差异驱动的综合评价结果，可以对中国科技型企业的企业家精神发展情况进行比较分析。从二次和三次差异驱动的综合排名结果可以更加直观、准确地看出各科技型企业间企业家精神发展的差距和状态。研究发现，两次差异驱动的排名在整体上没有太大的波动，只有少数企业的排名发生了变化。例如，编号为45、84、417、1130等的科技型企业的排名几乎没有发生变化，说明企业家精神的发展质量比较好，且处于一种稳定的发展状态；编号为220、687、813、1324等的科技型企业的三次排名与二次排名相比得到了提升，说明企业家精神在该时期内处于一种平稳上升的发展状态，但因其波动较小，所以能量消耗指数较小；编号为450、796、1076、1151、1167等的科技型企业的企业精神评价值排名状况发生了较大的变化，其三次差异排名结果与二次排名相比出现了较大的下降趋势，说明这些科技型企业的企业家精神处于一种严重的不稳定发展状态，由于变化的波动性较大，产生了较大的能量消耗。

表7-4　　　　科技型企业企业家精神的动态综合评价结果

企业编号	h_i	二次排序	熵值法	一次排序	$\sqrt{D(y_i)}$	τ_i	p_i	三次排序
17	3.2743	1215	0.3791	1214	0.0178	21.3331	-4.1079	1313
45	17.1635	22	2.1545	18	2.2867	0.9422	11.7318	22
49	4.6995	404	0.5477	397	0.0553	9.9074	0.3174	900
56	3.1755	1256	0.3671	1258	0.0173	21.2278	-4.1455	1315
59	3.0234	1303	0.3463	1308	0.0260	13.3247	-1.8811	1204
73	14.9305	28	1.5820	31	1.1889	1.3307	10.0522	28
75	21.7093	14	2.7640	10	3.8189	0.7238	14.9794	15
84	56.9708	2	5.4478	2	9.0140	0.6044	39.6982	2
101	11.0807	43	1.2417	42	0.4816	2.5782	6.9830	41
111	2.7713	1341	0.3209	1341	0.0251	12.7617	-1.8886	1205
116	2.3588	1370	0.2746	1371	0.0200	13.7354	-2.4694	1243
128	2.2837	1374	0.2646	1375	0.0099	26.7809	-6.4357	1349
166	5.0839	291	0.5856	289	0.4019	1.4571	3.1216	141
173	3.0781	1289	0.3554	1289	0.0119	29.9477	-6.8297	1356
181	3.2343	1229	0.3717	1240	0.0258	14.4206	-2.0622	1221
202	21.3289	16	2.4608	15	2.0613	1.1938	14.5721	16
217	3.9045	824	0.4549	794	0.0633	7.1887	0.5766	826
220	4.0848	717	0.4624	763	0.1489	3.1058	1.9276	333
222	5.8124	191	0.6566	205	0.4134	1.5882	3.5923	103
223	3.3447	1177	0.3856	1182	0.0137	28.1695	-6.1095	1347
252	6.0111	172	0.6876	175	0.0989	6.9511	2.1225	290
284	15.8927	25	1.6131	30	1.7842	0.9041	10.8536	26
289	4.4076	534	0.5191	491	0.0881	5.8936	1.3173	553
300	20.2090	17	2.1436	21	2.4394	0.8787	13.8827	17
311	4.5929	449	0.5319	438	0.0596	8.9170	0.5399	836
386	4.8726	342	0.5635	344	0.0664	8.4915	0.8634	734
404	3.1452	1269	0.3622	1271	0.0189	19.2013	-3.5587	1302
413	4.7097	401	0.5546	368	0.0692	8.0198	0.8909	725
417	11.2023	41	1.2442	41	0.4144	3.0026	6.9408	42
437	3.4807	1097	0.4022	1090	0.0186	21.6337	-4.0537	1312
447	5.1645	271	0.6352	221	0.2692	2.3593	2.9074	161

续表

企业编号	h_i	二次排序	熵值法	一次排序	$\sqrt{D(y_i)}$	τ_i	p_i	三次排序
450	5.0951	288	0.5950	270	0.0583	10.2082	0.5041	850
493	4.1721	678	0.4639	754	0.1440	3.2218	1.9539	326
519	3.7248	932	0.4405	889	0.0865	5.0911	1.0800	653
545	3.3094	1200	0.3810	1206	0.0241	15.7872	−2.4196	1242
557	3.0412	1300	0.3494	1304	0.0214	16.3040	−2.7624	1259
585	4.0662	734	0.4462	853	0.1537	2.9036	1.9753	321
586	22.0504	13	2.2696	16	2.2664	1.0014	15.1349	13
598	4.5990	445	0.5181	497	0.1249	4.1484	1.9748	322
635	6.0123	171	0.7045	156	0.2221	3.1718	3.2570	132
639	4.0690	733	0.4769	695	0.0916	5.2046	1.2869	568
683	13.7018	33	1.7609	25	1.6289	1.0811	9.2669	32
687	4.6239	437	0.5603	349	0.2899	1.9325	2.6570	192
713	4.8658	344	0.5671	335	0.0430	13.1856	−0.5496	1063
717	5.1242	278	0.5958	268	0.0472	12.6124	−0.1968	1005
742	4.2611	621	0.4979	586	0.0412	12.0921	−0.6449	1076
747	4.8403	352	0.5646	340	0.0529	10.6696	0.1873	926
789	4.2558	626	0.4975	590	0.1639	3.0355	2.0684	304
796	4.3661	554	0.5097	534	0.0435	11.7249	−0.4612	1050
802	4.2391	635	0.4946	609	0.0452	10.9464	−0.3165	1032
813	4.5020	484	0.5328	435	0.2403	2.2169	2.4863	224
825	3.2193	1236	0.3689	1255	0.0280	13.1917	−1.7040	1188
829	4.9131	334	0.5739	319	0.0564	10.1824	0.3845	886
844	4.2088	651	0.4913	619	0.0474	10.3633	−0.1628	995
850	3.2018	1245	0.3710	1245	0.0165	22.4790	−4.5025	1325
884	4.3439	572	0.5083	541	0.3755	1.3537	2.6346	203
909	5.1819	268	0.6172	240	0.1247	4.9508	2.1421	282
910	3.8762	847	0.4436	869	0.0326	13.5888	−1.3633	1155
915	3.1697	1261	0.3694	1252	0.0908	4.0687	0.9981	687
916	4.4180	526	0.5378	428	0.2106	2.5537	2.3265	244
918	3.8681	856	0.4547	795	0.0608	7.4769	0.4646	863
945	4.1860	668	0.4840	661	0.0564	8.5758	0.3575	893

续表

企业编号	h_i	二次排序	熵值法	一次排序	$\sqrt{D(y_i)}$	τ_i	p_i	三次排序
951	2.9788	1312	0.3450	1310	0.0246	14.0348	-2.1253	1226
956	4.8602	348	0.5648	339	0.2209	2.5576	2.6349	201
959	5.8275	189	0.6711	191	0.1459	4.5999	2.6993	185
979	4.0844	718	0.4523	809	0.1438	3.1455	1.9154	337
985	3.3773	1157	0.3881	1163	0.0305	12.7167	-1.4509	1164
994	22.9890	12	3.2787	6	5.9407	0.5519	15.9267	12
999	3.8474	864	0.4423	878	0.0233	19.0047	-3.0083	1271
1014	3.4032	1142	0.3921	1139	0.0233	16.8556	-2.6745	1255
1015	9.0852	62	1.0341	63	1.1222	0.9215	6.0832	52
1038	3.3334	1187	0.3836	1199	0.0291	13.1755	-1.6193	1180
1054	3.5118	1075	0.4094	1058	0.0256	15.9650	-2.3312	1239
1064	4.7103	400	0.5487	389	0.0724	7.5828	1.0224	678
1074	5.7115	198	0.6445	212	0.1444	4.4645	2.6587	191
1076	4.7564	385	0.5572	358	0.0540	10.3100	0.2365	917
1079	3.2316	1233	0.3762	1225	0.0176	21.4268	-4.1659	1317
1099	8.4650	67	1.0356	62	0.4044	2.5610	5.1572	60
1130	31.1216	6	3.4215	5	2.9308	1.1674	21.4349	7
1131	5.6316	206	0.6395	216	0.1143	5.5973	2.2629	258
1138	3.3216	1193	0.3846	1189	0.0075	51.1338	-13.0150	1377
1139	4.6673	420	0.5460	402	0.2053	2.6597	2.4692	228
1144	3.8401	871	0.4500	824	0.0611	7.3662	0.4782	860
1151	3.8946	829	0.4524	807	0.0259	17.4586	-2.5114	1246
1158	2.9582	1316	0.3413	1316	0.0199	17.1315	-3.0687	1276
1167	7.7253	78	0.8863	76	0.0662	13.3806	1.3935	523
1182	3.4873	1094	0.4121	1049	0.0704	5.8537	0.6850	795
1187	4.5971	446	0.5328	436	0.0590	9.0307	0.5087	847
1205	2.8669	1328	0.3352	1326	0.0257	13.0242	-1.9005	1208
1226	5.3143	253	0.5945	272	0.4830	1.2310	3.3507	119
1232	3.2057	1244	0.3708	1246	0.0124	29.9492	-6.7408	1354
1254	3.1077	1282	0.3584	1280	0.0173	20.7067	-4.0366	1311
1260	3.3831	1154	0.3925	1137	0.0216	18.1838	-3.0870	1278

续表

企业编号	h_i	二次排序	熵值法	一次排序	$\sqrt{D(y_i)}$	τ_i	p_i	三次排序
1269	4.7763	376	0.5519	377	0.1167	4.7288	1.9248	336
1273	4.2974	592	0.4991	580	0.0535	9.3364	0.2073	923
1276	3.9378	801	0.4629	762	0.0717	6.4572	0.8193	759
1313	4.1903	662	0.4911	621	0.0795	6.1811	1.0788	654
1324	2.7611	1343	0.3194	1343	0.0305	10.4802	-1.2113	1136
1326	3.1231	1275	0.3613	1274	0.0279	12.9386	-1.6954	1187
1362	3.3638	1167	0.3901	1151	0.0194	20.1427	-3.6882	1306

注：因篇幅限制，仅筛选100家企业进行展示。

为了更加深入地了解科技型企业企业家精神内部的发展情况，对企业家精神的各维度进行了测量和分析。按照上述计算方法，分别对企业家精神的创业能力、创新能力、成长能力和经营能力进行测算，得到了科技型企业企业家精神各维度的动态综合评价结果，如表7-5所示。

从表7-5可以看出，科技型企业的企业家精神内部发展各维度之间具有显著的不协调性。例如，编号为1079、1187等的科技型企业，创新能力、成长能力和经营能力都处于较好的发展优势，而创业能力则处于不利的发展地位，说明该类企业在以后的发展过程中需要进一步促进创业能力的提升，增强企业家精神的机会识别能力，提高企业的市场竞争力以适应动态多变的环境变化情况；编号为73、202、417、1074等的科技型企业的创业能力、成长能力和经营能力都处于较高水平的发展态势，而创新能力则处于较低的发展水平，说明该类企业的企业家精神虽然在综合发展上处于较好的发展状态，但企业家精神的内部发展具有严重的不协调性，在保持其发展优势的情况下，应进一步促进创新能力的提升，加强对创新活动的关注和投入，增加公司的研发支出，加大产品和服务的研发力度，促进企业家精神的发展和提升企业的可持续发展能力；编号为300、1167等的科技型企业的创新能力、创业能力和经营能力处于一种较高的发展状态，但成长能力的发展水平较低，企业家精神的成长能力主要体现为企业内部的发展性与盈利性，较低水平的成长能力会影响企业的动态发展，因此该类企业在后续发展过程中应注重企业优秀文化和制度，促进企业家精神的动态成长。相对来说，编号为 84、101、966 等的科技型企业的创业能力、创新能力和成长能力处于较高水平的发展状态，其综合排序也相对靠前，但其经营能力的发展水平相对较低，企业的经营能力会影响企业的绩效水平及发展，因此该类企业在以后的发展中应加强对经营能力及管理素质的提升，提高企业家的实践经营能力及知识素养。

综上可以看出，科技型企业企业家精神内部维度发展的不协调性会造成企业家精神整体发展的波动性和不稳定性，因此通过对各维度的测量和分析，可以更深入地研究企业家精神的内部发展情况，并在此基础上对企业的发展策略进行调整以促进企业家精神的协调发展，提高企业家精神的发展质量。

表7-5　　　　　　　　企业家精神各维度测量结果

企业编号	创业能力	排序	创新能力	排序	成长能力	排序	经营能力	排序	综合排序
17	1.2043	981	-1.3831	1074	2.3395	1076	1.0321	490	1313
45	21.4301	25	-0.3348	673	2.5662	1006	37.9645	8	22
49	5.9401	254	-0.0360	433	3.6338	490	0.0578	1013	900
56	-1.4736	1269	-1.2378	1037	0.1755	1320	-0.0460	1102	1315
59	-0.0147	1156	-0.5722	807	1.2689	1260	0.2901	846	1204
73	18.5682	31	-1.6274	1138	19.3677	16	2.9396	158	28
75	26.8411	13	-0.0564	466	29.0274	12	5.9389	48	15
84	25.8072	16	2.2419	7	138.5714	2	-0.2096	1194	2
101	13.6775	47	0.3382	206	15.0160	19	-0.2693	1224	41
111	0.1001	1140	-0.2234	587	-1.1079	1355	0.8515	556	1205
116	-4.2464	1351	-1.3765	1072	2.2152	1115	0.1601	942	1243
128	-0.1670	1169	-0.8038	905	0.1040	1324	0.1997	912	1349
166	3.6971	491	-0.0919	491	9.4952	36	0.3053	835	141
173	-0.9702	1238	-1.3551	1066	-0.3157	1335	0.3789	789	1356
181	-2.0690	1293	-1.5794	1125	2.1874	1126	1.2021	444	1221

续表

企业编号	创业能力	排序	创新能力	排序	成长能力	排序	经营能力	排序	综合排序
202	9.3443	109	-5.5734	1357	5.9832	80	75.1218	3	16
217	2.2540	782	-0.2906	637	3.8422	419	0.8252	569	826
220	2.0405	821	-1.3086	1058	5.8531	85	0.6006	661	333
222	4.3519	389	-0.1082	509	8.5488	41	3.0018	153	103
223	-1.2837	1259	-4.9028	1347	-1.1815	1357	-0.6940	1313	1347
252	8.6882	129	-0.2213	584	4.3300	261	0.8781	545	290
284	8.4078	141	-0.0492	453	11.0341	28	45.2959	5	26
289	2.6665	699	-1.6848	1148	4.4101	241	0.6942	619	553
300	23.4798	20	0.6156	124	3.3579	605	47.5980	4	17
311	4.1745	413	0.4390	176	3.5629	526	0.4428	745	836
386	4.8718	324	0.0204	380	2.7799	899	-0.1796	1181	734
404	1.0430	1013	-2.1671	1202	2.2254	1114	0.2210	890	1302
413	3.2564	570	1.1533	49	4.2752	281	0.6374	648	725
417	21.9090	24	-0.4514	736	5.1425	134	0.8666	551	42
437	0.8369	1039	-3.6020	1317	3.4020	588	1.1619	451	1312
447	6.1272	238	-1.3965	1079	5.6922	91	0.7732	586	161
450	4.0918	430	0.3836	186	5.4193	111	0.5124	708	850
493	6.1388	236	0.5436	149	2.5388	1017	0.1120	981	326
519	1.3244	959	-0.5099	770	4.2998	273	-0.1480	1164	653
545	0.5648	1076	-2.5923	1248	2.0890	1147	-1.4946	1367	1242
557	0.8965	1033	-0.3173	660	-0.1942	1334	0.2039	908	1259
585	5.1961	304	-1.0559	984	4.2721	282	-0.1082	1141	321
586	51.9658	6	-0.6852	861	1.7760	1203	-0.0031	1071	13
598	7.9008	160	-0.1926	566	2.5867	996	-0.3504	1252	322
635	10.4897	84	1.2960	38	2.0654	1154	-0.2543	1217	132
639	2.7764	673	-3.9672	1327	2.2011	1119	2.2044	240	568
683	1.0070	1018	-0.3612	689	26.4897	14	14.7032	14	32
687	4.8323	329	-1.2934	1055	4.7695	176	0.5708	682	192
713	2.7454	680	-0.1128	516	2.9385	823	-0.0935	1134	1063
717	3.6678	500	0.5312	152	3.8480	415	0.1659	936	1005
742	3.3158	559	-0.6256	832	-0.4505	1340	0.2844	848	1076

续表

企业编号	创业能力	排序	创新能力	排序	成长能力	排序	经营能力	排序	综合排序
747	3.8885	455	-2.1140	1200	3.3592	603	2.0215	265	926
789	3.3609	548	0.0463	360	4.3272	262	3.4999	121	304
796	2.3178	769	-4.5335	1343	-0.9690	1351	0.4463	744	1050
802	-1.2954	1261	-3.0761	1282	2.2939	1091	3.2430	136	1032
813	3.7388	483	0.3685	190	6.3917	60	-0.5333	1292	224
825	-0.0228	1159	-0.1349	536	1.6790	1215	0.1813	922	1188
829	3.7006	490	-0.4935	759	4.0314	350	-0.0330	1089	886
844	1.7418	884	-1.2860	1054	3.2983	634	0.3668	799	995
850	-1.9616	1287	-1.0448	981	-0.4201	1338	-0.1076	1140	1325
884	0.5157	1083	0.0066	395	6.6805	55	0.2614	865	203
909	5.8374	264	-0.6716	853	4.8222	169	0.5149	707	282
910	-0.4059	1188	-6.1825	1363	1.0692	1278	1.7828	310	1155
915	3.4694	531	0.2215	255	2.5922	992	-0.6641	1310	687
916	5.4120	292	-0.3693	693	3.7294	453	0.3777	790	244
918	1.4861	928	-1.1238	1005	4.6505	195	-0.2623	1221	863
945	3.6684	499	-5.6296	1359	4.1500	315	1.5682	346	893
951	0.0155	1153	-2.5494	1241	1.7242	1207	0.7369	603	1226
956	4.6875	341	0.8413	93	5.1357	135	-0.2817	1228	201
959	6.9624	203	-0.2466	605	6.2319	65	0.4014	774	185
979	3.3795	545	-0.7081	870	4.9843	147	1.2545	429	337
985	-4.7468	1359	-3.9914	1329	-0.7011	1348	0.9096	535	1164
994	8.6554	130	-1.5465	1113	57.6358	7	0.6124	659	12
999	0.1995	1124	-5.1744	1351	0.1955	1319	3.8189	102	1271
1014	1.1566	993	-0.2782	624	2.8639	855	0.2202	894	1255
1015	-0.5582	1206	-0.8227	911	1.5576	1230	28.5651	11	52
1038	-4.0418	1349	-0.0787	483	0.7252	1299	1.2655	425	1180
1054	-2.0479	1290	-0.2411	602	2.6425	970	4.5769	74	1239
1064	3.6900	495	-1.6880	1150	4.5524	214	2.7347	176	678
1074	5.0506	313	-0.5467	790	5.1873	129	4.8940	68	191
1076	4.2081	407	-3.8522	1324	2.1589	1129	0.0789	1000	917

续表

企业编号	创业能力	排序	创新能力	排序	成长能力	排序	经营能力	排序	综合排序
1079	-3.1590	1335	0.5311	154	2.7723	902	0.6778	631	1317
1099	16.7382	39	-0.2746	620	3.6927	469	0.4422	746	60
1130	74.7006	2	0.0925	323	2.2661	1098	-1.4237	1365	7
1131	1.3491	954	-2.5083	1236	3.8416	420	10.7604	20	258
1138	0.0656	1147	-1.0248	971	2.7449	914	0.5609	690	1377
1139	3.6795	497	0.0393	363	5.2802	122	4.2950	83	228
1144	-0.9854	1239	-3.1084	1285	3.9429	380	2.5731	191	860
1151	-2.9331	1329	-0.9905	964	1.9581	1174	2.9374	159	1246
1158	-3.9789	1347	-3.4400	1307	1.5753	1228	-0.0081	1073	1276
1167	11.4020	70	-0.2486	607	2.9629	808	1.3076	415	523
1182	-1.7898	1278	-2.9914	1278	4.4494	234	-0.0025	1070	795
1187	2.4885	731	-0.0161	410	4.2703	283	1.0104	496	847
1205	-0.4507	1195	-0.2229	586	2.0337	1159	0.9236	530	1208
1226	1.4468	935	-0.3074	656	9.2033	37	3.6117	113	119
1232	-0.9274	1233	-0.5059	766	0.5526	1306	0.3604	804	1354
1254	0.0224	1151	-0.2982	648	0.9319	1287	0.2470	871	1311
1260	-0.7316	1219	-0.6843	860	3.0347	770	0.8044	575	1278
1269	4.6131	350	0.0718	342	4.3024	271	1.9328	290	336
1273	2.9417	640	0.7982	105	3.0408	763	0.4674	734	923
1276	-2.5445	1319	-0.4877	755	1.8580	1192	3.2535	135	759
1313	2.9952	629	-0.5287	777	3.9339	382	2.6075	188	654
1324	2.1366	803	-0.5999	817	1.6942	1212	0.0255	1036	1136
1326	-2.2553	1304	-2.5878	1247	1.4745	1240	1.0954	474	1187
1362	1.7504	883	-0.8681	929	1.9555	1175	2.4450	203	1306

注：因篇幅限制，仅筛选100家企业进行展示。

为了深入分析科技型企业的企业家精神在时间序列上的波动变化，运用熵值法计算各时间点下科技型企业的企业家精神发展情况，筛选出100家企业的企业家精神在2015—2020年的静态评价值和排序，结果如

表7-6所示。然后根据三次差异驱动模型计算各样本时间段下科技型企业的企业家精神动态评价结果，为了凸显"厚今薄古"的思想，体现出时间贴现因子和能量消耗的作用，在计算时，以相邻的前一时期作为基期，对当期数据按时间因子进行加权累加，同时为了对照分析，以2015年、2015—2016年、2015—2017年、2015—2018年、2015—2019年、2015—2020年这六个时间段为例进行计算，结果如表7-7所示。

从表7-6的静态测度评价值可以看出，中国科技型企业的企业家精神不同年份的静态评价结果具有显著差异性，呈现出波动变化的特征，结果符合逻辑，与事实相匹配。通过对各年份静态评价结果的比较分析可知，从整体来看，2015年各科技型企业的企业家精神发展状况较好，但企业间的发展差异性较大。到2016年和2017年科技型企业的企业家精神进入了一个波动发展时期，虽然个别企业的企业家精神得到了快速发展，但整体上出现了下降的趋势。2017年10月，党的十九大报告从国家战略上强调了弘扬企业家精神对社会发展的重要性，因此2017—2019年企业家精神的发展进入一个回升时期，2019—2020年尽管个别企业如编号为45、413等的企业企业家精神评价值下降，从整体上看，企业家精神的评价值大幅上升，说明中国科技型企业的企业家精神处于良好的发展态势。

表7-6　　　　熵值法下各年份企业家精神的评价结果

企业编号	2015年	排序	2016年	排序	2017年	排序	2018年	排序	2019年	排序	2020年	排序
17	0.3657	1098	0.3792	1060	0.4113	996	0.3771	1161	0.3544	1165	0.3869	1117
45	7.1170	2	0.5989	237	0.6246	281	0.8295	90	2.0760	13	1.6811	37
49	0.6079	237	0.4763	599	0.5826	354	0.6132	272	0.5104	446	0.4956	695
56	0.3754	1055	0.3706	1096	0.3297	1283	0.3756	1168	0.3824	1062	0.3688	1166
59	0.3283	1230	0.3401	1177	0.3158	1301	0.3349	1293	0.3643	1135	0.3943	1100
73	1.2594	16	0.5456	350	1.1655	28	1.1391	39	1.1957	35	4.1865	14

续表

企业编号	2015年	排序	2016年	排序	2017年	排序	2018年	排序	2019年	排序	2020年	排序
75	0.6372	199	11.1819	2	0.8549	90	2.4775	5	0.6521	179	0.7806	151
84	0.7597	106	1.4345	28	0.6856	194	0.6712	190	3.6686	8	25.4669	1
101	1.4463	7	0.7905	92	0.6712	214	1.5058	20	0.9714	52	2.0651	29
111	0.3143	1264	0.3367	1188	0.3245	1293	0.3298	1299	0.2701	1309	0.3497	1207
116	0.2758	1314	0.2969	1253	0.2588	1352	0.2849	1340	0.2918	1291	0.2392	1314
128	0.2777	1311	0.2646	1285	0.2584	1353	0.2572	1354	0.2521	1321	0.2775	1290
166	0.4826	560	0.3217	1220	0.4801	704	1.4748	23	0.3738	1099	0.3803	1131
173	0.3551	1133	0.3472	1161	0.3594	1208	0.3468	1269	0.3446	1194	0.3793	1134
181	0.3651	1100	0.3736	1080	0.3465	1252	0.3506	1256	0.3695	1112	0.4251	994
202	1.3112	15	6.1406	6	0.9827	52	0.9663	53	0.9333	58	4.4304	13
217	0.5802	284	0.4242	846	0.3926	1091	0.3983	1074	0.4694	646	0.4649	837
220	0.3285	1228	0.3805	1051	0.3874	1106	0.7723	120	0.3959	1007	0.5099	624
222	0.3833	1016	0.4131	910	0.5690	386	1.5490	16	0.3610	1146	0.6642	248
223	0.3609	1117	0.3894	1010	0.3784	1140	0.3899	1106	0.4062	963	0.3886	1115
252	0.5262	426	0.7030	136	0.6527	239	0.8583	82	0.6612	173	0.7241	199
284	0.7558	107	−0.0623	1377	0.7847	111	2.3011	7	0.6233	218	5.2762	9
289	0.7090	133	0.4695	629	0.5068	578	0.4925	651	0.4363	816	0.5008	665
300	1.6336	4	0.1678	1339	1.0768	36	0.4903	660	7.4035	4	2.0896	27
311	0.5737	295	0.4662	640	0.6174	297	0.4469	857	0.5281	399	0.5591	457
386	0.5904	267	0.4862	555	0.6402	251	0.5767	362	0.4636	681	0.6243	304
404	0.3290	1225	0.3523	1150	0.3838	1120	0.3763	1164	0.3549	1161	0.3768	1141
413	0.6821	162	0.5234	419	0.6028	318	0.5427	457	0.4990	503	0.4778	773
417	1.0547	38	0.8017	88	1.3499	16	0.7777	117	1.5445	21	1.9366	32
437	0.3774	1039	0.3924	998	0.4201	962	0.4328	929	0.3966	1002	0.3938	1101
447	1.1418	29	0.5199	435	0.7771	117	0.6268	252	0.4322	842	0.3134	1258
450	0.7198	125	0.5509	331	0.5861	344	0.5799	355	0.5450	342	0.5883	382
493	0.3062	1275	0.3930	994	0.2863	1333	0.6565	210	0.5315	386	0.6100	334

续表

企业编号	2015年	排序	2016年	排序	2017年	排序	2018年	排序	2019年	排序	2020年	排序
519	0.6269	209	0.3985	971	0.4461	852	0.3856	1127	0.3721	1103	0.4140	1038
545	0.3764	1050	0.3469	1162	0.3971	1070	0.3888	1111	0.3579	1152	0.4191	1015
557	0.3391	1198	0.3390	1182	0.3426	1257	0.3308	1298	0.3490	1179	0.3957	1095
585	0.2902	1297	0.2373	1305	0.3774	1142	0.5712	375	0.5473	337	0.6540	268
586	0.8864	64	1.3655	29	1.2864	21	1.4095	24	1.3472	27	7.3226	7
598	0.3899	993	0.3794	1058	0.4791	705	0.7357	145	0.5115	441	0.6130	330
635	0.8611	68	0.3515	1153	0.9319	61	0.9228	64	0.6704	164	0.4892	724
639	0.6165	219	0.3860	1025	0.5770	365	0.3785	1158	0.4228	884	0.4804	758
683	4.7294	3	0.5695	284	3.2248	5	0.5318	493	0.6826	157	0.8274	131
687	0.5472	363	0.6739	154	0.6020	320	1.0148	47	0.4910	531	0.0329	1376
713	0.6577	174	0.5369	380	0.5649	399	0.5500	434	0.5260	407	0.5669	428
717	0.6876	158	0.5360	386	0.6037	317	0.5811	346	0.5633	301	0.6032	346
742	0.5641	317	0.4628	656	0.5393	471	0.5008	617	0.4624	691	0.4582	864
747	0.6720	168	0.5162	451	0.5824	355	0.5195	544	0.5425	347	0.5551	471
789	0.5325	406	0.4084	935	0.4993	613	0.8193	92	0.2850	1297	0.4403	943
796	0.5733	296	0.4612	667	0.5537	423	0.5219	534	0.4869	546	0.4613	855
802	0.5696	309	0.4536	701	0.5430	456	0.4541	827	0.4672	657	0.4801	762
813	0.5310	413	0.4960	510	0.6552	235	0.5484	440	0.8862	65	0.0799	1367
825	0.3440	1176	0.3621	1129	0.3606	1204	0.3514	1252	0.3661	1126	0.4293	977
829	0.6705	170	0.5281	402	0.6301	269	0.5281	507	0.5274	402	0.5593	454
844	0.5837	279	0.4383	777	0.5129	547	0.4677	767	0.4875	545	0.4581	865
850	0.3548	1134	0.3693	1102	0.3948	1081	0.3832	1145	0.3778	1082	0.3463	1216
884	0.3298	1223	0.4687	630	0.4179	969	1.3193	27	0.3578	1153	0.1563	1349
909	0.7887	87	0.5746	275	0.7308	151	0.6637	198	0.5237	413	0.4217	1008
910	0.3819	1024	0.4268	832	0.4464	851	0.4651	786	0.4573	715	0.4843	742
915	0.3380	1202	0.5011	492	0.3843	1119	0.3190	1312	0.2224	1339	0.4515	890
916	0.7903	83	0.5572	310	0.7088	169	0.6065	288	0.1457	1364	0.4183	1018

续表

企业编号	2015年	排序	2016年	排序	2017年	排序	2018年	排序	2019年	排序	2020年	排序
918	0.5801	285	0.4766	598	0.4008	1056	0.4132	1003	0.4305	850	0.4269	986
945	0.5609	325	0.3977	975	0.5066	579	0.4302	940	0.4765	601	0.5319	537
951	0.3403	1191	0.3435	1166	0.3325	1274	0.3964	1080	0.3170	1251	0.3405	1222
956	0.5324	408	0.5219	425	0.6715	213	0.8462	86	0.1344	1367	0.6827	230
959	0.7088	134	0.4192	876	0.8096	102	0.6637	199	0.8544	68	0.5711	417
979	0.3287	1227	0.3935	993	0.2724	1342	0.4366	909	0.6667	167	0.6159	321
985	0.3773	1040	0.3930	995	0.3688	1174	0.3641	1205	0.3720	1105	0.4532	880
994	16.5620	1	0.5785	267	0.7052	173	0.6322	243	0.5346	374	0.6597	261
999	0.4063	909	0.4555	694	0.4169	970	0.4440	871	0.4606	696	0.4706	812
1014	0.4044	923	0.3607	1132	0.3695	1172	0.3872	1121	0.4310	848	0.4000	1084
1015	0.4961	509	0.5834	257	0.5556	419	3.5419	4	0.4704	641	0.5570	463
1038	0.3749	1060	0.3735	1081	0.4013	1053	0.3357	1290	0.3846	1056	0.4316	968
1054	0.4436	721	0.3921	1002	0.4235	948	0.4205	971	0.4136	929	0.3631	1180
1064	0.6981	144	0.4927	527	0.4882	662	0.5175	559	0.5220	418	0.5737	407
1074	0.5038	495	0.6033	226	0.5181	536	0.6168	267	0.9357	55	0.6890	220
1076	0.6573	175	0.5392	375	0.5761	368	0.5616	403	0.4792	590	0.5301	546
1079	0.4056	916	0.3672	1110	0.3762	1149	0.3906	1102	0.3659	1130	0.3518	1203
1099	1.2383	18	1.6198	24	0.9724	56	1.3205	26	0.5808	273	0.4818	754
1130	1.1197	32	6.8092	5	1.3156	18	1.5376	17	1.5148	23	8.2323	5
1131	0.4951	513	0.6629	161	0.4855	681	0.7240	156	0.7978	85	0.6717	236
1138	0.3780	1035	0.3977	973	0.3849	1117	0.3745	1175	0.3890	1045	0.3833	1124
1139	0.4540	671	0.6337	191	0.4588	779	0.9629	54	0.3499	1175	0.4165	1026
1144	0.5835	280	0.4298	818	0.4151	981	0.4064	1035	0.4179	908	0.4472	913
1151	0.4428	726	0.4946	523	0.4651	748	0.4134	1001	0.4643	675	0.4341	962
1158	0.3263	1235	0.3541	1144	0.3085	1311	0.3565	1234	0.3669	1123	0.3358	1229
1167	0.7706	98	0.9139	63	0.9080	69	0.8430	89	0.8975	62	0.9848	89
1182	0.5619	324	0.3811	1050	0.4278	928	0.3625	1208	0.3749	1093	0.3646	1174

续表

企业编号	2015年	排序	2016年	排序	2017年	排序	2018年	排序	2019年	排序	2020年	排序
1187	0.5875	275	0.4784	587	0.5623	404	0.5398	465	0.4327	839	0.5960	361
1205	0.3518	1148	0.3419	1171	0.3497	1241	0.3590	1224	0.3268	1237	0.2822	1285
1226	0.2681	1319	0.4012	965	0.3118	1307	1.6502	14	0.3469	1186	0.5891	378
1232	0.3751	1058	0.3651	1116	0.3733	1158	0.3742	1176	0.3481	1182	0.3892	1112
1254	0.3641	1106	0.3367	1189	0.3606	1205	0.3565	1235	0.3422	1200	0.3904	1106
1260	0.3893	996	0.4233	855	0.4038	1036	0.3514	1253	0.3907	1032	0.3964	1091
1269	0.4799	572	0.4862	554	0.5854	346	0.7983	105	0.4689	648	0.4928	707
1273	0.6010	250	0.4710	621	0.4348	900	0.4630	798	0.5031	480	0.5218	579
1276	0.6199	216	0.4177	885	0.4566	790	0.4117	1010	0.4357	819	0.4356	957
1313	0.5886	273	0.4021	962	0.5493	436	0.5675	386	0.3970	999	0.4424	937
1324	0.3358	1211	0.3273	1210	0.3000	1315	0.3185	1313	0.2680	1311	0.3666	1168
1326	0.3513	1154	0.3805	1052	0.3629	1195	0.3168	1315	0.4070	960	0.3494	1208
1362	0.4113	882	0.3648	1117	0.4127	988	0.3907	1101	0.3653	1133	0.3960	1094

注：因篇幅限制，仅筛选100家企业进行展示。

进一步分析表7-7三次差异驱动下各时间段内企业家精神的评价结果可以看出，在时间贴现因子和能量消耗特征下各时间段科技型企业的企业家精神发展情况，如编号为252、585、1131等的科技型企业在前三个时间段内的发展水平较低，但是2018年的快速发展使该企业的企业家精神实现了一个跳跃式的发展，在2015—2018年的排名榜中迅速占据前列，2019—2020年较高水平的发展使该企业在2015—2020年仍保持前列的优势。与之相反的是编号为742、909、916等的科技型企业，第一个时间段内的发展处于中高水平，但是从2016年开始处于较低的发展水平，相应的在2015—2016年、2015—2017年、2015—2018年、2015—2019年、2015—2020年时期内发展排序不断下降。造成上述三次差异驱动下企业家精神评价结论的原因主要归于以下方面。

宏观层面上，其一是政府制定政策及管理的异质性，科技型企业在开展市场活动的过程中有政府的引导与参与，各地区之间政府制定的政策及实行的管理体制存在差异，在一定程度上可以解释企业家精神发展趋势的差异。其二是科技金融发展的异质性，科技型企业的发展创新需要资本支持，中国的科技金融市场发展不平衡，经济发达地区的科技金融发展相对迅速，能够进一步促进科技型企业的企业家精神发展，而经济较不发达地区的科技型企业或许受到科技金融体系不完善的制约，其企业家精神发展相对不稳定。

微观层面上，一方面，创新经济背景下，企业家作为企业发展的主体，其创新能力、创业能力、成长能力与经营能力的协调发展是促进企业家精神快速发展的重要因素，优秀的企业家可以降低用人风险，健全企业发展基础体系，进一步促进科技型企业的快速发展；另一方面，人才作为企业发展的宝贵资源，企业自身人力资源水平之间的差异也是造成企业家精神发展差异的重要决定因素。

为了进一步阐明科技型企业企业家精神的发展情况，根据表 7-6 和表 7-7 科技型企业的企业家精神评价结果，把企业家精神的发展划分为以下几种类型。

（1）明星型：无论是在静态时间点的发展过程中还是在连续时间段的发展过程中，该类企业的企业家精神都处于领先地位，如编号为 75、84、202、683、994 等的企业。该类企业的企业家精神表现出较好的发展水平与发展趋势，从企业家精神各维度的发展来说，其总体上处于比较高的发展水平且相对协调，呈现出一种积极向上的发展变化，企业具有良好的发展趋势与潜力。

（2）幼童型：尽管在静态时间点的发展水平相对较低，但在连续时间段的发展过程中，该类企业在某一阶段实现快速跳跃式发展，并保持这种优势不断发展下去，如编号为 222、493、884、1015、1226 等的企业。该类企业的企业家精神虽然在静态时间点的发展上不具备优势，但处于一种不断进步成长的过程中，发展阶段相对滞后于明星型科技型企业，同时也具备较高的发展潜力，在后续的发展过程中将不断进步与提高。

（3）金牛型：该类企业在静态时间点的发展水平较高，但在连续时间段的发展过程中处于不断下降的发展趋势，这种下降主要表现为在连续时间段内的排名下滑，如编号为 450、717、1167 等的企业。尽管该类企业在发展过程中处于较好的发展水平，但在某一时间点未能保持发展优势，处于一种不稳定的发展趋势且缺乏发展动力。

（4）瘦狗型：无论是在静态时间点的发展过程中还是在连续时间段的发展过程中，该类企业的企业家精神都处于落后地位，如编号为 56、128、825、1205 等的企业。该类企业在整体发展过程中处于一种较低水平的状态，企业家精神的内部发展相对不协调且能力较弱，进一步导致其各发展时间段也没有较好的发展优势。

综合分析表 7-6 和表 7-7 得出中国科技型企业的企业家精神发展类型，企业可以根据企业家精神发展的不同类型采取不同的措施。（1）针对明星型企业，该类企业家精神具有较好的发展状态并在连续时间段表现出较好的发展趋势，企业首先应保持这种发展优势，结合表 7-5 企业家精神各维度的测量结果可以发现，明星型企业各维度多数处于较高的发展水平，仅有个别维度相对较低。因此该类企业在维持当前管理制度的基础上可针对其相对弱势的方面进行完善与发展，使其形成成熟稳定的企业家精神发展体系，促进科技型企业的进一步发展。（2）针对幼童型企业，该类企业在连续时间段内表现出较好的发展趋势，发展潜力较强，企业可针对其优势进一步维护，加强对研发创新能力的培育，改善企业自身的创新创业环境，进一步提升其成长能力与经营能力。（3）针对金牛型企业，该类企业在静态时间点的发展水平较高，但在连续时间段处于不断下降的发展趋势，说明该类企业进入了发展的平台期，企业可采取稳定战略，在维持自身发展优势的基础上改善下降趋势，积极寻求新的市场发展机会，提高应对市场风险的能力，促进科技型企业创新发展。（4）针对瘦狗型企业，该类企业的发展水平在静态时间点和连续时间段的发展中均处于劣势地位，企业家精神各维度的发展也处于相对较低的水平，企业可以针对各维度进行深入分析，全方位调整其发展策略，在加强对企业家能力培养的同时，促进与明星型企业之间的沟通交流，寻找新的发展思路，促进新产品或新服务的开发，提升企业在不确定市场环境下的经营管理能力，进一步促进企业的成长与发展。

表7-7　三次差异驱动下各时间段内企业家精神的评价结果

企业编号	2015年	排序	2015—2016年	排序	2015—2017年	排序	2015—2018年	排序	2015—2019年	排序	2015—2020年	排序
17	0.366	1098	−15.921	1225	−5.040	1136	−5.387	1229	−4.135	1233	−4.108	1313
45	7.117	2	5.663	8	6.336	12	7.228	14	9.600	15	11.732	22
49	0.608	237	−1.594	544	−1.496	710	−1.023	775	−0.391	839	0.317	900
56	0.375	1055	−46.162	1321	−4.318	1078	−4.339	1164	−4.061	1229	−4.146	1315
59	0.328	1230	−16.355	1228	−9.074	1283	−9.699	1328	−4.689	1251	−1.881	1204
73	1.259	16	0.682	36	1.604	42	2.638	46	3.891	50	10.052	28
75	0.637	199	9.717	3	10.603	5	13.186	5	13.968	8	14.979	15
84	0.760	106	0.839	31	1.607	41	2.324	59	7.020	24	39.698	2
101	1.446	7	0.771	33	1.576	43	3.120	34	4.172	45	6.983	41
111	0.314	1264	−8.169	1100	−9.792	1298	−10.759	1343	−2.504	1122	−1.889	1205
116	0.276	1314	−7.698	1083	−4.635	1100	−5.024	1213	−4.954	1264	−2.469	1243
128	0.278	1311	−11.978	1173	−9.291	1289	−8.807	1317	−7.699	1327	−6.436	1349
166	0.483	560	−0.851	361	−0.605	497	2.190	64	2.635	87	3.122	141
173	0.355	1133	−26.223	1281	−20.051	1352	−18.423	1370	−16.895	1377	−6.830	1356
181	0.365	1100	−25.301	1278	−8.642	1275	−8.553	1312	−8.451	1338	−2.062	1221
202	1.311	15	5.802	7	6.835	10	7.881	11	8.976	16	14.572	16
217	0.580	284	−1.120	438	−0.521	471	−0.155	551	0.175	692	0.577	826

续表

企业编号	2015年	排序	2015—2016年	排序	2015—2017年	排序	2015—2018年	排序	2015—2019年	排序	2015—2020年	排序
220	0.328	1228	-3.510	817	-3.224	985	0.963	190	1.367	254	1.928	333
222	0.383	1016	-7.369	1074	-0.489	456	2.349	57	2.788	81	3.592	103
223	0.361	1117	-7.306	1071	-8.672	1276	-8.327	1307	-5.895	1294	-6.110	1347
252	0.526	426	-1.077	434	-0.905	580	0.794	222	1.375	251	2.122	290
284	0.756	107	0.277	65	0.896	82	3.344	27	4.054	48	10.854	26
289	0.709	133	-0.527	275	-0.173	355	0.240	408	0.814	442	1.317	553
300	1.634	4	1.039	25	1.948	31	2.487	53	11.239	11	13.883	17
311	0.574	295	-2.059	622	-1.183	645	-0.314	597	0.033	735	0.540	836
386	0.590	267	-2.226	649	-1.198	650	-1.014	774	0.121	706	0.863	734
404	0.329	1225	-8.208	1101	-3.822	1047	-3.709	1129	-3.839	1218	-3.559	1302
413	0.682	162	-1.303	475	-1.245	655	-0.738	714	0.087	717	0.891	725
417	1.055	38	-0.700	322	1.346	53	2.298	60	4.272	43	6.941	42
437	0.377	1039	-14.720	1210	-5.697	1176	-4.075	1150	-4.141	1234	-4.054	1312
447	1.142	29	0.526	43	1.106	61	1.739	86	2.373	109	2.907	161
450	0.720	125	-1.229	460	-0.970	603	-0.613	690	0.011	738	0.504	850
493	0.306	1275	-1.844	587	-1.284	665	0.694	254	1.215	296	1.954	326
519	0.627	209	-0.522	272	-0.249	385	0.207	419	0.655	515	1.080	653

续表

企业编号	2015年	排序	2015—2016年	排序	2015—2017年	排序	2015—2018年	排序	2015—2019年	排序	2015—2020年	排序
545	0.376	1050	-6.761	1043	-4.470	1087	-4.574	1184	-4.201	1237	-2.420	1242
582	0.356	1130	-3.488	814	-4.026	1059	-4.390	1169	-2.585	1130	-0.799	1103
585	0.290	1297	-2.564	698	-0.782	551	0.509	306	1.107	329	1.975	321
586	0.886	64	0.443	48	1.381	51	2.749	44	4.112	46	15.135	13
598	0.390	993	-21.319	1263	-1.715	759	0.811	218	1.274	276	1.975	322
635	0.861	68	0.253	69	1.018	70	1.858	81	2.562	94	3.257	132
639	0.616	219	-0.498	265	-0.217	375	0.390	344	0.812	443	1.287	568
683	4.729	3	3.764	12	6.697	11	7.370	13	8.197	19	9.267	32
687	0.547	363	-1.891	599	-1.945	813	1.458	106	2.113	127	2.657	192
713	0.658	174	-2.000	616	-1.908	805	-1.578	889	-0.928	932	-0.550	1063
717	0.688	158	-1.431	511	-1.386	685	-1.114	793	-0.636	889	-0.197	1005
742	0.564	317	-2.211	647	-2.293	869	-2.167	980	-1.331	992	-0.645	1076
747	0.672	168	-1.327	482	-1.262	657	-0.664	701	-0.261	809	0.187	926
789	0.533	406	-1.513	523	-1.512	717	0.986	182	1.556	211	2.068	304
796	0.573	296	-1.931	608	-1.888	800	-1.822	931	-1.305	991	-0.461	1050
802	0.570	309	-1.817	580	-1.814	778	-1.093	788	-0.692	897	-0.317	1032
813	0.531	413	-7.985	1095	-1.008	611	-0.789	729	1.730	176	2.486	224

续表

企业编号	2015年	排序	2015—2016年	排序	2015—2017年	排序	2015—2018年	排序	2015—2019年	排序	2015—2020年	排序
825	0.344	1176	-11.171	1158	-12.120	1318	-13.268	1359	-11.656	1361	-1.704	1188
829	0.671	170	-1.555	532	-1.487	707	-0.700	707	-0.096	765	0.384	886
844	0.584	279	-1.283	470	-1.275	660	-0.941	758	-0.668	894	-0.163	995
850	0.355	1134	-14.435	1206	-5.812	1180	-6.162	1254	-6.605	1307	-4.502	1325
884	0.330	1223	-1.068	432	-1.069	627	1.952	73	2.376	108	2.635	203
909	0.789	87	-0.809	345	-0.524	473	-0.110	532	1.067	347	2.142	282
910	0.382	1024	-4.740	932	-3.565	1017	-2.606	1028	-2.301	1101	-1.363	1155
915	0.338	1202	-0.853	363	-0.729	534	-0.247	576	0.479	585	0.998	465
916	0.790	83	-0.647	309	-0.372	426	0.180	432	1.804	163	2.327	244
918	0.580	285	-2.207	646	-0.749	540	-0.310	593	0.046	729	0.465	863
945	0.561	325	-0.988	407	-0.907	581	-0.522	666	-0.237	805	0.357	893
951	0.340	1191	-63.855	1333	-21.222	1355	-2.908	1056	-2.216	1091	-2.125	1226
956	0.532	408	-29.216	1290	-1.038	620	0.908	201	1.840	158	2.635	201
959	0.709	134	-0.262	190	0.501	143	1.005	174	1.988	142	2.699	185
979	0.329	1227	-2.752	717	-1.162	640	-0.414	633	1.145	313	1.915	337
985	0.377	1040	-14.038	1201	-10.389	1306	-8.898	1319	-9.521	1350	-1.451	1164
994	16.562	1	12.986	2	13.736	2	14.433	3	15.072	6	15.927	12

续表

企业编号	2015 年	排序	2015—2016 年	排序	2015—2017 年	排序	2015—2018 年	排序	2015—2019 年	排序	2015—2020 年	排序
999	0.406	909	-4.554	916	-4.955	1129	-4.951	1204	-4.029	1228	-3.008	1271
1014	0.404	923	-4.637	926	-5.046	1137	-5.423	1231	-2.779	1148	-2.674	1255
1015	0.496	509	-2.824	730	-3.080	969	4.807	22	5.368	30	6.083	52
1038	0.375	1060	-163.005	1363	-8.000	1259	-3.433	1109	-3.426	1197	-1.619	1180
1054	0.444	721	-4.196	882	-4.871	1123	-5.354	1228	-5.576	1286	-2.331	1239
1064	0.698	144	-0.778	336	-0.293	400	0.063	468	0.483	583	1.022	678
1074	0.504	495	-2.434	675	-2.306	873	-1.322	838	1.902	151	2.659	191
1076	0.657	175	-2.071	628	-2.081	836	-1.830	932	-0.273	813	0.236	917
1079	0.406	916	-5.418	972	-6.032	1192	-6.541	1263	-5.768	1293	-4.166	1317
1099	1.238	18	0.096	93	1.820	35	2.967	36	4.329	41	5.157	60
1130	1.120	32	6.270	6	7.580	8	9.197	10	10.947	12	21.435	7
1131	0.495	513	-1.122	439	-0.610	500	0.455	325	1.556	212	2.263	258
1138	0.378	1035	-11.138	1157	-13.170	1325	-11.573	1349	-12.216	1364	-13.015	1377
1139	0.454	671	-0.922	379	-0.523	472	1.422	108	1.941	147	2.469	228
1144	0.583	280	-1.159	444	-0.664	509	-0.262	579	0.097	714	0.478	860
1151	0.443	726	-4.670	928	-5.414	1160	-2.941	1061	-2.908	1155	-2.511	1246
1158	0.326	1235	-6.797	1047	-4.428	1086	-3.831	1142	-3.101	1173	-3.069	1276

第七章 基于熵值法和三次差异驱动对企业家精神的测量研究　147

续表

企业编号	2015年	排序	2015—2016年	排序	2015—2017年	排序	2015—2018年	排序	2015—2019年	排序	2015—2020年	排序
1167	0.771	98	-2.150	636	-1.681	752	-1.322	839	-0.647	891	1.394	523
1182	0.562	324	-0.804	343	-0.624	503	-0.125	536	0.256	662	0.685	795
1187	0.587	275	-2.067	624	-2.096	840	-2.065	962	-0.293	820	0.509	847
1205	0.352	1148	-20.544	1258	-23.712	1360	-16.023	1367	-7.822	1328	-1.900	1208
1226	0.268	1319	-0.958	394	-0.926	585	2.225	63	2.631	88	3.351	119
1232	0.375	1058	-21.591	1265	-24.655	1364	-26.684	1376	-9.102	1347	-6.741	1354
1254	0.364	1106	-7.103	1061	-7.812	1255	-8.748	1316	-8.214	1334	-4.037	1311
1260	0.389	996	-6.501	1028	-7.679	1248	-3.052	1075	-3.124	1176	-3.087	1278
1269	0.480	572	-45.332	1320	-1.870	791	0.805	220	1.357	256	1.925	336
1273	0.601	250	-1.605	546	-0.833	563	-0.542	673	-0.238	806	0.207	923
1276	0.620	216	-0.703	323	-0.438	441	0.008	488	0.385	614	0.819	759
1313	0.589	273	-0.794	340	-0.600	493	-0.243	572	0.574	550	1.079	654
1324	0.336	1211	-22.926	1274	-5.488	1167	-6.093	1252	-2.397	1109	-1.211	1136
1326	0.351	1154	-6.923	1050	-8.179	1264	-3.275	1095	-1.892	1056	-1.695	1187
1362	0.411	882	-4.381	897	-4.324	1079	-4.673	1191	-3.702	1215	-3.688	1306

注：因篇幅限制，仅筛选100家企业进行展示。

第四节 本章小结

在对中国1378家企业企业家精神的评价研究中，根据现有研究文献和对样本企业发展数据的分析，构建了以创新能力、创业能力、成长能力和经营能力为一级指标，包括13个二级指标的评价体系，运用熵值法确定了各指标权重，并最终测算出1378家科技型企业的企业家精神评价值，得出以下结论。

（1）在科技型企业企业家精神的评价指标体系中，创业能力和创新能力所占权重值比较大。主要是因为创业性和创新性是企业家精神的灵魂内涵，而企业家精神的创新性和创业性也为企业的后续发展提供足够的动力，因此企业家精神也表现在企业的成长能力上，而企业成长的具体表现主要体现在企业的财务数据中。另外，本章对企业家精神的测量是立足具体的企业发展层面，而企业家的能力更多体现在为企业带来的效益，因此主要体现在经营能力上。所以在权重值的结果中，创新能力和创业能力的权重比较大，其次是成长能力，最后是经营能力。其中，企业家精神的创业能力主要表现在识别能力和开创能力上，创新能力主要表现在制度创新能力和研发资金投入上，所占比重比较大。这说明企业家识别能力、开创能力、制度创新能力和研发资金投入是评价一个企业是否具有良好企业家精神的重要依据，成长能力主要表现在营业收入增长率和营业利润率上，经营能力主要体现在每股经营现金流上。本章在企业家精神的指标选取上存在一定的局限性，对于一些经济发展数据没有进行净化处理，没有剔除企业发展的外部环境和受企业重大事故影响的数据，在样本选择上也存在一些问题，需要对所选样本企业进行逐次筛选。譬如，剔除一些创立时间较短、创新能力较低、尚未形成企业家精神的企业。

（2）本章所选1378家样本企业的企业家精神发展情况总体上处于良好态势，评价值集中分布在区间 [0.3，0.9]。此外，处于优秀区域大于0.9的有73家，充分发挥了企业家精神促进其成长与发展，但仍有很大的成长进步空间；评价值处在0.3以下的公司有16家，企业家精神处于比较差的发展水平，企业缺乏对企业家能力的培养和企业家精神的发展，所以在企业未来的发展规划中，应注重对企业家能力的培养，提高企业家的市场投资和研究能力，学会在市场发展的不确定性中分析出市场的发展动态和机遇，提高市场竞争力，激发企业家的创业活力。同时加强对中层管理人员的培育，增加企业的研发投入，进一步提高企业家的创新能力。因此在之后对企业家精神的研究中，可以针对企业家精神的内在因素的作用机制展开研究，通过对企业家精神创新性、创业性、成长性和经营性的作用机制分析，进一步探索企业家精神的发展。

（3）熵值法和三次差异驱动的分析结果在整体上具有一致性，但出现了一定程度的调整，说明与熵值法表现出的局部差异性相比，二次差异驱动能够利用时间贴现因子凸显科技型上市企业企业家精神在时间上的差异性，三次差异驱动利用能量消耗凸显企业家精神的整体波动性和差异性。因此，本章的创新点和理论贡献主要有如下四点。一是把抽象化的企业家精神与具体企业相结合，构建了以创新能力、创业能力、成长能力和经营能力为核心的科技型企业的企业家精神评价指标体系，完善了企业家精神的评价理论。二是摒弃传统的定性研究方法，利用熵值法和差异驱动对科技型企业的企业家精神进行定量分析，满足多重指标权重的客观性和科学性，解决企业家精神在时间上的整体差异性问题，为企业家精神的研究提供了科学的评价思路和方法。三是通过两种评价方法的验证性分析，发现差异驱动理论能够解决评价对象在时间序列上出现的差异性和波动性问题，证明了该模型的科学性和合理性。四是根据科技型企业的企业家精神静态测度结果和三次差异驱动下各时间段内企业家精神的评价结果，将科技型企业的企业家精神划分为明星型、幼童型、金牛型和瘦狗型，并根据四种企业家精神的发展类型提出相应的对策与建议，以促进科技型企业企业家精神的有效发展。

通过对科技型上市企业的企业家精神评价，为科技型上市企业促进企业家精神的发展提供了相关的管理启示。第一，通过评估科技型上市企业企业家精神的各维度发展情况，分析了企业家精神内部的发展弱点，有效加强薄弱环节的管理，促进科技型上市企业企业家精神内部发展的协调性。第二，根据科技型上市企业企业家精神的发展类型，有针对性地完善企业发展战略，调整企业发展模式，加强企业创新创业管理，重点培育企业人才，增强创新型人才培养，促进科技型上市企业企业家精神的全面发展。第三，通过对科技型上市企业企业家精神的测量，了解各企业家精神的具体发展情况，实现对企业家精神的精准定位；有利于企业家选择与自身发展相适的企业进行交流与合作，从而进一步实现企业家精神的协调发展，为营造健康的企业家成长环境和激发、保护企业家精神提供科学的理论依据。

第 八 章

模糊奖惩视角下具有变化速度特征的企业家精神测量研究

前文利用熵值法对企业家精神的评价指标体系进行了客观分析,探讨了各指标对企业家精神贡献度的大小,并利用具有时间贴现因子和能量消耗特征的三次差异驱动模型对企业家精神进行动态分析,解决了企业家精神在连续时间上的发展波动性问题。但企业家精神的概念具有抽象性和模糊性,导致其在连续时间上的发展不仅具有波动性,更有不确定性和模糊性,因此为了提高企业家精神测度过程中的灵活性,以及测量结果的准确性和合理性,本书基于模糊数学和激励奖惩理论,在前文构建了模糊奖惩视角下具有变化速度特征的企业家精神动态综合测度模型,并在本章对企业家精神进行测度分析。

第一节 基于突变级数的企业家精神的静态评价

根据熵值法的计算结果,可知企业家精神各维度的突变类型,具体结果如表 8-1 所示。

表 8-1　　企业家精神各维度的突变类型

一级指标	二级指标	权重	排名	一级指标	二级指标	权重	排名
创业能力 （燕尾突变）	识别能力	0.1221	1	创新能力 （蝴蝶突变）	制度创新能力	0.1657	1
	开创能力	0.1145	2		研发资金投入	0.1061	2
	销售能力	0.0426	3		研发人力投入	0.0733	3
					知识产权资本	0.0172	4
成长能力 （燕尾突变）	营业收入增长率	0.1444	1	经营能力 （燕尾突变）	每股经营现金流	0.0479	1
	营业利润率	0.0718	2		净资产收益率	0.0455	2
	净利润增长率	0.0118	3		股东利润	0.0371	3

根据表 8-1 企业家精神各维度的突变类型，结合突变级数的运算方法，采取互补性控制变量取平均值的原则，利用各突变系统的归一公式逐步向上综合，可计算出 1378 家科技型上市企业的企业家精神，结果如表 8-2 所示。

表 8-2　　科技型中小企业企业家精神的静态测量结果

企业编号	2015 年	2016 年	2017 年	2018 年	2019 年	2020 年	综合	排序
29	1.00364	1.10960	1.12431	1.44704	1.25767	1.54676	1.24817	1369
31	1.47063	1.41069	1.53768	1.64601	1.72753	1.79701	1.59826	126
34	1.37879	1.50982	1.77203	1.75996	1.86236	1.90472	1.69795	10
54	1.28840	1.40407	1.47925	1.49747	1.53688	1.66174	1.47797	547
71	1.19011	1.22678	1.32599	1.37382	1.40816	1.57870	1.35059	1252
81	1.45983	1.56638	1.59774	1.70241	1.73326	1.65117	1.61847	83
83	1.07402	1.04282	1.00471	1.52773	1.31311	1.63505	1.26624	1360
84	1.91155	1.74834	1.71230	1.70859	1.78476	1.90980	1.79589	2
96	1.16881	1.19701	1.19755	1.45611	1.52981	1.50765	1.34282	1276
109	1.86623	1.82352	1.70262	1.68887	1.79439	1.73221	1.76797	5
112	1.27390	1.31969	1.41302	1.45717	1.52084	1.57709	1.42695	873
135	1.75146	1.61612	1.66577	1.80996	1.73534	1.60516	1.69730	11
168	1.31517	1.34627	1.47461	1.52664	1.58684	1.62396	1.47891	542
178	1.43127	1.49331	1.51501	1.59488	1.66079	1.94915	1.60740	108

续表

企业编号	2015 年	2016 年	2017 年	2018 年	2019 年	2020 年	综合	排序
184	1.32116	1.36979	1.42924	1.48396	1.56518	1.64621	1.46926	596
202	1.61666	1.38557	1.69607	1.58993	1.63941	1.63308	1.59345	139
217	1.34117	1.40822	1.47840	1.52398	1.55969	1.70935	1.50347	404
249	1.30115	1.39574	1.50040	1.55283	1.57004	1.67441	1.49910	428
265	1.31892	1.40003	1.44480	1.48216	1.52420	1.66908	1.47320	578
300	1.56208	1.98863	1.27105	1.34498	1.62490	1.79300	1.59744	127
311	1.30036	1.36211	1.43784	1.28279	1.54186	1.63171	1.42611	878
349	1.28902	1.31918	1.39595	1.46424	1.49691	1.58869	1.42566	881
359	1.11633	1.20116	1.21360	1.48949	1.53845	1.60162	1.36011	1227
365	1.30026	1.36898	1.46699	1.55866	1.55982	1.62387	1.47976	533
379	1.46434	1.30477	1.51852	1.62221	1.78529	1.85768	1.59214	141
387	1.44250	1.49956	1.56415	1.68310	1.74605	1.92168	1.64284	44
388	1.58552	1.57708	1.56699	1.61870	1.71590	2.01928	1.68058	16
396	1.34659	1.38312	1.47500	1.56451	1.59325	1.65195	1.50240	411
451	1.45515	1.53373	1.58133	1.73670	1.44396	1.71276	1.57727	165
467	1.31856	1.37235	1.45014	1.53964	1.57481	1.62540	1.48015	531
489	1.40395	1.33150	1.46603	1.53455	1.56517	1.64652	1.49129	471
502	1.37982	1.21168	1.44139	1.51589	1.52763	1.53383	1.43504	825
506	1.27825	1.32104	1.38776	1.46845	1.52155	1.58088	1.42632	877
545	1.37435	1.35730	1.42854	1.52685	1.54585	1.64230	1.47920	537
549	1.29767	1.29585	1.41486	1.46103	1.52898	1.57276	1.42852	865
551	1.48724	1.54993	1.58704	1.69707	1.59907	1.62193	1.59038	144
558	1.51839	1.61400	1.63482	1.76515	1.78022	1.69953	1.66869	22
569	1.16982	1.15989	1.30561	1.46123	1.44497	1.53225	1.34563	1267
587	1.41478	1.32286	1.75653	1.66638	1.68198	1.83446	1.61283	98
589	1.36141	1.50490	1.58243	1.72597	1.72198	1.84821	1.62415	70
591	1.39373	1.54867	1.61967	1.69434	1.52038	1.62478	1.56693	198
601	1.31423	1.37042	1.44226	1.51884	1.49128	1.68062	1.46961	595
603	1.35471	1.38547	1.45174	1.52631	1.59267	1.67284	1.49729	439
609	1.34048	1.38643	1.35372	1.55732	1.62191	1.65837	1.48637	497
614	1.24522	1.08542	1.31192	1.34728	1.52121	1.60996	1.35350	1242

续表

企业编号	2015年	2016年	2017年	2018年	2019年	2020年	综合	排序
625	1.23688	1.16203	1.33894	1.43156	1.47796	1.58918	1.37276	1182
649	1.28510	1.38106	1.45291	1.49950	1.57770	1.65199	1.47471	568
674	1.45170	1.49875	1.53262	1.72405	1.76432	1.86592	1.63956	48
680	1.53106	1.50904	1.74437	1.62084	1.54814	1.61336	1.59447	135
683	1.59585	1.60010	1.68695	1.75003	2.04839	2.42258	1.85065	1
685	1.41311	1.44268	1.54709	1.64408	1.86193	1.75205	1.61016	106
706	1.30532	1.35435	1.46244	1.53287	1.55850	1.62092	1.47240	582
732	1.44289	1.47685	1.57365	1.71727	1.78711	1.89504	1.64880	38
739	1.42650	1.49596	1.57706	1.67921	1.75679	1.88391	1.63657	52
790	1.44542	1.41380	1.59663	1.69497	1.75324	1.80114	1.61753	84
796	1.40252	1.44897	1.55480	1.64578	1.70270	1.81773	1.59542	132
799	1.32358	1.38606	1.47704	1.53746	1.58468	1.65290	1.49362	461
805	1.24495	1.40505	1.48509	1.53585	1.55586	1.65601	1.48047	529
808	1.48362	1.60744	1.67460	1.67350	1.68974	1.67751	1.63440	57
823	1.49470	1.53153	1.71286	1.75211	1.84166	1.96812	1.71683	8
837	1.46620	1.34648	1.66380	1.71777	1.74866	1.80250	1.62423	69
840	1.30850	1.47272	1.48648	1.73432	1.84117	1.89609	1.62321	72
858	1.50257	1.42132	1.70856	1.62788	1.87651	1.88247	1.66989	21
870	1.20053	1.11127	1.32972	1.39521	1.42195	1.56019	1.33648	1285
887	1.37344	1.44464	1.61119	1.66681	1.70749	1.88254	1.61435	91
888	1.47257	1.51988	1.61160	1.70271	1.71483	1.63171	1.60888	107
889	1.41455	1.33064	1.60126	1.72361	1.71275	1.78056	1.59390	137
890	1.21594	1.28768	1.36410	1.23990	1.44956	1.66556	1.37046	1190
899	1.53700	1.42203	1.61989	1.71908	1.62335	1.88402	1.63423	58
904	1.33664	1.47699	1.56010	1.67245	1.77357	1.93249	1.62537	68
914	1.47757	1.56134	1.69160	1.82101	1.81188	1.96811	1.72192	7
921	1.31620	1.49028	1.62920	1.65771	1.95312	1.87377	1.65338	34
923	1.44633	1.47693	1.58866	1.83226	1.78958	1.84145	1.66254	27
939	1.51570	1.37310	1.58395	1.67921	1.71749	1.82078	1.61504	88
941	1.43806	1.48336	1.59495	1.72169	1.75609	1.87519	1.64489	40
945	1.33634	1.40699	1.47798	1.50063	1.56725	1.70510	1.49905	429

续表

企业编号	2015年	2016年	2017年	2018年	2019年	2020年	综合	排序
946	1.52945	1.58706	1.71789	1.65534	1.88742	1.97282	1.72500	6
968	1.32911	1.36818	1.46044	1.55867	1.56714	1.62656	1.48502	507
1037	1.02620	1.10901	1.14366	1.43287	1.45509	1.71128	1.31302	1318
1068	1.48615	1.34628	1.75954	1.73274	1.53055	1.57119	1.57107	180
1089	1.31429	1.35361	1.44559	1.50557	1.56213	1.63854	1.46995	593
1119	1.03860	1.21546	1.26973	1.32788	1.37883	1.71174	1.32371	1305
1130	1.63056	1.57931	1.70907	1.61558	1.65867	1.76010	1.65888	30
1150	1.36533	1.40891	1.52737	1.75995	1.80214	1.84719	1.61848	82
1172	1.11499	1.19033	1.23552	1.56092	1.56930	1.57391	1.37416	1170
1178	1.32538	1.36939	1.44634	1.50807	1.58757	1.63652	1.47888	544
1184	1.08437	1.14811	1.20527	1.29967	1.23156	1.55362	1.25377	1368
1193	1.17314	1.23896	1.26285	1.45153	1.48787	1.59827	1.36877	1200
1194	1.42176	1.53896	1.59598	1.69696	1.76220	1.90794	1.65397	33
1196	1.12086	1.23394	1.22843	1.22440	1.32431	1.61631	1.29138	1343
1204	1.39687	1.80756	1.65260	1.67345	1.80504	1.64337	1.66315	25
1220	1.14388	1.21066	1.24458	1.44644	1.47763	1.55910	1.34705	1262
1231	1.47258	1.56524	1.59960	1.68238	1.69226	1.60740	1.60324	114
1243	1.32052	1.34768	1.43405	1.50991	1.57517	1.62291	1.46837	600
1253	1.31164	1.38733	1.45283	1.48675	1.56553	1.64666	1.47512	567
1292	1.01821	1.12347	1.40814	1.47735	1.23354	1.59284	1.30892	1323
1317	1.48666	1.55802	1.63845	1.77660	1.53167	1.72981	1.62020	79
1335	1.51689	1.56818	1.62558	1.54874	1.59079	1.65324	1.58391	154
1352	1.33460	1.37133	1.43206	1.52969	1.56520	1.64185	1.47912	539
1370	1.32157	1.37974	1.42388	1.53278	1.59724	1.65477	1.48499	508
均值	1.31838	1.36391	1.43288	1.50458	1.53946	1.61827	1.46291	—

注：因篇幅限制，仅筛选100家企业进行展示。

由静态测度结果可知，各科技型上市企业企业家精神的静态测度值在时间截面上的变化无法确定，时而上升，时而下降，呈现出动荡的变化趋势；不同科技型上市企业的企业家精神静态测度值在相同的时间或者年份内的变化趋势呈现出不同的变化特点；各科技型上市企业企业家精神的静态测度值基本处在一定的范围内。2015—2020 年,编号为 84、109、683、823、946 等的科技型上市企业企业家精神的静态评价值比较高,测度结果主要集中于 1.72—1.85,处于比较高的水平,主要是企业家精神的发展基础较好,从而使其静态测度值处于比较高的状态,进一步促使其快速成长与发展;而编号为 29、96、614、1037、1184、1292 等的科技型上市企业企业家精神的静态评价值偏低,测度结果主要集中于 1.25—1.35,处于比较低的水平,主要是企业的发展时间较短,企业家精神的发展基础不足,从而使企业家精神的综合静态测度值较低,促使其努力改变目前状况,为后文探讨企业家精神在发展过程中的奖惩提供了相应的基础。

第二节　基于变化速度和模糊奖惩的企业家精神动态测量

一　变化速度分析

通过对科技型中小企业企业家精神的静态测度结果的分析可知,科技型上市企业的企业家精神一直处于波动的变化发展中,为了进一步了解企业家精神的发展变动情况,在企业家精神的静态测量基础上引入变化速度特征,由式（6-13）计算得到具有变化速度特征的企业家精神测量结果值。

科技型上市企业企业家精神的发展变化速度有正值和负值,说明受自身发展能力和外部环境的影响,企业家精神的发展呈现出不同的变化趋势和发展状态,正值表示企业家精神在该时间区间内处于一种上升的变化发展状态,负值表明企业家精神在该时间区间内处于一种下降的变化发展状态。企业家精神整体处于上升的变化发展中,其中 2019—2020 年上升状态的变化发展比较大,其次是 2017—2018 年、2016—2017 年、2015—2016 年、2018—2019 年,其中 2018—2019 年处于下降的变化发展状态,且企业间的这种下降式变化差异性比较大、波动性比较强。从均值上看,企业家精神的变化速度大多处于正值,说明企业家精神在连续时间序列上整体处于一种向上变化发展的状态。

第八章 模糊奖惩视角下具有变化速度特征的企业家精神测量研究

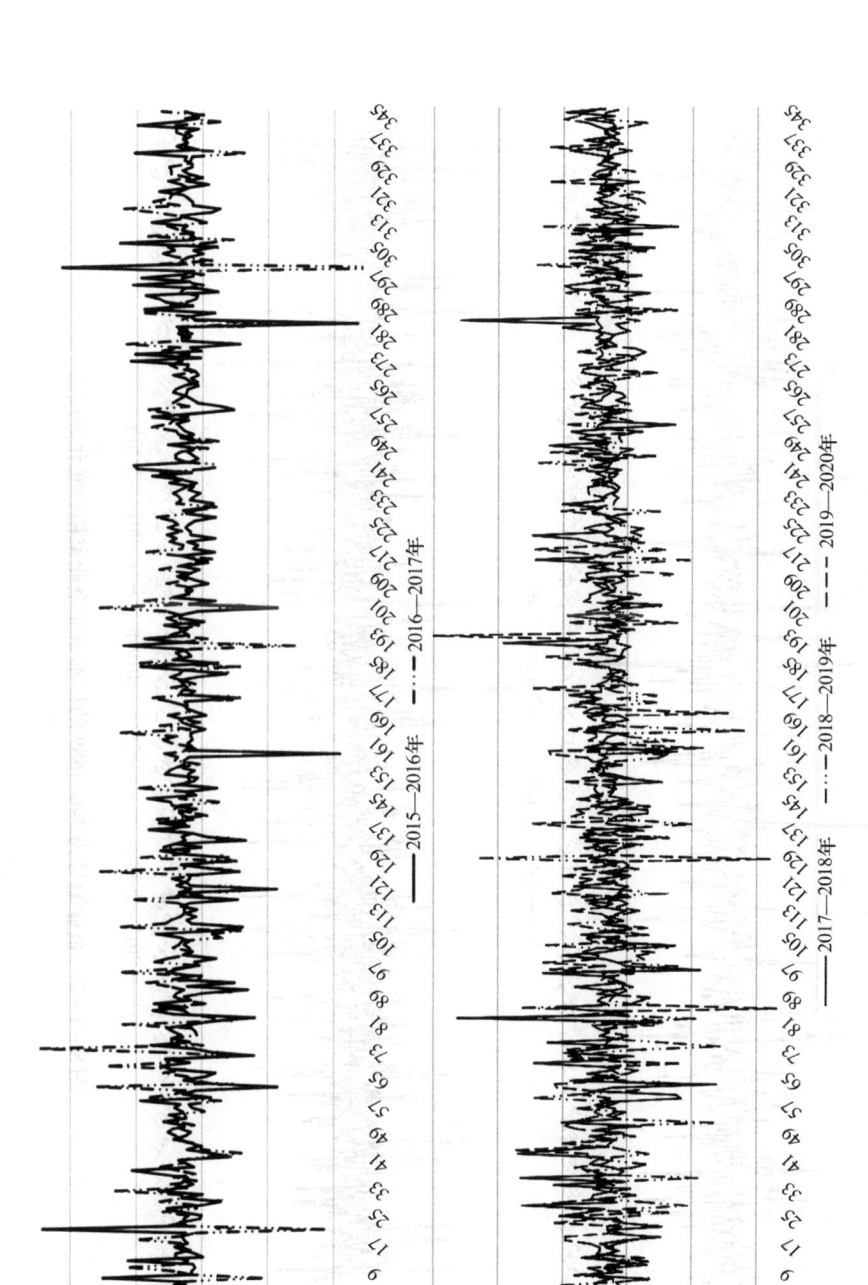

图 8-1-1 企业编号为 1—345 的样本企业家精神变化速度值

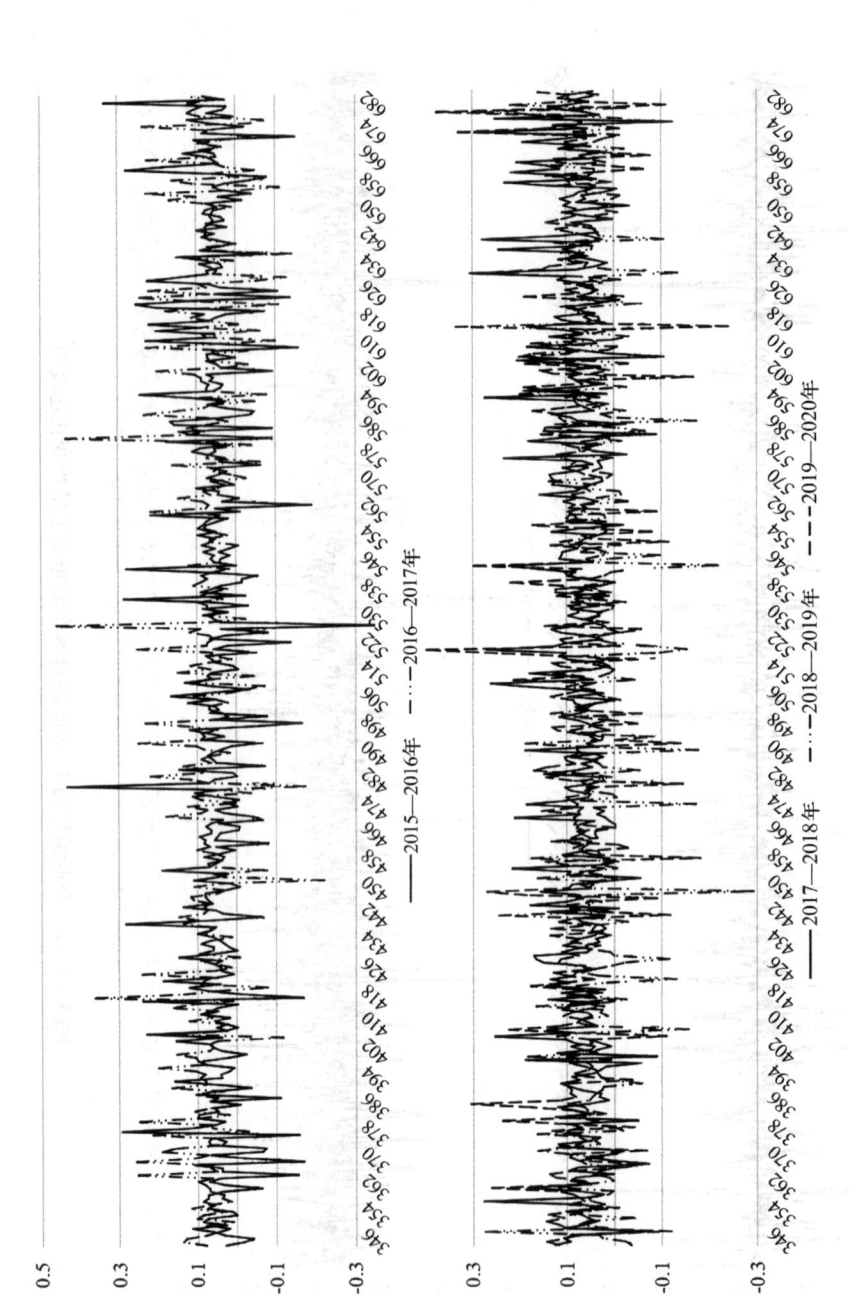

图 8-1-2 企业编号为 346—689 的样本企业企业家精神变化速度值

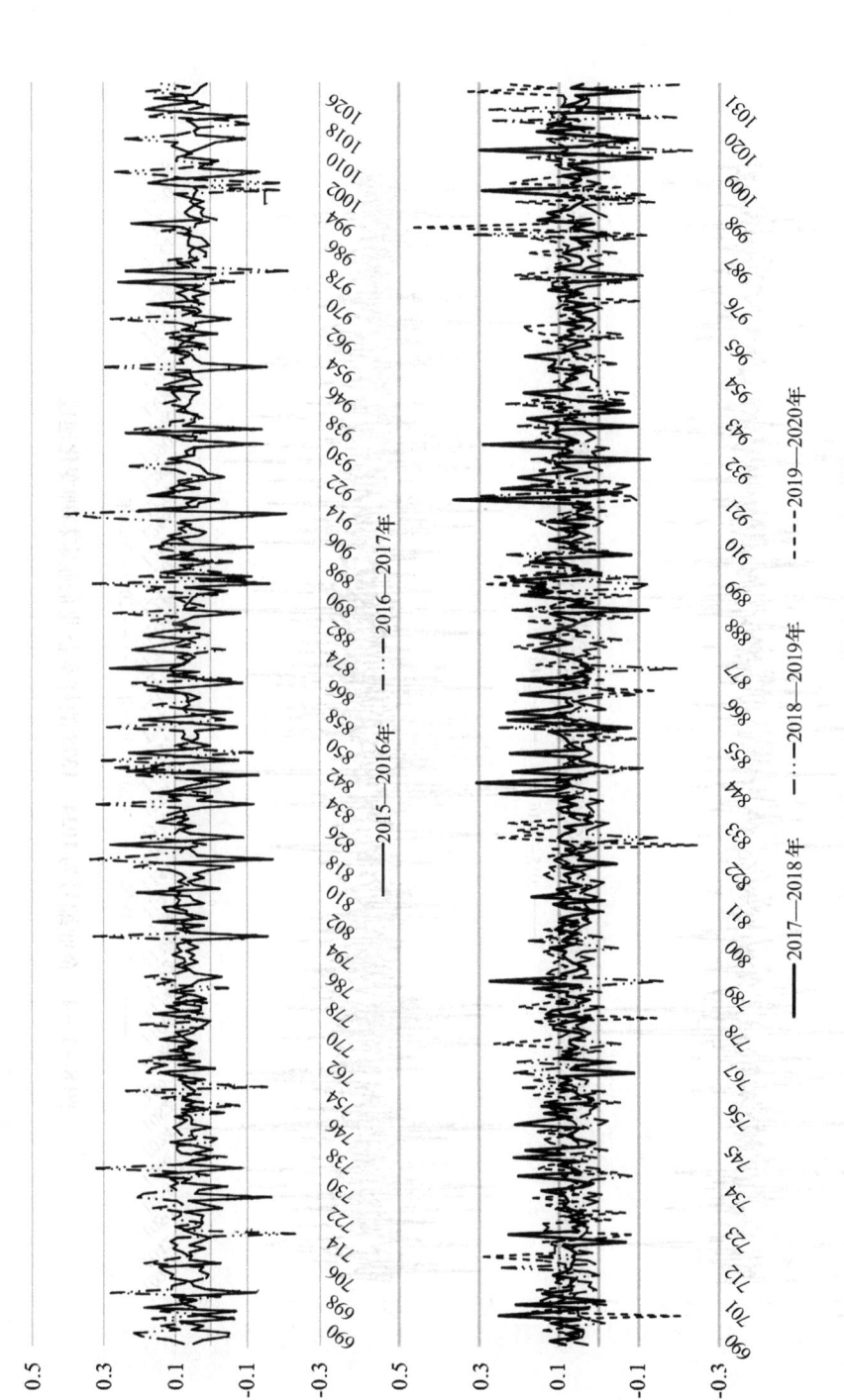

图 8-1-3 企业编号为 690—1033 的样本企业企业家精神变化速度值

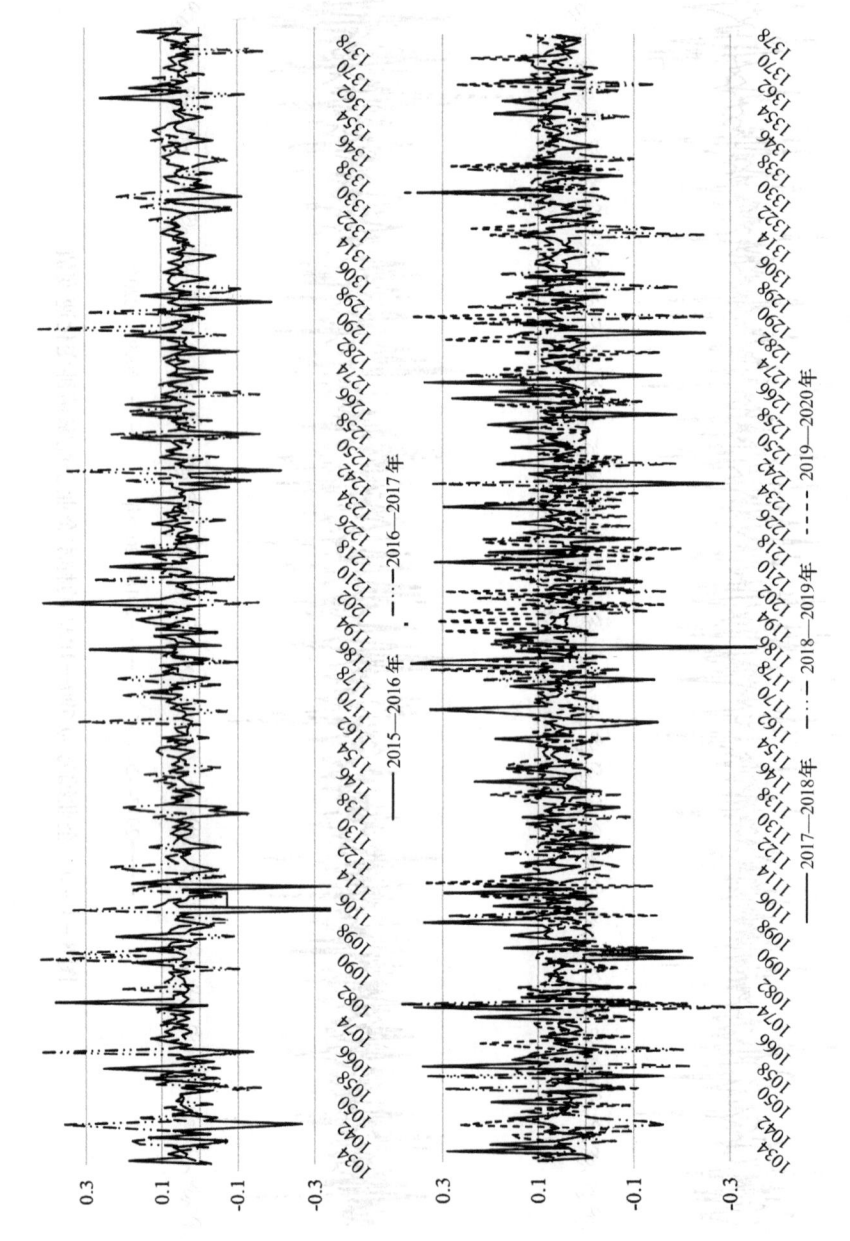

图 8-1-4 企业编号为 1034—1378 的样本企业企业家精神变化速度值

表 8-3　　　　　　　科技型中小企业企业家精神的速度变化值

企业编号	2015—2016年	2016—2017年	2017—2018年	2018—2019年	2019—2020年	2015—2017年	2016—2018年	2017—2019年	2018—2020年
29	0.10596	0.01471	0.32273	-0.18937	0.28909	0.12067	0.33744	0.13336	0.09972
31	-0.05994	0.12699	0.10833	0.08152	0.06949	0.06705	0.23532	0.18985	0.15100
34	0.13103	0.26221	-0.01207	0.10240	0.04236	0.39325	0.25014	0.09033	0.14476
54	0.11567	0.07518	0.01822	0.03941	0.12486	0.19085	0.09340	0.05762	0.16427
71	0.03667	0.09921	0.04783	0.03434	0.17055	0.13589	0.14704	0.08216	0.20489
81	0.10655	0.03136	0.10467	0.03085	-0.08209	0.13791	0.13603	0.13552	-0.05124
83	-0.03120	-0.03810	0.52302	-0.21462	0.32194	-0.06931	0.48492	0.30840	0.10731
84	-0.16321	-0.03604	-0.00371	0.07617	0.12505	-0.19925	-0.03976	0.07246	0.20122
96	0.02820	0.00054	0.25856	0.07371	-0.02216	0.02874	0.25910	0.33226	0.05154
109	-0.04271	-0.12089	-0.01375	0.10552	-0.06218	-0.16360	-0.13464	0.09177	0.04334
112	0.04579	0.09332	0.04416	0.06367	0.05625	0.13911	0.13748	0.10783	0.11992
135	-0.13534	0.04965	0.14418	-0.07462	-0.13017	-0.08568	0.19384	0.06956	-0.20479
168	0.03110	0.12834	0.05203	0.06020	0.03712	0.15944	0.18037	0.11223	0.09732
178	0.06204	0.02170	0.07987	0.06591	0.28836	0.08374	0.10157	0.14578	0.35427
184	0.04863	0.05945	0.05472	0.08122	0.08103	0.10808	0.11417	0.13594	0.16225
202	-0.23108	0.31050	-0.10615	0.04948	-0.00633	0.07942	0.20435	-0.05666	0.04315
217	0.06705	0.07018	0.04559	0.03571	0.14966	0.13723	0.11577	0.08129	0.18537
249	0.09459	0.10466	0.05243	0.01721	0.10437	0.19925	0.15709	0.06964	0.12158
265	0.08110	0.04477	0.03736	0.04205	0.14487	0.12588	0.08213	0.07940	0.18692
300	0.42655	-0.71759	0.07394	0.27991	0.16811	-0.29104	-0.64365	0.35385	0.44802
311	0.06176	0.07573	-0.15505	0.25907	0.08985	0.13749	-0.07932	0.10402	0.34892
349	0.03016	0.07677	0.06828	0.03267	0.09178	0.10694	0.14506	0.10095	0.12446
359	0.08483	0.01243	0.27589	0.04896	0.06317	0.09727	0.28833	0.32486	0.11213
365	0.06872	0.09801	0.09167	0.00116	0.06405	0.16673	0.18968	0.09283	0.06521
379	-0.15957	0.21375	0.10370	0.16308	0.07238	0.05417	0.31744	0.26678	0.23547
387	0.05705	0.06460	0.11895	0.06294	0.17563	0.12165	0.18355	0.18189	0.23858
388	-0.00844	-0.01010	0.05171	0.09720	0.30338	-0.01853	0.04161	0.14891	0.40059
396	0.03653	0.09188	0.08951	0.02874	0.05870	0.12841	0.18139	0.11825	0.08744
451	0.07858	0.04760	0.15537	-0.29274	0.26880	0.12618	0.20297	-0.13737	-0.02394
467	0.05379	0.07779	0.08950	0.03517	0.05059	0.13158	0.16729	0.12467	0.08576
489	-0.07246	0.13453	0.06852	0.03062	0.08135	0.06208	0.20305	0.09914	0.11197
502	-0.16814	0.22971	0.07450	0.01175	0.00620	0.06157	0.30421	0.08625	0.01794

续表

企业编号	2015—2016年	2016—2017年	2017—2018年	2018—2019年	2019—2020年	2015—2017年	2016—2018年	2017—2019年	2018—2020年
506	0.04278	0.06672	0.08069	0.05310	0.05933	0.10951	0.14742	0.13379	0.11243
545	-0.01706	0.07124	0.09831	0.01900	0.09646	0.05418	0.16955	0.11731	0.11545
549	-0.00181	0.11901	0.04617	0.06794	0.04378	0.11720	0.16518	0.11411	0.11172
551	0.06269	0.03711	0.11003	-0.09800	0.02286	0.09980	0.14714	0.01203	-0.07513
558	0.09561	0.02082	0.13033	0.01507	-0.08069	0.11643	0.15114	0.14540	-0.06561
569	-0.00993	0.14572	0.15562	-0.01626	0.08728	0.13579	0.30135	0.13936	0.07101
587	-0.09192	0.43367	-0.09015	0.01560	0.15248	0.34175	0.34352	-0.07456	0.16808
589	0.14349	0.07754	0.14353	-0.00399	0.12623	0.22102	0.22107	0.13954	0.12224
591	0.15494	0.07100	0.07466	-0.17395	0.10440	0.22595	0.14567	-0.09929	-0.06956
601	0.05619	0.07184	0.07658	-0.02755	0.18934	0.12803	0.14841	0.04902	0.16179
603	0.03076	0.06627	0.07457	0.06636	0.08017	0.09703	0.14084	0.14093	0.14653
609	0.04595	-0.03271	0.20360	0.06459	0.03646	0.01324	0.17089	0.26820	0.10105
614	-0.15979	0.22650	0.03536	0.17393	0.08874	0.06670	0.26186	0.20929	0.26267
625	-0.07485	0.17691	0.09262	0.04639	0.11122	0.10206	0.26953	0.13902	0.15762
649	0.09595	0.07186	0.04658	0.07821	0.07429	0.16781	0.11844	0.12479	0.15250
674	0.04705	0.03387	0.19144	0.04027	0.10160	0.08092	0.22530	0.23171	0.14187
680	-0.02201	0.23533	-0.12353	-0.07271	0.06522	0.21332	0.11180	-0.19624	-0.00748
683	0.00426	0.08685	0.06308	0.29836	0.37419	0.09111	0.14993	0.36143	0.67255
685	0.02957	0.10441	0.09699	0.21785	-0.10988	0.13398	0.20140	0.31484	0.10798
706	0.04903	0.10809	0.07043	0.02564	0.06242	0.15712	0.17852	0.09606	0.08806
732	0.03396	0.09680	0.14362	0.06984	0.10794	0.13076	0.24042	0.21346	0.17777
739	0.06946	0.08110	0.10216	0.07758	0.12711	0.15056	0.18325	0.17974	0.20470
790	-0.03162	0.18283	0.09834	0.05827	0.04789	0.15121	0.28117	0.15661	0.10616
796	0.04644	0.10583	0.09098	0.05691	0.11503	0.15228	0.19682	0.14789	0.17194
799	0.06248	0.09098	0.06042	0.04722	0.06822	0.15346	0.15140	0.10764	0.11544
805	0.16010	0.08004	0.05075	0.02001	0.10015	0.24014	0.13079	0.07077	0.12017
808	0.12382	0.06716	-0.00110	0.01624	-0.01223	0.19098	0.06606	0.01514	0.00400
823	0.03684	0.18133	0.03924	0.08955	0.12647	0.21817	0.22057	0.12880	0.21602
837	-0.11972	0.31732	0.05397	0.03089	0.05384	0.19760	0.37129	0.08486	0.08473
840	0.16422	0.01376	0.24784	0.10686	0.05492	0.17797	0.26160	0.35470	0.16178
858	-0.08125	0.28724	-0.08068	0.24863	0.00596	0.20599	0.20656	0.16795	0.25459
870	-0.08926	0.21845	0.06549	0.02674	0.13823	0.12920	0.28394	0.09223	0.16498

续表

企业编号	2015—2016 年	2016—2017 年	2017—2018 年	2018—2019 年	2019—2020 年	2015—2017 年	2016—2018 年	2017—2019 年	2018—2020 年
887	0.07120	0.16655	0.05563	0.04068	0.17505	0.23775	0.22217	0.09631	0.21573
888	0.04731	0.09172	0.09112	0.01212	-0.08312	0.13903	0.18283	0.10323	-0.07101
889	-0.08392	0.27063	0.12235	-0.01086	0.06781	0.18671	0.39298	0.11149	0.05695
890	0.07173	0.07642	-0.12420	0.20966	0.21599	0.14816	-0.04777	0.08546	0.42565
899	-0.11498	0.19787	0.09919	-0.09574	0.26067	0.08289	0.29706	0.00345	0.16493
904	0.14035	0.08311	0.11235	0.10112	0.15892	0.22346	0.19547	0.21347	0.26004
914	0.08377	0.13026	0.12941	-0.00913	0.15623	0.21403	0.25967	0.12028	0.14710
921	0.17408	0.13892	0.02851	0.29541	-0.07935	0.31300	0.16743	0.32392	0.21606
923	0.03059	0.11174	0.24360	-0.04268	0.05187	0.14233	0.35534	0.20092	0.00919
939	-0.14260	0.21085	0.09526	0.03828	0.10329	0.06825	0.30611	0.13354	0.14157
941	0.04531	0.11158	0.12675	0.03440	0.11910	0.15689	0.23833	0.16114	0.15349
945	0.07064	0.07099	0.02265	0.06662	0.13785	0.14164	0.09364	0.08927	0.20447
946	0.05761	0.13083	-0.06255	0.23209	0.08540	0.18844	0.06828	0.16954	0.31748
968	0.03907	0.09226	0.09823	0.00846	0.05942	0.13133	0.19050	0.10670	0.06788
1037	0.08281	0.03465	0.28921	0.02221	0.25619	0.11746	0.32386	0.31142	0.27841
1068	-0.13986	0.41326	-0.02680	-0.20219	0.04064	0.27339	0.38646	-0.22899	-0.16155
1089	0.03932	0.09197	0.05998	0.05656	0.07641	0.13129	0.15195	0.11654	0.13297
1119	0.17686	0.05428	0.05815	0.05095	0.33291	0.23113	0.11243	0.10910	0.38386
1130	-0.05125	0.12976	-0.09349	0.04308	0.10144	0.07851	0.03627	-0.05041	0.14452
1150	0.04358	0.11846	0.23257	0.04220	0.04504	0.16204	0.35104	0.27477	0.08724
1172	0.07534	0.04519	0.32540	0.00837	0.00462	0.12053	0.37059	0.33377	0.01299
1178	0.04402	0.07695	0.06173	0.07950	0.04895	0.12097	0.13867	0.14123	0.12845
1184	0.06374	0.05716	0.09440	-0.06811	0.32206	0.12090	0.15156	0.02629	0.25394
1193	0.06582	0.02389	0.18868	0.03634	0.11040	0.08971	0.21257	0.22502	0.14674
1194	0.11720	0.05702	0.10098	0.06523	0.14575	0.17422	0.15800	0.16621	0.21098
1196	0.11308	-0.00551	-0.00403	0.09991	0.29200	0.10757	-0.00954	0.09588	0.39190
1204	0.41070	-0.15497	0.02086	0.13159	-0.16167	0.25573	-0.13411	0.15245	-0.03008
1220	0.06678	0.03391	0.20187	0.03119	0.08147	0.10070	0.23578	0.23305	0.11266
1231	0.09266	0.03436	0.08278	0.00988	-0.08486	0.12703	0.11714	0.09266	-0.07498
1243	0.02716	0.08637	0.07586	0.06526	0.04774	0.11353	0.16223	0.14112	0.11300
1253	0.07568	0.06550	0.03392	0.07879	0.08113	0.14119	0.09942	0.11270	0.15991
1292	0.10526	0.28467	0.06921	-0.24381	0.35931	0.38994	0.35388	-0.17460	0.11549

续表

企业编号	2015—2016年	2016—2017年	2017—2018年	2018—2019年	2019—2020年	2015—2017年	2016—2018年	2017—2019年	2018—2020年
1317	0.07136	0.08043	0.13815	−0.24493	0.19813	0.15179	0.21858	−0.10678	−0.04680
1335	0.05129	0.05740	−0.07684	0.04205	0.06245	0.10869	−0.01944	−0.03479	0.10450
1352	0.03674	0.06072	0.09763	0.03551	0.07665	0.09746	0.15835	0.13315	0.11216
1370	0.05817	0.04414	0.10890	0.06446	0.05753	0.10231	0.15304	0.17336	0.12199
均值	0.04553	0.06897	0.07171	0.03487	0.07881	0.11450	0.14068	0.10658	0.11369

注：因篇幅限制，仅筛选100家企业进行展示。

分析可知，编号为84、109、135、858等的科技型中小企业企业家精神的静态测度值处于较高水平，但是企业家精神的变化速度观测值较低，说明企业家精神在测量年份内发展速度较慢，处于一种较平稳的发展状态；编号为29、83、1037、1119等的科技型中小企业企业家精神的静态测度值较低，但其发展变化速度处于一种较高水平，说明企业家精神在测量时间内发展变化较大，处于快速发展状态，可能是这些企业在生产经营中更加注重对企业家精神的培养，增加了对创新研发的投入，使企业家精神得到了快速的成长；编号为34、683、732、914等的科技型中小企业的企业家精神不仅静态测度值处于一种较高水平的发展状况，其变化速度值也比较大，说明企业家精神一直处于良好的发展态势，且有很大的发展空间；部分企业家精神的变化速度值有时为正有时为负，说明这些企业的企业家精神处于一种波动性发展态势。由于变化速度的负值不利于模糊奖惩的测量，对上述结果进行修正。

二 模糊奖惩下变化速度的状态

根据模糊奖惩和变化速度的特性，不同时间段的企业家精神的模糊激励控制线是不同的。从式（6-15）可以看出，模糊激励控制线是根据各时段的变化速度值计算得出，$\lambda_1 = 0.83$，$\lambda_2 = 0.84$，$\lambda_3 = 0.88$，$\lambda_4 = 0.84$，$\lambda_5 = 0.87$，进一步根据式（6-16）至式（6-19）计算出各个时段样本企业的企业家精神在变化速度状态下的模糊奖惩值，结果如表8-4所示。

第八章　模糊奖惩视角下具有变化速度特征的企业家精神测量研究　　165

表 8-4　中小企业企业家精神变化速度的模糊奖惩值

企业编号	T1—T2 (2015—2017 年)			T2—T3 (2016—2018 年)			T3—T4 (2017—2019 年)			T4—T5 (2018—2020 年)		
	S +	S -	S0	S +	S -	S0	S +	S -	S0	S +	S -	S0
29	0.0323	0.0105	0.8176	0.1127	0.0111	0.8449	0.1072	0.0757	0.6838	0.0954	0.0748	0.6797
31	0.0367	0.0338	0.7630	0.0512	0.0000	0.8665	0.0307	0.0000	0.8643	0.0179	0.0002	0.8574
34	0.1489	0.0000	0.8478	0.0990	0.0377	0.7884	0.0264	0.0359	0.7828	0.0268	0.0117	0.8338
54	0.0525	0.0000	0.8429	0.0149	0.0249	0.8069	0.0000	0.0249	0.8039	0.0241	0.0003	0.8578
71	0.0282	0.0000	0.8397	0.0255	0.0136	0.8344	0.0000	0.0157	0.8253	0.0448	0.0025	0.8552
81	0.0327	0.0037	0.8326	0.0108	0.0037	0.8536	0.0108	0.0039	0.8531	0.0000	0.0563	0.7181
83	0.0000	0.0515	0.7139	0.2117	0.0339	0.7969	0.2038	0.0865	0.6639	0.1100	0.0809	0.6628
84	0.0000	0.0855	0.6148	0.0000	0.0599	0.7202	0.0152	0.0328	0.7882	0.0402	0.0000	0.8604
96	0.0000	0.0164	0.7980	0.0813	0.0167	0.8315	0.0980	0.0000	0.8681	0.0141	0.0353	0.7764
109	0.0000	0.0778	0.6404	0.0000	0.0864	0.6462	0.0278	0.0365	0.7816	0.0274	0.0483	0.7460
112	0.0296	0.0000	0.8400	0.0229	0.0151	0.8308	0.0100	0.0149	0.8289	0.0101	0.0059	0.8440
135	0.0039	0.0542	0.6991	0.0328	0.0000	0.8641	0.0276	0.0422	0.7649	0.0000	0.1005	0.5971
168	0.0387	0.0000	0.8410	0.0384	0.0120	0.8397	0.0086	0.0118	0.8358	0.0085	0.0136	0.8265
178	0.0134	0.0075	0.8209	0.0000	0.0076	0.8431	0.0111	0.0001	0.8617	0.1131	0.0000	0.8641

续表

企业编号	T1—T2 (2015—2017年)			T2—T3 (2016—2018年)			T3—T4 (2017—2019年)			T4—T5 (2018—2020年)		
	S+	S−	S0	S+	S−	S0	S+	S−	S0	S+	S−	S0
184	0.0161	0.0000	0.8379	0.0083	0.0107	0.8381	0.0177	0.0108	0.8396	0.0226	0.0000	0.8585
202	0.1156	0.0809	0.6432	0.1193	0.0678	0.7152	0.0038	0.0622	0.7056	0.0039	0.0297	0.7880
217	0.0287	0.0000	0.8399	0.0128	0.0144	0.8306	0.0000	0.0161	0.8246	0.0353	0.0019	0.8556
249	0.0563	0.0000	0.8433	0.0279	0.0118	0.8389	0.0000	0.0208	0.8140	0.0149	0.0095	0.8364
265	0.0238	0.0000	0.8392	0.0020	0.0175	0.8215	0.0009	0.0175	0.8213	0.0340	0.0000	0.8594
300	0.1539	0.0979	0.4027	0.0000	0.0765	0.4017	0.1097	0.0028	0.8644	0.1587	0.0000	0.8653
311	0.0288	0.0000	0.8399	0.0144	0.0736	0.6724	0.0940	0.0784	0.6796	0.1092	0.0000	0.8653
349	0.0157	0.0000	0.8378	0.0158	0.0051	0.8517	0.0000	0.0081	0.8424	0.0094	0.0031	0.8497
359	0.0231	0.0113	0.8142	0.0898	0.0119	0.8424	0.0947	0.0000	0.8677	0.0038	0.0029	0.8493
365	0.0417	0.0000	0.8416	0.0304	0.0000	0.8644	0.0050	0.0157	0.8257	0.0000	0.0181	0.8145
379	0.0734	0.0634	0.6903	0.0895	0.0000	0.8692	0.0657	0.0000	0.8677	0.0555	0.0000	0.8622
387	0.0219	0.0000	0.8389	0.0280	0.0000	0.8638	0.0272	0.0000	0.8637	0.0576	0.0000	0.8617
388	0.0000	0.0342	0.7565	0.0000	0.0313	0.7895	0.0246	0.0120	0.8378	0.1358	0.0000	0.8644
396	0.0250	0.0000	0.8392	0.0267	0.0000	0.8640	0.0041	0.0047	0.8503	0.0000	0.0095	0.8343
451	0.0239	0.0000	0.8392	0.0370	0.0000	0.8645	0.0306	0.0876	0.6131	0.0837	0.0917	0.6127

续表

企业编号	T1—T2 (2015—2017年)			T2—T3 (2016—2018年)			T3—T4 (2017—2019年)			T4—T5 (2018—2020年)		
	S+	S-	S0	S+	S-	S0	S+	S-	S0	S+	S-	S0
467	0.0263	0.0000	0.8395	0.0205	0.0000	0.8631	0.0041	0.0020	0.8561	0.0000	0.0102	0.8327
489	0.0398	0.0379	0.7533	0.0414	0.0051	0.8551	0.0000	0.0088	0.8407	0.0049	0.0039	0.8471
502	0.0804	0.0657	0.6847	0.0856	0.0025	0.8640	0.0000	0.0139	0.8292	0.0000	0.0362	0.7727
506	0.0167	0.0000	0.8380	0.0118	0.0000	0.8619	0.0059	0.0000	0.8610	0.0056	0.0046	0.8461
545	0.0131	0.0185	0.7955	0.0216	0.0000	0.8632	0.0080	0.0087	0.8420	0.0114	0.0087	0.8376
549	0.0338	0.0130	0.8119	0.0342	0.0144	0.8340	0.0119	0.0142	0.8310	0.0119	0.0110	0.8330
551	0.0138	0.0012	0.8349	0.0132	0.0012	0.8591	0.0127	0.0486	0.7447	0.0000	0.0654	0.6970
558	0.0278	0.0080	0.8224	0.0222	0.0081	0.8454	0.0221	0.0104	0.8402	0.0000	0.0617	0.7055
569	0.0455	0.0162	0.8062	0.0823	0.0000	0.8684	0.0332	0.0226	0.8138	0.0074	0.0221	0.8060
587	0.1794	0.0482	0.7433	0.1794	0.0658	0.7266	0.0000	0.0671	0.6956	0.0364	0.0102	0.8374
589	0.0662	0.0000	0.8443	0.0450	0.0000	0.8655	0.0279	0.0179	0.8239	0.0244	0.0178	0.8189
591	0.0685	0.0000	0.8445	0.0133	0.0023	0.8572	0.0000	0.0684	0.6819	0.0141	0.0670	0.6841
601	0.0247	0.0000	0.8393	0.0137	0.0015	0.8590	0.0000	0.0275	0.7970	0.0526	0.0270	0.8013
603	0.0114	0.0000	0.8371	0.0113	0.0024	0.8568	0.0113	0.0024	0.8568	0.0158	0.0000	0.8575
609	0.0065	0.0276	0.7725	0.0549	0.0290	0.8016	0.0672	0.0000	0.8669	0.0104	0.0139	0.8262

续表

企业编号	T1—T2 (2015—2017年)			T2—T3 (2016—2018年)			T3—T4 (2017—2019年)			T4—T5 (2018—2020年)		
	S+	S-	S0	S+	S-	S0	S+	S-	S0	S+	S-	S0
614	0.0791	0.0637	0.6906	0.0833	0.0193	0.8284	0.0589	0.0190	0.8268	0.0682	0.0000	0.8632
625	0.0585	0.0392	0.7533	0.0669	0.0000	0.8679	0.0083	0.0000	0.8612	0.0208	0.0000	0.8580
649	0.0422	0.0000	0.8417	0.0136	0.0140	0.8316	0.0163	0.0140	0.8320	0.0183	0.0000	0.8579
674	0.0071	0.0026	0.8308	0.0502	0.0027	0.8598	0.0504	0.0000	0.8655	0.0139	0.0000	0.8570
680	0.0861	0.0213	0.7992	0.0839	0.0705	0.7015	0.0000	0.1015	0.6003	0.0000	0.0426	0.7537
683	0.0198	0.0105	0.8152	0.0202	0.0073	0.8475	0.1183	0.0077	0.8546	0.2787	0.0000	0.8576
685	0.0276	0.0002	0.8392	0.0357	0.0000	0.8650	0.0883	0.0000	0.8692	0.0762	0.0636	0.7142
706	0.0375	0.0000	0.8410	0.0296	0.0042	0.8555	0.0000	0.0101	0.8380	0.0000	0.0092	0.8349
732	0.0260	0.0000	0.8394	0.0538	0.0000	0.8664	0.0416	0.0000	0.8652	0.0296	0.0000	0.8592
739	0.0346	0.0000	0.8407	0.0277	0.0000	0.8640	0.0261	0.0000	0.8638	0.0418	0.0000	0.8605
790	0.0618	0.0246	0.7892	0.0724	0.0000	0.8682	0.0159	0.0000	0.8624	0.0077	0.0093	0.8360
796	0.0354	0.0000	0.8407	0.0336	0.0000	0.8648	0.0121	0.0000	0.8619	0.0271	0.0000	0.8588
799	0.0359	0.0000	0.8409	0.0220	0.0084	0.8453	0.0031	0.0083	0.8424	0.0031	0.0008	0.8539
805	0.0750	0.0000	0.8451	0.0171	0.0124	0.8359	0.0000	0.0203	0.8150	0.0131	0.0083	0.8387
808	0.0525	0.0000	0.8430	0.0114	0.0318	0.7899	0.0000	0.0408	0.7668	0.0000	0.0409	0.7611

续表

企业编号	T1—T2 (2015—2017 年)			T2—T3 (2016—2018 年)			T3—T4 (2017—2019 年)			T4—T5 (2018—2020 年)		
	S+	S−	S0	S+	S−	S0	S+	S−	S0	S+	S−	S0
823	0.0653	0.0000	0.8438	0.0623	0.0175	0.8305	0.0212	0.0170	0.8262	0.0469	0.0000	0.8611
837	0.1221	0.0549	0.7218	0.1273	0.0118	0.8465	0.0000	0.0147	0.8277	0.0000	0.0106	0.8318
840	0.0582	0.0110	0.8198	0.0764	0.0113	0.8431	0.1087	0.0000	0.8687	0.0289	0.0065	0.8455
858	0.1090	0.0427	0.7513	0.1090	0.0602	0.7341	0.0910	0.0595	0.7335	0.0930	0.0269	0.8074
870	0.0769	0.0443	0.7434	0.0801	0.0065	0.8554	0.0000	0.0117	0.8344	0.0300	0.0056	0.8468
887	0.0741	0.0000	0.8448	0.0558	0.0106	0.8447	0.0003	0.0103	0.8376	0.0472	0.0000	0.8606
888	0.0296	0.0000	0.8400	0.0274	0.0000	0.8640	0.0048	0.0114	0.8354	0.0000	0.0634	0.7011
889	0.1011	0.0433	0.7489	0.1263	0.0000	0.8702	0.0184	0.0204	0.8169	0.0000	0.0210	0.8075
890	0.0335	0.0000	0.8406	0.0148	0.0670	0.6943	0.0723	0.0701	0.7003	0.1478	0.0000	0.8650
899	0.0672	0.0515	0.7228	0.0798	0.0000	0.8687	0.0081	0.0478	0.7459	0.0843	0.0504	0.7478
904	0.0673	0.0000	0.8444	0.0332	0.0000	0.8645	0.0413	0.0000	0.8655	0.0673	0.0000	0.8627
914	0.0631	0.0000	0.8439	0.0625	0.0000	0.8673	0.0216	0.0198	0.8188	0.0378	0.0199	0.8158
921	0.1094	0.0000	0.8471	0.0429	0.0215	0.8193	0.1159	0.0225	0.8236	0.1129	0.0565	0.7386
923	0.0311	0.0000	0.8401	0.1090	0.0000	0.8687	0.0733	0.0329	0.7942	0.0000	0.0384	0.7662
939	0.0724	0.0591	0.7026	0.0841	0.0000	0.8689	0.0067	0.0007	0.8594	0.0145	0.0007	0.8555

续表

企业编号	T1—T2 (2015—2017年)			T2—T3 (2016—2018年)			T3—T4 (2017—2019年)			T4—T5 (2018—2020年)		
	S+	S−	S0	S+	S−	S0	S+	S−	S0	S+	S−	S0
941	0.0375	0.0000	0.8410	0.0527	0.0000	0.8665	0.0206	0.0024	0.8575	0.0215	0.0024	0.8528
945	0.0306	0.0000	0.8402	0.0131	0.0233	0.8105	0.0112	0.0232	0.8102	0.0418	0.0000	0.8604
946	0.0515	0.0000	0.8427	0.0383	0.0522	0.7436	0.0837	0.0539	0.7471	0.0940	0.0000	0.8647
968	0.0262	0.0000	0.8394	0.0309	0.0000	0.8644	0.0079	0.0129	0.8325	0.0000	0.0172	0.8167
1037	0.0224	0.0023	0.8341	0.0968	0.0024	0.8627	0.0965	0.0078	0.8514	0.0847	0.0078	0.8467
1068	0.1674	0.0624	0.7069	0.1718	0.0447	0.7767	0.0000	0.1059	0.5796	0.0000	0.0821	0.6371
1089	0.0262	0.0000	0.8394	0.0224	0.0086	0.8450	0.0070	0.0085	0.8427	0.0099	0.0000	0.8566
1119	0.0709	0.0000	0.8447	0.0061	0.0093	0.8409	0.0046	0.0093	0.8407	0.1278	0.0000	0.8641
1130	0.0380	0.0310	0.7703	0.0375	0.0607	0.7199	0.0012	0.0590	0.7146	0.0150	0.0000	0.8572
1150	0.0398	0.0000	0.8413	0.1068	0.0000	0.8687	0.0707	0.0000	0.8667	0.0009	0.0104	0.8323
1172	0.0214	0.0000	0.8388	0.1172	0.0000	0.8681	0.1138	0.0138	0.8392	0.0000	0.0381	0.7684
1178	0.0217	0.0000	0.8388	0.0158	0.0078	0.8457	0.0169	0.0078	0.8458	0.0169	0.0089	0.8384
1184	0.0216	0.0000	0.8388	0.0137	0.0000	0.8621	0.0061	0.0396	0.7675	0.1141	0.0425	0.7703
1193	0.0151	0.0067	0.8231	0.0488	0.0069	0.8506	0.0489	0.0016	0.8620	0.0177	0.0016	0.8542
1194	0.0450	0.0000	0.8421	0.0166	0.0000	0.8624	0.0202	0.0000	0.8630	0.0448	0.0000	0.8607

第八章 模糊奖惩视角下具有变化速度特征的企业家精神测量研究

续表

企业编号	T1—T2 (2015—2017年)			T2—T3 (2016—2018年)			T3—T4 (2017—2019年)			T4—T5 (2018—2020年)		
	S+	S-	S0	S+	S-	S0	S+	S-	S0	S+	S-	S0
1196	0.0352	0.0183	0.8002	0.0000	0.0497	0.7455	0.0254	0.0331	0.7894	0.1315	0.0000	0.8645
1204	0.1693	0.0697	0.6889	0.0000	0.0833	0.6496	0.0396	0.0244	0.8123	0.0376	0.0736	0.6738
1220	0.0155	0.0026	0.8323	0.0551	0.0027	0.8602	0.0550	0.0038	0.8577	0.0050	0.0037	0.8477
1231	0.0267	0.0024	0.8345	0.0012	0.0024	0.8550	0.0012	0.0123	0.8328	0.0000	0.0647	0.6978
1243	0.0197	0.0012	0.8358	0.0200	0.0018	0.8593	0.0108	0.0018	0.8579	0.0107	0.0094	0.8364
1253	0.0304	0.0000	0.8402	0.0108	0.0190	0.8200	0.0165	0.0190	0.8208	0.0216	0.0000	0.8584
1292	0.1473	0.0000	0.8477	0.1119	0.0050	0.8601	0.0000	0.0826	0.6301	0.1267	0.0873	0.6437
1317	0.0351	0.0000	0.8408	0.0438	0.0000	0.8655	0.0238	0.0807	0.6421	0.0534	0.0825	0.6407
1335	0.0164	0.0000	0.8380	0.0071	0.0549	0.7283	0.0008	0.0546	0.7271	0.0009	0.0032	0.8482
1352	0.0116	0.0000	0.8371	0.0167	0.0000	0.8625	0.0077	0.0019	0.8570	0.0029	0.0019	0.8513
1370	0.0136	0.0000	0.8375	0.0145	0.0000	0.8620	0.0234	0.0000	0.8633	0.0104	0.0053	0.8452
均值	0.0333	0.0115	0.8125	0.0289	0.0167	0.8247	0.0193	0.0213	0.8126	0.0234	0.0179	0.8156

注：因篇幅限制，仅筛选100家企业进行展示。

由表 8-4 可以看出,各企业的企业家精神在变化速度状态下所处的奖励或惩罚情况是不同的,其奖励或惩罚的幅度也不尽相同。从科技型中小企业的发展数据来看,主要是因为各企业对企业家精神的培养能力或关注力度不同。企业中市场投资和创新投入的不同表现都会导致企业家精神的变化速度受到不同程度的奖励或惩罚。选取表 8-4 中的数据进行分析,如 2015—2017 年编号为 83、84、109、388 等的科技型中小企业企业家精神变化速度的模糊奖励值为 0,处于惩罚或无奖励状态,主要是因为在该时期内这些企业的企业家精神处于一种较低水平的发展状态,其变化速度也较慢;如 2016—2018 年编号为 135、369、375、387、396 等的科技型中小企业企业家精神变化速度的模糊惩罚值为 0,主要处于奖励或无惩罚状态,说明该时期企业家精神的变化速度处于一种较高水平的发展状态。另外,编号为 34、914、921 等的企业企业家精神在 2017—2019 年、2018—2020 年变化速度的模糊奖惩状态则比较复杂,奖励、无奖惩、惩罚等状态并存,这保证了奖励和惩罚的合理使用。无奖惩状态之所以远多于其他状态,就是为了保证对企业家精神的变化采取合理适度的奖惩。

通过式(6-20)计算出奖惩系数 $\alpha = 0.4$,$\beta = 0.6$,利用式(6-21)计算出企业家精神在模糊奖惩特性下变化速度的状态值。

由测量结果可知,科技型上市企业企业家精神的变化速度在受到模糊奖惩的影响后会发生变化,以编号为 84、683 的企业为例,2018—2020 年,企业家精神变化速度处于奖励及无惩罚状态,由无惩罚控制线所确定的奖励的隶属度比较大,所以企业家精神的变化速度加快;如编号为 808、837 的企业,在 2017—2018 年、2018—2020 年企业家精神的变化速度处于惩罚及无奖励状态,且惩罚的模糊隶属度比较大,企业家精神的变化速度受到的惩罚作用也比较大,导致其变化速度状态值急剧下降。

第八章 模糊奖惩视角下具有变化速度特征的企业家精神测量研究　173

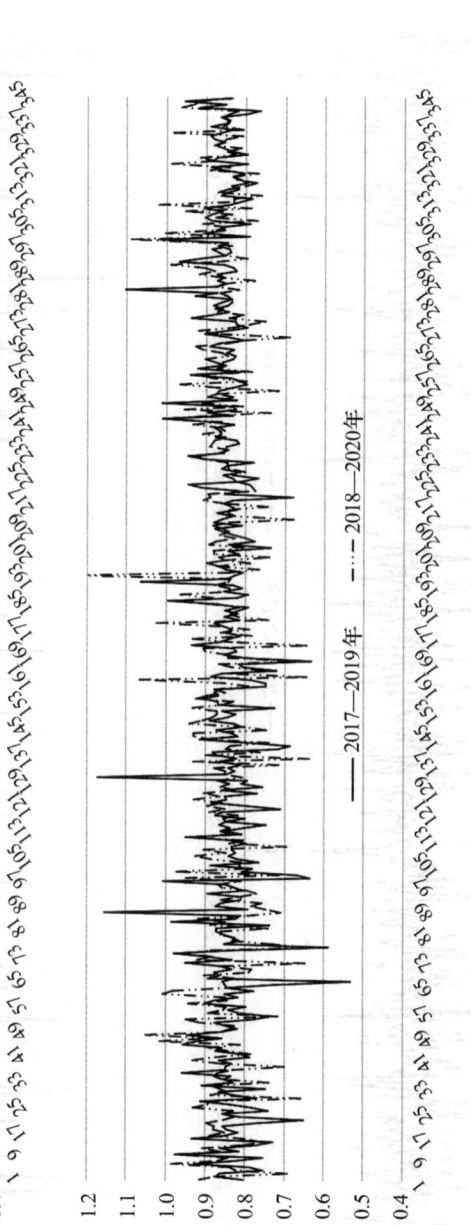

图 8−2−1　企业编号为 1—345 的样本企业企业家精神变化速度的奖惩状态值

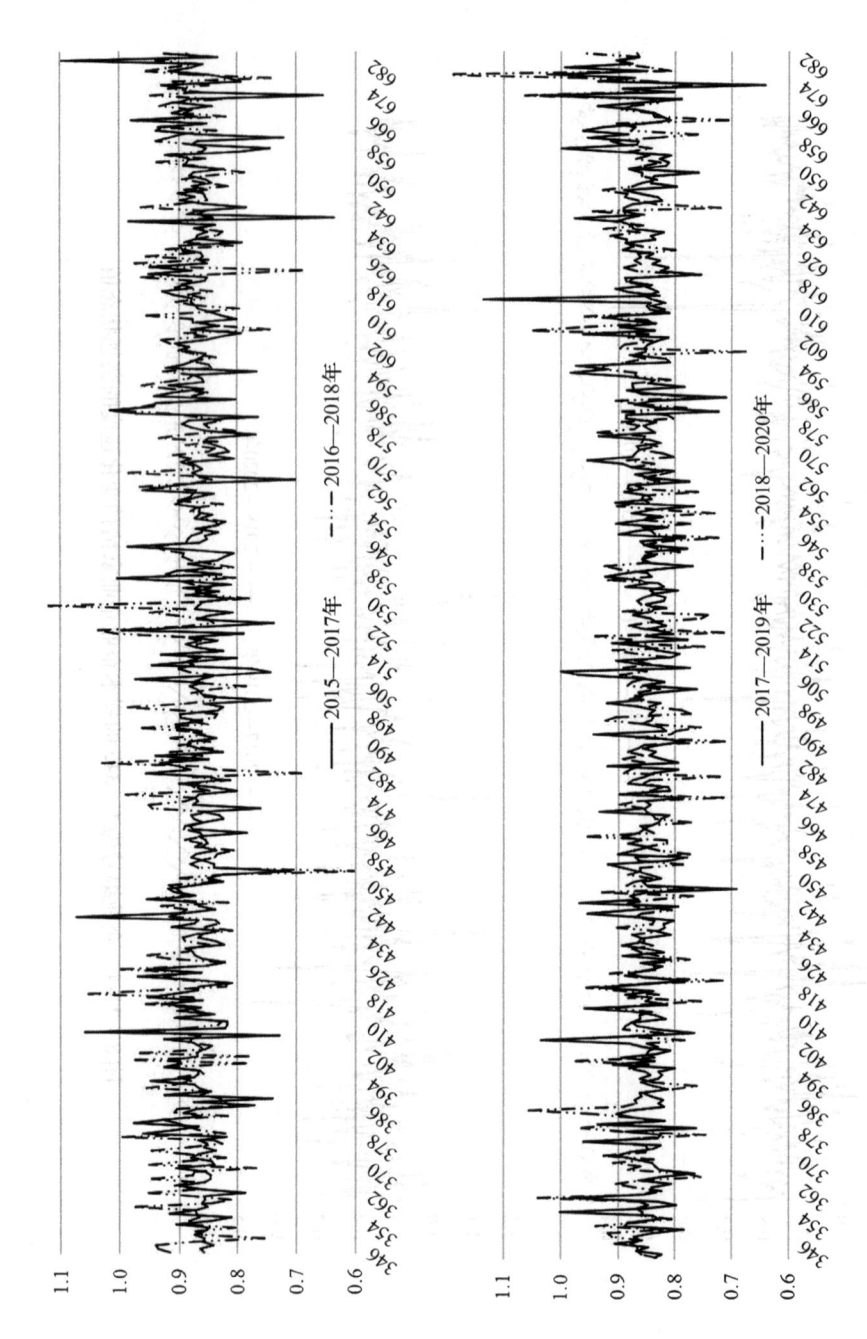

图 8-2-2 企业编号为 346—689 的样本企业企业家精神变化速度的奖惩状态值

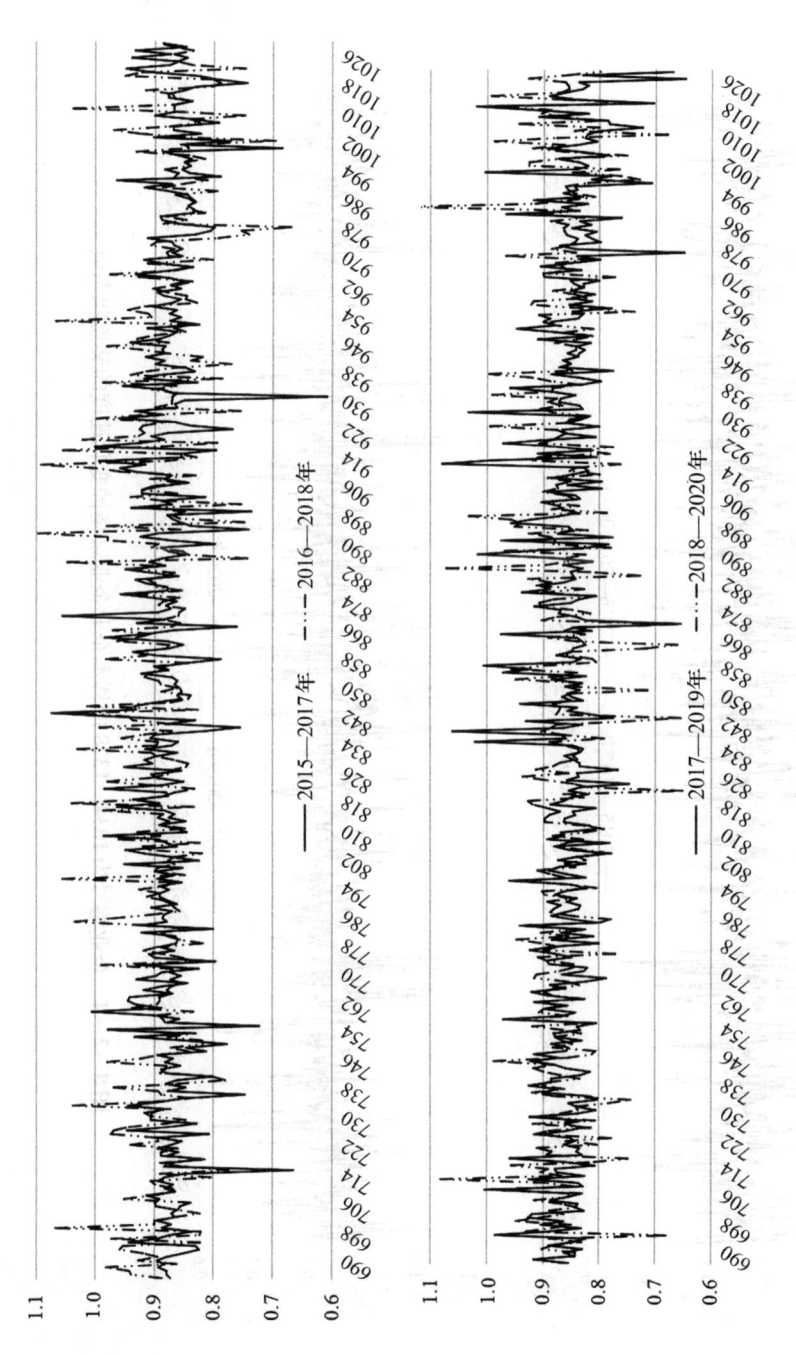

图 8-2-3 企业编号为 690—1033 的样本企业企业家精神变化速度的奖惩状态值

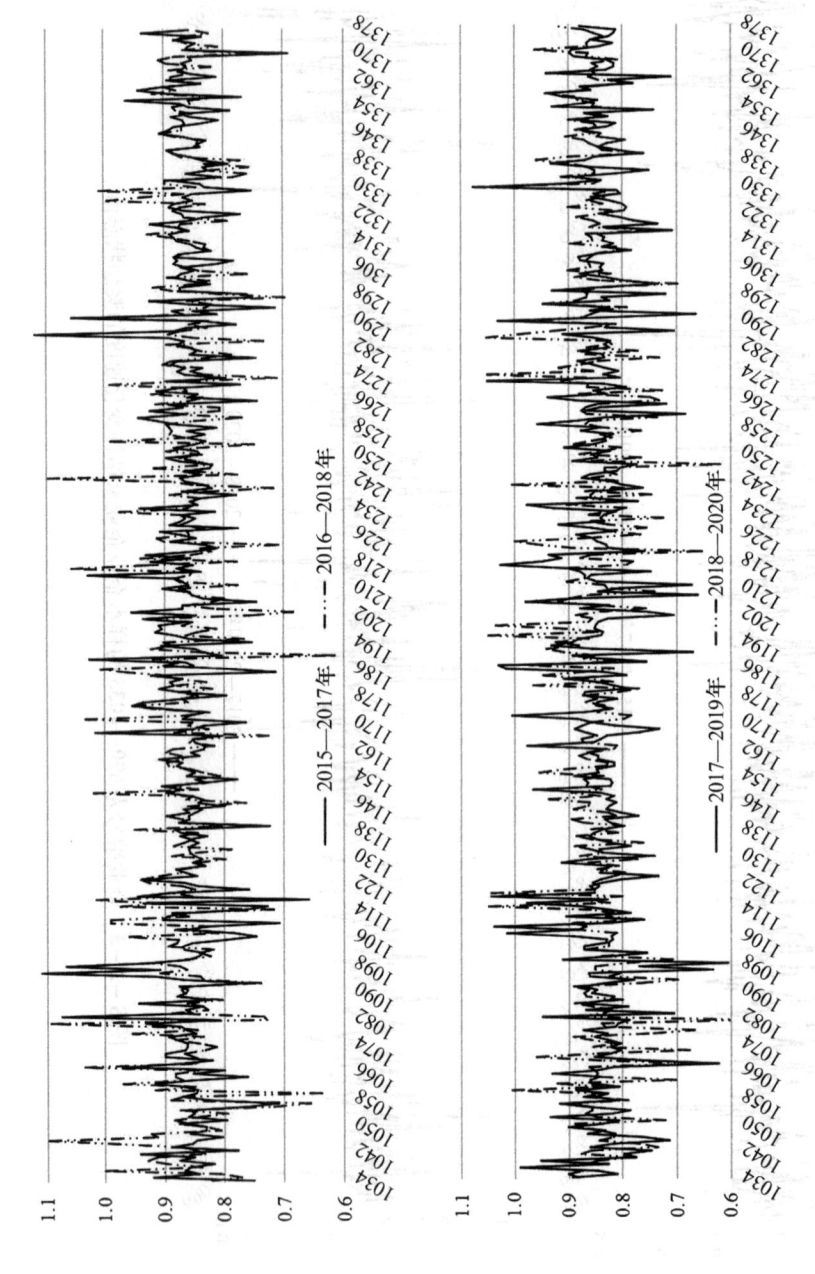

图 8-2-4 企业编号为 1034—1378 的样本企业企业家精神变化速度的奖惩状态值

三 变化速度的趋势

根据郭亚军等提出的变化速度状态下修正模型的特性,[①] 假设 $\eta + \delta/2 = 1$,以及刘微微等的研究假设 $\pi(\max\partial_{ij})/\pi(\min\partial_{ij}) = 2$,[②] 结合式（6-22）、式（6-23）可以进一步计算出企业家精神动态测度模型的修正系数 $\eta = 0.296, \delta = 1.408$。企业家精神在变化速度状态下的修正模型为：$\pi(\partial_{ij}) = 0.296 + 1.408/1 + e^{-\partial_{ij}}$,根据模型可以计算出科技型上市企业的企业家精神在变化速度趋势下的 $\pi(\partial_{ij})$。

当变化速度的趋势值 $\pi(\partial_{ij}) > 1$ 时，表明企业家精神呈现出一种上升的变化速度趋势；当变化速度的趋势值 $\pi(\partial_{ij}) < 1$ 时，表明企业家精神处于一种下降的变化速度趋势。通过对表 8-5 科技型上市企业的企业家精神在变化速度特性下的趋势值分析，可以更深层次地总结出科技型上市企业企业家精神的变化和发展情况。研究发现，2014—2016 年，各科技型上市企业企业家精神的变化速度趋势值整体上始终围绕 0.9 波动变化，表明在该时期企业家精神的变化速度处于一种下降的发展趋势；2015—2017 年，各科技型上市企业企业家精神的变化速度趋势值整体上始终围绕 1 波动变化，表明在该时期企业家精神处于一种稳定的发展变化速度趋势；2016—2018 年，各科技型上市企业的企业家精神变化速度趋势值整体上在 1.1 上下波动，表明在该时期企业家精神的发展变化速度处于一种上升的趋势。综上可以看出，在观测时间内科技型上市企业企业家精神的变化速度整体上处于一种上升的发展趋势，说明在该时期企业家精神整体上处于一种积极向上的发展变化趋势。

[①] 郭亚军等：《基于全局信息的动态激励评价方法及激励策略》，《系统工程学报》2017 年第 2 期。

[②] 刘微微、石春生、赵圣斌：《具有速度特征的动态综合评价模型》，《系统工程理论与实践》2013 年第 3 期。

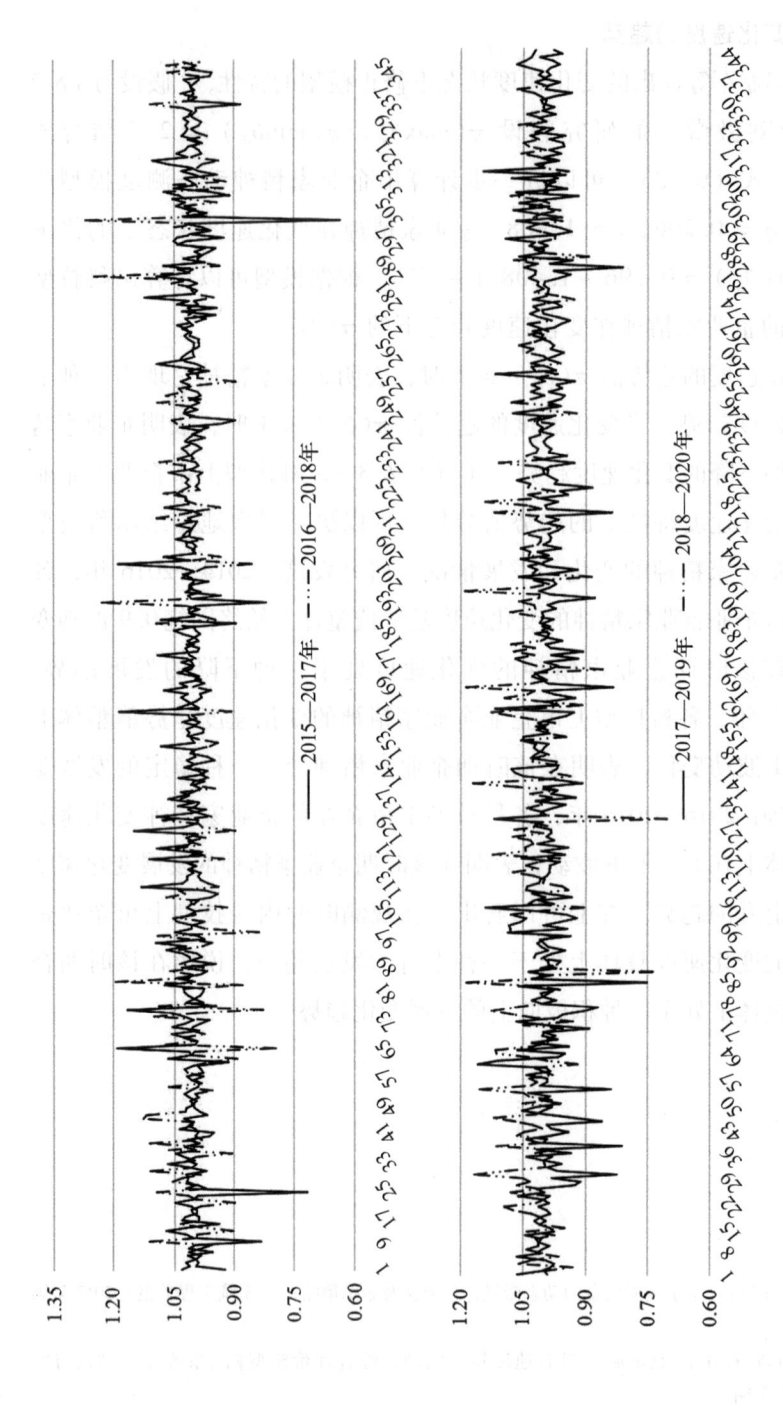

图 8-3-1 企业编号为 1—345 的样本企业企业家精神变化速度趋势

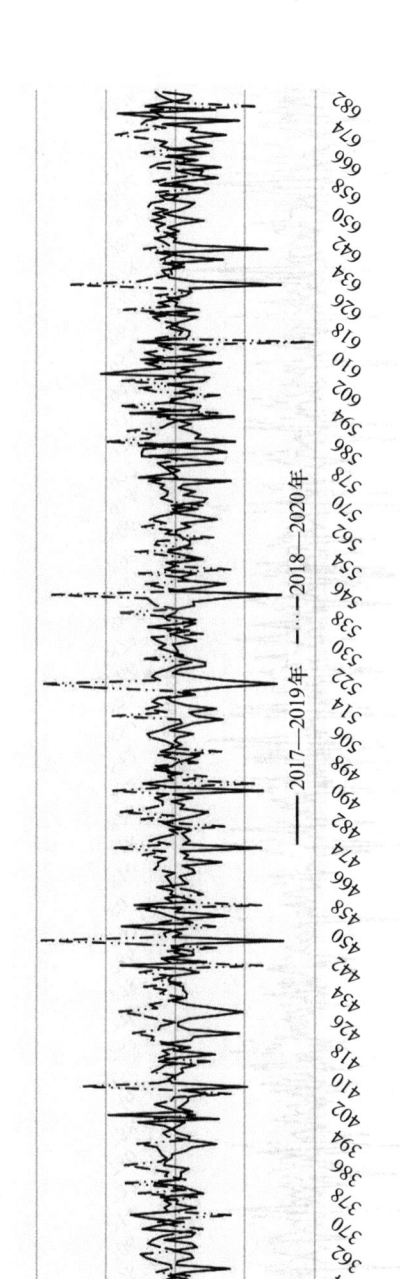

图 8-3-2　企业编号为 346—689 的样本企业企业家精神变化速度趋势

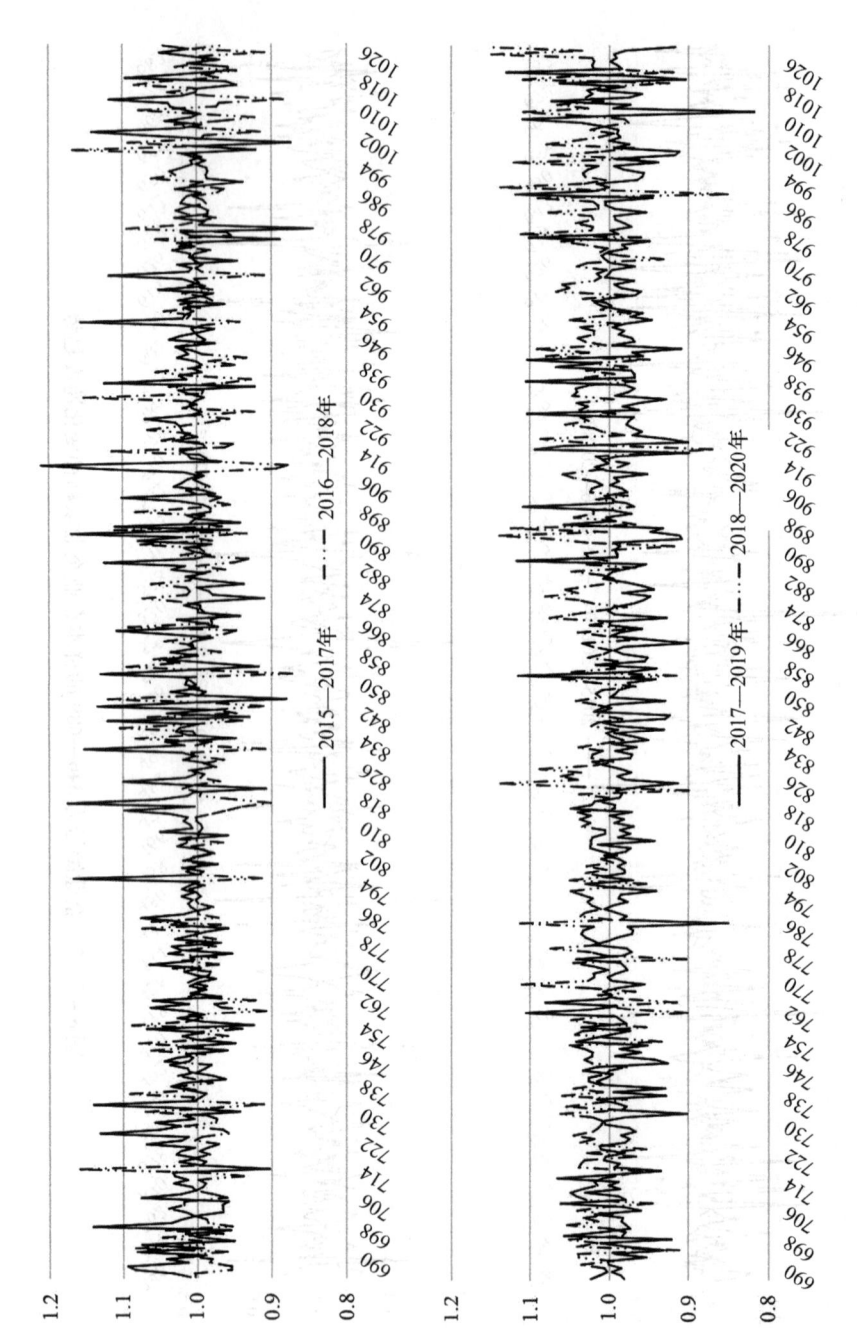

图 8-3-3　企业编号为 690—1033 的样本企业企业家精神变化速度趋势

第八章 模糊奖惩视角下具有变化速度特征的企业家精神测量研究

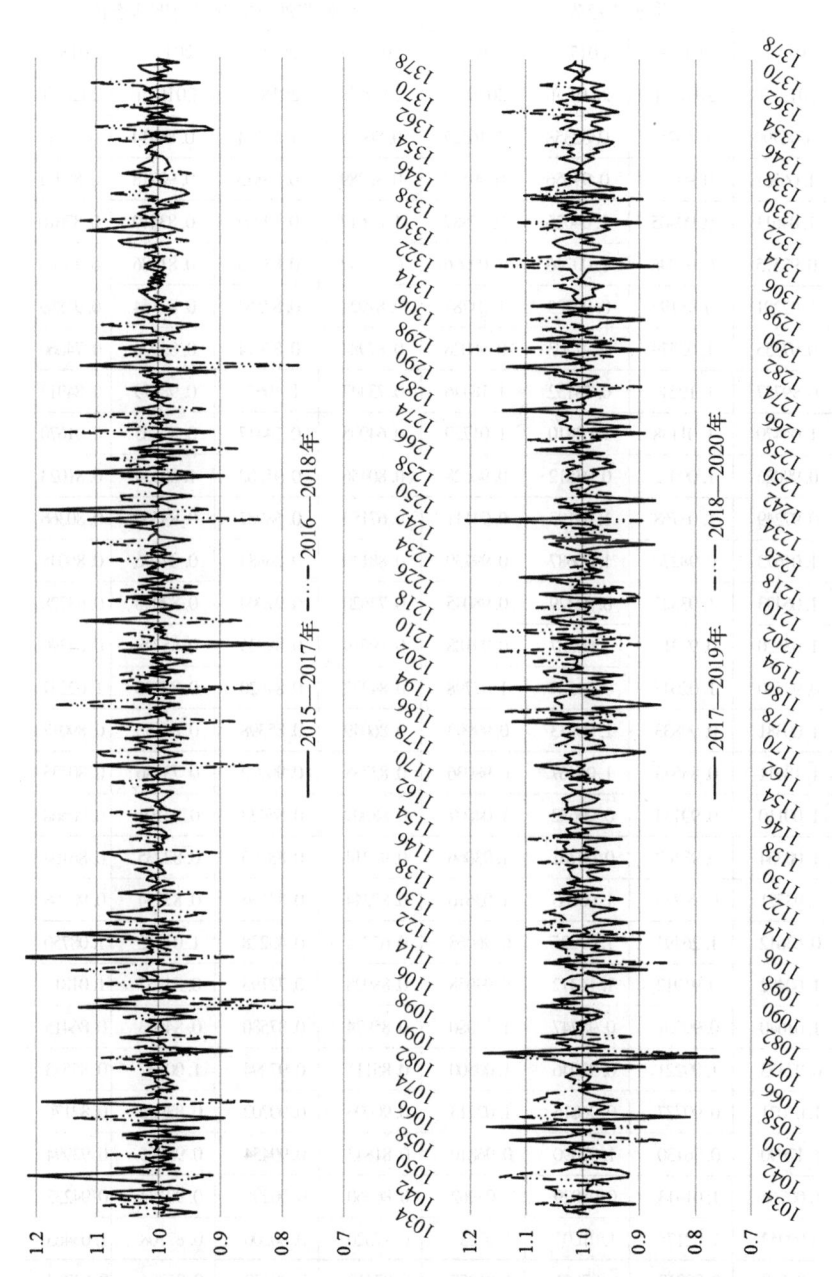

图 8-3-4 企业编号为 1034—1378 的样本企业企业家精神变化速度趋势

表 8 – 5　　　企业家精神的变化速度趋势和奖惩评价值

企业编号	变化速度趋势				模糊奖惩下的变化速度状态值			
	2015—2017 年	2016—2018 年	2017—2019 年	2018—2020 年	2015—2017 年	2016—2018 年	2017—2019 年	2018—2020 年
29	0.96790	1.10757	0.82358	1.16527	0.86698	1.00711	0.86414	0.84311
31	1.06561	0.99343	0.99056	0.99577	0.82789	0.93813	0.90718	0.88251
34	1.04611	0.90405	1.04025	0.97887	1.05617	0.94207	0.83419	0.87610
54	0.98575	0.97996	1.00746	1.03006	0.91642	0.83769	0.81386	0.89163
71	1.02201	0.98192	0.99525	1.04787	0.87924	0.87554	0.83164	0.91889
81	0.97355	1.02579	0.97403	0.96028	0.87984	0.87014	0.86976	0.74060
83	0.99757	1.19249	0.75152	1.18446	0.73447	1.10679	0.98379	0.84913
84	1.04470	1.01138	1.02810	1.01720	0.64905	0.74417	0.82265	0.91670
96	0.99026	1.09032	0.93512	0.96628	0.80456	0.95202	1.00534	0.81023
109	0.97249	1.03768	1.04193	0.94111	0.67153	0.68082	0.83509	0.80366
112	1.01673	0.98270	1.00687	0.99739	0.88140	0.86884	0.84896	0.86048
135	1.06493	1.03325	0.92329	0.98045	0.72620	0.91004	0.82050	0.63728
168	1.03420	0.97316	1.00287	0.99188	0.89519	0.89835	0.85248	0.84390
178	0.98580	1.02047	0.99509	1.07798	0.84272	0.84620	0.87730	1.02237
184	1.00381	0.99833	1.00933	0.99993	0.86049	0.85398	0.86858	0.89017
202	1.18611	0.85543	1.05467	0.98036	0.83738	0.90922	0.73586	0.80535
217	1.00110	0.99134	0.99652	1.04007	0.88009	0.85438	0.83101	0.90568
249	1.00354	0.98162	0.98761	1.03066	0.92214	0.88265	0.82235	0.86108
265	0.98721	0.99739	1.00165	1.03616	0.87244	0.83136	0.82954	0.90708
300	0.63612	1.26493	1.07225	0.96068	0.65734	0.43228	1.01912	1.08750
311	1.00492	0.91912	1.14372	0.94058	0.88028	0.72193	0.84257	1.01813
349	1.01640	0.99701	0.98747	1.02080	0.85974	0.87580	0.84563	0.86415
359	0.97453	1.09221	0.92046	1.00500	0.85111	0.97294	1.00031	0.85583
365	1.01031	0.99777	0.96816	1.02213	0.90006	0.90702	0.83902	0.82176
379	1.12990	0.96130	1.02090	0.96810	0.81843	0.99454	0.95965	0.93994
387	1.00266	1.01913	0.98029	1.03962	0.86960	0.90296	0.90184	0.94233
388	0.99942	1.02175	1.01601	1.07232	0.77020	0.80200	0.87708	1.05463
396	1.01948	0.99917	0.97861	1.01055	0.87419	0.90139	0.85794	0.83804
451	0.98910	1.03790	0.84485	1.19263	0.87264	0.91629	0.69097	0.76651

续表

企业编号	变化速度趋势				模糊奖惩下的变化速度状态值			
	2015—2017年	2016—2018年	2017—2019年	2018—2020年	2015—2017年	2016—2018年	2017—2019年	2018—2020年
467	1.00845	1.00412	0.98088	1.00543	0.87630	0.89185	0.86276	0.83678
489	1.07260	0.97677	0.98666	1.01786	0.82420	0.91506	0.84427	0.85558
502	1.13823	0.94548	0.97792	0.99805	0.82350	0.98485	0.83480	0.78722
506	1.00843	1.00492	0.99029	1.00220	0.86145	0.87842	0.86925	0.85571
545	1.03106	1.00953	0.97210	1.02725	0.82121	0.89341	0.85661	0.85708
549	1.04248	0.97437	1.00766	0.99149	0.86432	0.88765	0.85331	0.85401
551	0.99100	1.02566	0.92704	1.04249	0.85468	0.87810	0.78194	0.72317
558	0.97369	1.03851	0.95948	0.96632	0.86457	0.87960	0.87532	0.73016
569	1.05468	1.00349	0.93964	1.03641	0.87635	0.98358	0.86941	0.82517
587	1.18086	0.81972	1.03719	1.04811	1.01371	1.00406	0.72245	0.89243
589	0.97679	1.02322	0.94817	1.04577	0.93699	0.92853	0.87018	0.86020
591	0.97047	1.00129	0.91294	1.09735	0.94036	0.87676	0.70929	0.73067
601	1.00551	1.00167	0.96338	1.07605	0.87390	0.87878	0.80799	0.88573
603	1.01250	1.00292	0.99711	1.00486	0.85309	0.87350	0.87357	0.87957
609	0.97232	1.08280	0.95115	0.99010	0.79268	0.89002	0.96100	0.84635
614	1.13431	0.93292	1.04870	0.97003	0.82679	0.95267	0.91680	0.95860
625	1.08816	0.97035	0.98373	1.02281	0.85088	0.96152	0.87281	0.88714
649	0.99152	0.99110	1.01113	0.99862	0.90077	0.85624	0.86049	0.88357
674	0.99536	1.05535	0.94689	1.02158	0.84178	0.93113	0.93601	0.87650
680	1.09009	0.87502	1.01789	1.04848	0.92831	0.84713	0.64096	0.77071
683	1.02906	0.99163	1.08244	1.02668	0.84719	0.87865	1.02341	1.24775
685	1.02633	0.99739	1.04249	0.88566	0.87793	0.91499	0.99273	0.84636
706	1.02078	0.98674	0.98424	1.01295	0.89357	0.89857	0.84200	0.83852
732	1.02211	1.01648	0.97404	1.01341	0.87578	0.94173	0.92336	0.90075
739	1.00410	1.00741	0.99135	1.01743	0.88910	0.90269	0.90032	0.91907
790	1.07520	0.97028	0.98589	0.99635	0.88561	0.96953	0.88468	0.85060
796	1.02090	0.99477	0.98801	1.02045	0.89030	0.91186	0.87878	0.89683
799	1.01003	0.98924	0.99536	1.00739	0.89107	0.87943	0.85006	0.85849
805	0.97183	0.98969	0.98918	1.02819	0.95007	0.86483	0.82318	0.86032

续表

企业编号	变化速度趋势				模糊奖惩下的变化速度状态值			
	2015—2017年	2016—2018年	2017—2019年	2018—2020年	2015—2017年	2016—2018年	2017—2019年	2018—2020年
808	0.98006	0.97598	1.00610	0.98998	0.91650	0.81852	0.78308	0.77748
823	1.05077	0.95007	1.01770	1.01299	0.93519	0.92474	0.86267	0.92677
837	1.15143	0.90783	0.99187	1.00808	0.91469	1.02949	0.83362	0.83601
840	0.94714	1.08202	0.95046	0.98172	0.90565	0.95459	1.02083	0.88855
858	1.12826	0.87193	1.11488	0.91500	0.92098	0.91075	0.88467	0.94837
870	1.10747	0.94626	0.98636	1.03921	0.86881	0.97011	0.83911	0.89112
887	1.03354	0.96100	0.99474	1.04723	0.94851	0.92702	0.84211	0.92676
888	1.01563	0.99979	0.97221	0.96650	0.88134	0.90237	0.84668	0.72645
889	1.12351	0.94790	0.95318	1.02768	0.90781	1.04702	0.85088	0.81589
890	1.00165	0.92962	1.11644	1.00223	0.88748	0.74180	0.82957	1.07194
899	1.10923	0.96530	0.93160	1.12415	0.83740	0.98046	0.77629	0.88599
904	0.97986	1.01029	0.99605	1.02034	0.93866	0.91101	0.92325	0.95695
914	1.01636	0.99970	0.95131	1.05807	0.93224	0.95485	0.85690	0.87670
921	0.98763	0.96118	1.09340	0.86961	1.00026	0.88799	0.99486	0.91930
923	1.02855	1.04635	0.89991	1.03326	0.88361	1.02125	0.91007	0.78154
939	1.12314	0.95936	0.97995	1.02288	0.82763	0.98670	0.86900	0.87615
941	1.02332	1.00534	0.96752	1.02980	0.89343	0.94024	0.88739	0.88392
945	1.00012	0.98299	1.01548	1.02506	0.88307	0.83811	0.83519	0.91895
946	1.02576	0.93214	1.10297	0.94846	0.91483	0.81814	0.88594	0.99635
968	1.01872	1.00210	0.96842	1.01793	0.87616	0.90759	0.84878	0.82362
1037	0.98305	1.08912	0.90657	1.08199	0.86634	0.99921	0.98961	0.96845
1068	1.18988	0.84755	0.93842	1.08506	0.96625	1.03513	0.62194	0.66996
1089	1.01853	0.98874	0.99880	1.00699	0.87613	0.87977	0.85598	0.87043
1119	0.95691	1.00136	0.99746	1.09860	0.94392	0.85308	0.85085	1.04306
1130	1.06354	0.92174	1.04800	1.02053	0.83585	0.79672	0.73991	0.87828
1150	1.02635	1.04012	0.93319	1.00100	0.89693	1.01823	0.96565	0.83775
1172	0.98939	1.09799	0.88933	0.99868	0.86884	1.03218	1.00413	0.78366
1178	1.01159	0.99464	1.00626	0.98925	0.86916	0.87097	0.87269	0.86563
1184	0.99768	1.01311	0.94292	1.13562	0.86909	0.88126	0.79184	0.94713

续表

企业编号	变化速度趋势				模糊奖惩下的变化速度状态值			
	2015—2017年	2016—2018年	2017—2019年	2018—2020年	2015—2017年	2016—2018年	2017—2019年	2018—2020年
1193	0.98524	1.05788	0.94648	1.02606	0.84687	0.92165	0.93113	0.87949
1194	0.97882	1.01547	0.98742	1.02833	0.90512	0.88563	0.89117	0.92341
1196	0.95831	1.00052	1.03655	1.06741	0.85687	0.76539	0.83823	1.04854
1204	0.80603	1.06173	1.03894	0.89751	0.95378	0.68295	0.87743	0.75583
1220	0.98843	1.05898	0.94007	1.01770	0.85502	0.93832	0.93624	0.85609
1231	0.97948	1.01704	0.97435	0.96668	0.87275	0.85763	0.83944	0.72371
1243	1.02083	0.99630	0.99627	0.99384	0.86394	0.88803	0.87381	0.85517
1253	0.99642	0.98888	1.01579	1.00082	0.88276	0.84266	0.85154	0.88860
1292	1.06298	0.92445	0.89071	1.20609	1.05388	1.01871	0.66312	0.85601
1317	1.00319	1.02031	0.86678	1.15346	0.88993	0.92682	0.70772	0.74842
1335	1.00215	0.95282	1.04180	1.00718	0.86089	0.76017	0.75015	0.85066
1352	1.00844	1.01299	0.97814	1.01448	0.85337	0.88585	0.86851	0.85609
1370	0.99506	1.02279	0.98436	0.99756	0.85660	0.88232	0.89603	0.86197
均值	1.00820	1.00095	0.98709	1.01543	0.86370	0.87186	0.84821	0.85543

注：因篇幅限制，仅筛选100家企业进行展示。

四 模糊奖惩视角下具有变化速度特征的企业家精神动态测量结果

根据式（6-24）对企业家精神进一步测算，可以得出，具有模糊奖惩和变化速度特征的企业家精神动态综合评价结果。通过对企业家精神的静态评价值和具有模糊奖惩及变化速度特征的动态评价值进行比较分析发现，大部分企业家精神的综合排名发生了变化，变化结果如表8-6所示。

表8-6　　　　　　企业家精神动态综合测量结果

企业编号	2015—2017年	2016—2018年	2017—2019年	2018—2020年	动态综合	排序	静态综合	排序
29	0.83915	1.11545	0.71169	0.98245	0.91219	81	1.24817	1369
31	0.88221	0.93197	0.89862	0.87878	0.89789	144	1.59826	126
34	1.10487	0.85168	0.86777	0.85759	0.92048	50	1.69795	10

续表

企业编号	2015—2017 年	2016—2018 年	2017—2019 年	2018—2020 年	动态综合	排序	静态综合	排序
54	0.90336	0.82090	0.81993	0.91843	0.86565	582	1.47797	547
71	0.89858	0.85970	0.82769	0.96288	0.88721	226	1.35059	1252
81	0.85657	0.89258	0.84717	0.71119	0.82688	1250	1.61847	83
83	0.73269	1.31983	0.73933	1.00577	0.94941	13	1.26624	1360
84	0.67807	0.75264	0.84577	0.93247	0.80224	1343	1.79589	2
96	0.79672	1.03801	0.94011	0.78291	0.88944	209	1.34282	1276
109	0.65306	0.70647	0.87010	0.75633	0.74649	1375	1.76797	5
112	0.89614	0.85381	0.85479	0.85823	0.86574	581	1.42695	873
135	0.77335	0.94030	0.75755	0.62482	0.77401	1368	1.69730	11
168	0.92581	0.87424	0.85493	0.83704	0.87300	431	1.47891	542
178	0.83075	0.86352	0.87300	1.10209	0.91734	60	1.60740	108
184	0.86376	0.85256	0.87668	0.89012	0.87078	471	1.46926	596
202	0.99322	0.77777	0.77609	0.78953	0.83415	1194	1.59345	139
217	0.88107	0.84698	0.82812	0.94197	0.87453	401	1.50347	404
249	0.92541	0.86642	0.81216	0.88748	0.87287	434	1.49910	428
265	0.86128	0.82919	0.83091	0.93988	0.86532	594	1.47320	578
300	0.41815	0.54680	1.09275	1.04475	0.77561	1367	1.59744	127
311	0.88460	0.66354	0.96367	0.95763	0.86736	542	1.42611	878
349	0.87385	0.87318	0.83503	0.88213	0.86605	572	1.42566	881
359	0.82943	1.06265	0.92074	0.86011	0.91823	58	1.36011	1227
365	0.90934	0.90499	0.81231	0.83994	0.86665	559	1.47976	533
379	0.92475	0.95605	0.97971	0.90995	0.94262	18	1.59214	141
387	0.87191	0.92023	0.88406	0.97967	0.91397	73	1.64284	44
388	0.76975	0.81945	0.89113	1.13090	0.90281	112	1.68058	16
396	0.89121	0.90064	0.83960	0.84688	0.86958	494	1.50240	411
451	0.86313	0.95102	0.58377	0.91416	0.82802	1244	1.57727	165
467	0.88370	0.89553	0.84627	0.84133	0.86671	558	1.48015	531
489	0.88403	0.89380	0.83301	0.87086	0.87043	478	1.49129	471
502	0.93733	0.93115	0.81636	0.78569	0.86763	537	1.43504	825
506	0.86871	0.88274	0.86081	0.85759	0.86746	539	1.42632	877

续表

企业编号	2015—2017年	2016—2018年	2017—2019年	2018—2020年	动态综合	排序	静态综合	排序
545	0.84672	0.90193	0.83271	0.88044	0.86545	589	1.47920	537
549	0.90104	0.86490	0.85985	0.84675	0.86813	525	1.42852	865
551	0.84698	0.90063	0.72488	0.75390	0.80660	1336	1.59038	144
558	0.84181	0.91347	0.83985	0.70556	0.82517	1264	1.66869	22
569	0.92427	0.98701	0.81693	0.85522	0.89586	160	1.34563	1267
587	1.19705	0.82305	0.74932	0.93537	0.92620	44	1.61283	98
589	0.91525	0.95010	0.82507	0.89957	0.89750	149	1.62415	70
591	0.91259	0.87789	0.64754	0.80180	0.80995	1327	1.56693	198
601	0.87871	0.88025	0.77840	0.95309	0.87261	442	1.46961	595
603	0.86375	0.87606	0.87104	0.88384	0.87367	420	1.49729	439
609	0.77074	0.96371	0.91405	0.83797	0.87162	455	1.48637	497
614	0.93783	0.88877	0.96144	0.92987	0.92948	37	1.35350	1242
625	0.92589	0.93301	0.85861	0.90737	0.90622	101	1.37276	1182
649	0.89313	0.84862	0.87007	0.88236	0.87355	422	1.47471	568
674	0.83787	0.98267	0.88630	0.89541	0.90056	125	1.63956	48
680	1.01194	0.74125	0.65242	0.80807	0.80342	1342	1.59447	135
683	0.87181	0.87130	1.10778	1.28104	1.03298	1	1.85065	1
685	0.90105	0.91260	1.03491	0.74958	0.89954	131	1.61016	106
706	0.91215	0.88666	0.82872	0.84938	0.86923	501	1.47240	582
732	0.89515	0.95725	0.89939	0.91282	0.91615	66	1.64880	38
739	0.89274	0.90939	0.89253	0.93509	0.90744	97	1.63657	52
790	0.95220	0.94071	0.87220	0.84749	0.90315	110	1.61753	84
796	0.90891	0.90709	0.86824	0.91517	0.89985	129	1.59542	132
799	0.90001	0.86997	0.84611	0.86483	0.87023	484	1.49362	461
805	0.92331	0.85591	0.81427	0.88458	0.86952	497	1.48047	529
808	0.89823	0.79886	0.78786	0.76969	0.81366	1312	1.63440	57
823	0.98267	0.87857	0.87794	0.93881	0.91950	53	1.71683	8
837	1.05321	0.93461	0.82684	0.84276	0.91436	71	1.62423	69
840	0.85777	1.03289	0.97025	0.87231	0.93331	32	1.62321	72
858	1.03911	0.79412	0.98630	0.86776	0.92182	48	1.66989	21

续表

企业编号	2015—2017年	2016—2018年	2017—2019年	2018—2020年	动态综合	排序	静态综合	排序
870	0.96218	0.91797	0.82767	0.92606	0.90847	92	1.33648	1285
887	0.98032	0.89087	0.83768	0.97053	0.91985	52	1.61435	91
888	0.89511	0.90218	0.82315	0.70211	0.83064	1222	1.60888	107
889	1.01994	0.99247	0.81104	0.83847	0.91548	69	1.59390	137
890	0.88894	0.68959	0.92616	1.07433	0.89476	170	1.37046	1190
899	0.92887	0.94644	0.72319	0.99598	0.89862	137	1.63423	58
904	0.91975	0.92038	0.91960	0.97641	0.93404	29	1.62537	68
914	0.94750	0.95457	0.81518	0.92761	0.91121	83	1.72192	7
921	0.98788	0.85352	1.08777	0.79943	0.93215	35	1.65338	34
923	0.90884	1.06858	0.81898	0.80753	0.90098	122	1.66254	27
939	0.92954	0.94660	0.85158	0.89619	0.90598	102	1.61504	88
941	0.91426	0.94526	0.85856	0.91025	0.90709	100	1.64489	40
945	0.88318	0.82385	0.84812	0.94198	0.87428	407	1.49905	429
946	0.93840	0.76263	0.97716	0.94500	0.90580	103	1.72500	6
968	0.89256	0.90950	0.82197	0.83839	0.86560	583	1.48502	507
1037	0.85165	1.08827	0.89716	1.04785	0.97123	5	1.31302	1318
1068	1.14972	0.87732	0.58364	0.72695	0.83441	1191	1.57107	180
1089	0.89236	0.86986	0.85495	0.87651	0.87342	424	1.46995	593
1119	0.90325	0.85424	0.84870	1.14590	0.93802	22	1.32371	1305
1130	0.88897	0.73437	0.77542	0.89631	0.82377	1271	1.65888	30
1150	0.92056	1.05908	0.90114	0.83859	0.92984	36	1.61848	82
1172	0.85962	1.13332	0.89300	0.78262	0.91714	61	1.37416	1170
1178	0.87923	0.86630	0.87815	0.85632	0.87000	489	1.47888	544
1184	0.86708	0.89281	0.74664	1.07558	0.89553	163	1.25377	1368
1193	0.83437	0.97499	0.88130	0.90241	0.89827	142	1.36877	1200
1194	0.88596	0.89933	0.87996	0.94956	0.90370	108	1.65397	33
1196	0.82114	0.76579	0.86887	1.11923	0.89376	180	1.29138	1343
1204	0.76878	0.72510	0.91159	0.67837	0.77096	1369	1.66315	25
1220	0.84513	0.99366	0.88012	0.87124	0.89754	147	1.34705	1262
1231	0.85484	0.87224	0.81790	0.69959	0.81115	1320	1.60324	114

续表

企业编号	2015—2017年	2016—2018年	2017—2019年	2018—2020年	动态综合	排序	静态综合	排序
1243	0.88194	0.88475	0.87054	0.84990	0.87178	451	1.46837	600
1253	0.87960	0.83329	0.86498	0.88933	0.86680	556	1.47512	567
1292	1.12026	0.94175	0.59065	1.03243	0.92127	49	1.30892	1323
1317	0.89277	0.94565	0.61344	0.86327	0.82878	1235	1.62020	79
1335	0.86274	0.72430	0.78151	0.85677	0.80633	1338	1.58391	154
1352	0.86057	0.89736	0.84953	0.86849	0.86899	511	1.47912	539
1370	0.85237	0.90243	0.88201	0.85987	0.87417	410	1.48499	508
均值	0.87084	0.87260	0.83715	0.86887	0.86236	—	1.46291	—

注：因篇幅限制，仅筛选100家企业进行展示。

通过对测量结果的进一步分析，发现如编号为28、83、1037、1119等的科技型中小企业，虽然受企业发展规模和经济效益的影响，其企业家精神的静态评价值比较低，具有模糊奖惩和变化速度特性的动态综合评价值却处于较高的发展水平，这说明其企业家精神在未来的发展中具有良好的发展势头和进步空间；相反，有一些如编号为84、109、135、558等的科技型中小企业，虽然其企业家精神的静态测度值比较高，但受模糊奖惩和变化速度的影响，其具有模糊奖惩和变化速度特征的动态综合评价值却比较低，说明其企业家精神处于一种平稳的发展状态，本身的发展情况比较良好，在以后的发展过程中应保持这种积极健康的发展态势。例如，编号为683、921、858、732等的科技型中小企业，无论其静态测度值还是动态综合测度值都处于较高的发展水平，说明这些科技型上市企业的企业家精神发展状况和态势都比较好。综上所述，各科技型中小企业对企业家精神的培养和关注力度不同，导致各科技型中小企业的企业家精神处于不同的发展层面、发展速度和变化趋势，对于模糊奖惩和变化速度特性下企业家精神动态综合评价值比较低的企业，应积极主动采取措施来发展和培养企业家精神，促进企业家精神水平的提高；发展态势较好的企业应该保持，继续推动企业家精神的健康发展。

第三节 测量结果分析

在不同发展时期,企业家精神呈现出差异化特征。通过嵌入基于发展速度差异的模糊奖惩机制(以动态控制线为表现形式),可反映企业间企业家精神演进中的信息集结状态,进而全面揭示科技型中小企业企业家精神的发展轨迹。根据科技型中小企业企业家精神的测量结果,以动态测度值为横轴,以静态测度值为纵轴,并以静态测度值平均值 1.46 和动态测度值平均值 0.86 为坐标原点,将企业家精神的发展情况划分为四个维度,如图 8-4 所示,科技型中小企业企业家精神的分散点主要分布在第一象限和第三象限,说明多数科技型上市企业的企业家精神整体上处于一种平衡的发展状态。

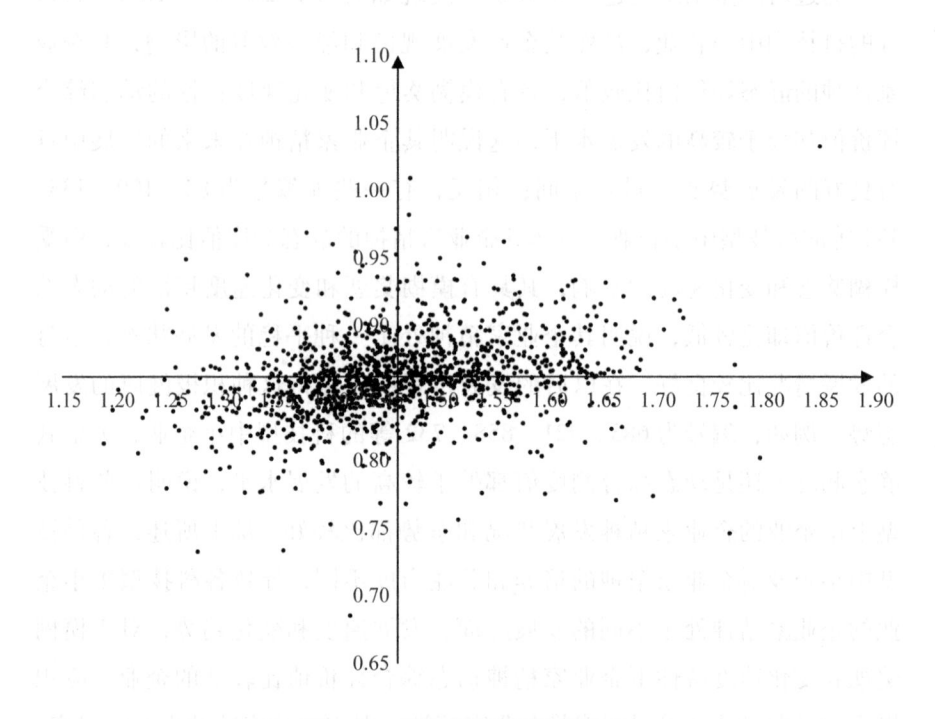

图 8-4　企业家精神的散落维度

为了进一步阐明科技型上市企业企业家精神的发展情况，按企业家精神的静态和动态发展情况对科技型上市企业的企业家精神进行划分。根据研究结果，以科技型上市企业企业家精神的动态测度值为横轴，以静态测度值为纵轴将企业家精神的发展情况划分为四种类型，具体分类结果如表8-7所示。

表8-7　　　　　　　　企业家精神的具体分类结果

第一类：H—H（High—High）型：企业家精神的静态测度值大于1.46，动态测度值大于0.86，共441家

企业编号：11、14、18、31、34、35、39、43、51、54、57、61、70、72、73、75、82、86、110、117、123、136、141、150、154、156、168、175、177、178、184、187、188、190、193、196、198、199、204、209、213、217、221、225、230、231、237、238、239、241、242、243、249、251、253、256、259、261、265、270、271、276、278、281、282、283、285、288、289、295、295、304、306、309、317、319、325、326、329、332、334、336、344、345、348、352、355、356、362、363、365、368、372、373、374、375、379、382、383、384、386、387、388、391、393、396、401、403、409、413、415、416、417、420、421、424、426、427、433、435、436、442、447、448、450、453、456、466、467、473、474、485、489、491、499、503、509、512、515、516、517、519、521、522、523、524、525、538、540、541、545、547、561、562、571、586、587、588、589、593、599、600、601、603、609、611、618、620、622、623、624、631、632、633、635、636、639、646、648、649、657、658、660、661、663、664、667、668、669、672、673、674、675、677、679、681、683、684、685、686、687、688、689、690、691、692、693、695、696、697、699、700、701、702、703、705、706、707、712、713、715、716、717、721、722、725、727、728、731、732、739、742、743、747、750、751、752、757、758、759、761、763、764、765、766、767、768、769、770、773、774、777、780、781、782、783、786、787、790、791、792、793、796、798、799、800、801、803、804、805、809、810、813、814、818、821、822、823、825、827、829、830、831、833、834、835、837、840、841、844、845、846、847、849、850、856、857、858、859、860、861、863、864、865、866、869、872、873、877、878、879、880、881、883、884、885、886、887、889、891、893、894、895、896、897、899、902、904、908、909、910、912、914、915、920、921、923、928、929、930、931、932、937、938、939、940、941、942、945、946、948、949、950、951、952、954、956、958、959、960、961、966、968、969、970、972、975、977、978、983、994、1025、1030、1031、1039、1046、1052、1055、1058、1070、1089、1096、1109、1114、1115、1116、1117、1120、1123、1124、1150、1156、1159、1161、1163、1165、1168、1175、1178、1186、1190、1192、1194、1199、1206、1214、1217、1218、1225、1230、1234、1235、1237、1239、1243、1244、1253、1259、1260、1263、1276、1286、1287、1288、1304、1310、1320、1328、1330、1333、1342、1346、1347、1352、1357、1364、1366、1369、1370、1378

续表

第二类：L—H (Low—High) 型：企业家精神的静态测度值小于1.46，动态测度值大于0.86，共291家

企业编号：2、6、9、15、24、26、28、29、40、42、44、45、47、52、62、71、74、78、83、94、96、97、99、101、106、112、118、122、124、126、130、132、134、147、155、170、173、176、185、186、191、201、203、208、210、219、222、227、228、232、234、235、236、240、246、248、254、257、262、266、275、277、279、286、292、293、299、302、303、307、311、315、316、322、324、330、339、342、343、346、347、349、351、358、359、366、367、371、376、399、402、407、423、430、432、437、440、443、444、445、457、475、476、478、482、484、486、488、495、496、498、500、502、506、510、513、514、530、531、539、543、548、549、556、565、566、568、569、572、573、579、580、581、582、583、584、594、595、597、598、605、606、607、610、614、619、625、628、629、637、641、643、644、650、665、694、704、708、711、714、718、730、733、735、738、741、744、748、749、754、762、771、772、785、789、794、795、797、802、812、817、819、820、828、832、836、838、839、843、851、853、862、870、875、876、890、898、903、905、907、916、917、924、926、927、936、962、963、967、992、993、995、998、1007、1008、1010、1011、1013、1018、1020、1023、1026、1037、1041、1045、1048、1061、1062、1066、1076、1080、1086、1090、1091、1107、1112、1118、1119、1136、1139、1141、1144、1149、1152、1155、1160、1172、1176、1181、1183、1184、1185、1187、1189、1193、1195、1196、1198、1200、1202、1213、1215、1216、1220、1223、1250、1255、1270、1271、1272、1274、1278、1285、1290、1292、1295、1297、1308、1316、1324、1327、1338、1345、1350、1354、1355、1356、1358、1359、1360、1372

第三类：L—L (Low—Low) 型：企业家精神的静态测度值小于1.46，动态测度值小于0.86，共437家

企业编号：3、5、7、8、10、13、16、17、20、21、23、25、27、30、36、38、48、49、50、53、55、56、59、60、65、66、67、68、69、76、77、85、87、88、89、91、93、95、100、102、103、104、105、107、108、111、113、114、115、116、119、120、121、125、127、128、131、133、137、138、139、140、142、143、144、145、146、148、149、151、152、158、160、161、162、165、166、167、169、171、172、179、181、182、183、189、197、200、205、206、207、212、214、216、218、224、226、233、244、247、250、252、258、260、263、264、267、268、269、272、273、274、280、287、291、296、297、301、305、313、327、328、335、337、340、350、353、361、364、369、370、377、378、380、381、385、389、390、398、400、404、405、408、410、411、412、414、419、428、429、438、441、452、454、458、459、460、463、464、465、469、470、471、472、479、480、481、490、492、493、494、497、501、504、505、507、508、518、520、527、528、529、532、533、534、535、536、537、542、544、546、552、554、557、563、567、570、574、577、585、590、592、596、602、604、613、615、626、627、630、634、638、640、642、645、647、651、654、655、656、670、671、682、720、723、726、745、746、753、755、760、778、788、811、824、826、848、852、855、868、871、892、906、911、913、918、919、935、944、947、953、955、957、976、980、981、982、984、986、989、990、991、1000、1001、1002、1003、1004、1005、1006、1009、1012、1014、1015、1016、1017、1019、1021、1022、1024、1027、1028、1029、1034、1035、1036、1038、1043、1044、1047、1049、

续表

第三类：L—L（Low—Low）型：企业家精神的静态测度值小于1.46，动态测度值小于0.86，共437家

企业编号：1050、1051、1054、1056、1057、1063、1065、1067、1069、1071、1072、1073、1074、1078、1079、1082、1083、1085、1088、1092、1093、1097、1100、1101、1102、1105、1108、1110、1111、1113、1121、1122、1126、1128、1129、1132、1133、1134、1142、1145、1147、1148、1153、1154、1157、1162、1166、1167、1169、1170、1171、1173、1180、1188、1191、1197、1203、1205、1207、1208、1209、1211、1212、1219、1221、1222、1224、1226、1229、1232、1233、1236、1238、1240、1241、1242、1245、1246、1247、1248、1249、1251、1252、1254、1256、1257、1261、1262、1264、1265、1266、1267、1268、1269、1275、1277、1279、1280、1281、1282、1283、1289、1291、1293、1294、1296、1298、1299、1300、1301、1302、1305、1306、1309、1311、1312、1313、1314、1315、1318、1319、1321、1322、1323、1325、1326、1329、1331、1332、1334、1337、1339、1340、1343、1344、1348、1351、1362、1363、1365、1368、1371、1373、1374、1375、1376、1377

第四类：H—L（High—Low）型：企业家精神的静态测度值大于1.46，动态测度值小于0.86，共209家

企业编号：1、4、12、19、22、32、33、37、41、46、58、63、64、79、80、81、84、90、92、98、109、129、135、153、157、159、163、164、174、180、192、194、195、202、211、215、220、223、229、245、255、284、290、298、300、308、310、312、314、318、320、321、323、331、333、338、341、354、357、360、392、394、395、397、406、418、422、425、431、434、439、446、449、451、455、461、462、477、483、487、511、526、550、551、553、555、558、559、560、564、575、576、578、591、608、612、616、617、621、652、653、659、662、666、676、678、680、698、709、710、719、724、729、734、736、737、740、756、775、776、779、784、806、807、808、815、816、842、854、867、874、882、888、900、901、922、925、933、934、943、964、965、971、973、974、979、985、987、988、996、997、999、1032、1033、1040、1042、1053、1059、1060、1064、1068、1075、1077、1081、1084、1087、1094、1095、1098、1099、1103、1104、1106、1125、1127、1130、1131、1135、1137、1138、1140、1143、1146、1151、1158、1164、1174、1177、1179、1182、1201、1204、1210、1227、1228、1231、1258、1273、1284、1303、1307、1317、1335、1336、1341、1349、1353、1361、1367

第一类：H—H（High—High）型，位于第一象限，指企业家精神的静态测度值大于1.46且动态测度值大于0.86的科技型企业，统计数据有441家，占样本企业总数的32.0%，该类企业的企业家精神表现出一种较好的发展状态和较快的发展速度。从静态上看，企业在整体发展过程中一直处于较高水平的状态，在各发展时间点上也处于中上游的发展水平，企业家精神的创新和创业能力较强，带动企业的成长能力较强，使企业维持一种较高水平的经营管理状态，企业的内部发展总体比较协调和稳

定。从动态上看，企业整体上处于一种较高水平的发展速度，企业在整个测量时间内表现出一种积极向上的发展变化，呈现出一种波动式上升的发展趋势，受模糊奖励的影响，其动态测量结果值比较高，也说明该类企业的企业家精神具有较强的发展能力，企业也具有良好的发展趋势和潜力。

第二类：L—H（Low—High）型，指企业家精神的静态测度值小于 1.46 且动态测度值大于 0.86 的科技型企业，统计数据有 291 家，占样本科技型企业总数的 21.1%，该类企业的企业家精神表现出一种较差的发展状况，但其发展速度比较快。从静态上看，企业整体发展水平较低，各阶段未展现显著竞争优势，但企业家精神中的创新与创业能力持续提升。受限于发展基础薄弱，企业成长进程缓慢，却始终维持良性运营状态，内部逐步形成平稳的发展态势。从动态上看，企业整体保持着较高的发展速度，在整个测量周期内呈现出积极向上的发展态势，其发展轨迹呈现螺旋式上升的趋势。与静态测量结果相比，动态测量结果受模糊奖励机制的影响而水平更高，这也反映出该类企业家精神具备较强的发展潜力，预示着企业在未来发展中能够持续进步。

第三类：L—L（Low—Low）型，指企业家精神的静态测度值小于 1.46 且动态测度值小于 0.86 的科技型企业，统计数据有 437 家，占样本科技型中小企业总数的 31.7%，该类企业的企业家精神表现出一种较差的发展状况，且其发展速度也比较慢。从静态上看，企业在整体发展进程中处于较低水平，各阶段发展优势不突出，企业家的创新与创业能力不足，企业发展缺乏创新驱动力，市场开拓能力较弱，进而导致企业成长能力低下，生产经营水平滞后，同时企业内部发展也不协调。从动态上看，企业整体发展速度处于较低水平，在整个测量周期内呈现出不稳定的波动状态，且整体发展趋势呈明显下降态势。受模糊惩罚机制影响，其动态测量结果在原本较低的静态值基础上进一步下滑，表明该类企业的企业家精神发展水平不足，创新与创业能力薄弱，内部发展失衡。上述因素共同导致企业陷入低水平、不稳定的发展趋势，同时也反映出企业缺乏良好的发展基础与有效的发展战略。

第四类：H—L（High—Low）型，位于第四象限，指企业家精神的静态测度值大于 1.46 且动态测度值小于 0.86 的科技型中小企业,统计数据有 209 家,占样本科技型中小企业总数的 15.2%,该类企业的企业家精神表现出一种较好的发展状况,但其发展速度比较慢。从静态上看,企业在整体发展进程中与第一类企业相似,处于较高水平状态,但未能持续保持发展优势;企业家具备较强的创新或创业精神,虽凭借此勉强维持企业经营管理的良好状态,但企业成长能力呈现明显波动态势,目前内部发展暂处于动态均衡阶段。从动态上看,企业整体发展速度处于较低水平,在测量周期内呈现出不稳定的波动式下滑趋势。受模糊惩罚机制影响,其动态测量结果偏低,这表明,尽管企业家精神具备较强的发展驱动能力,能够维持企业当前的良好运营状态,但企业因发展动力不足,导致发展趋势持续波动且稳定性差,整体呈现出缺乏内生增长动能的特征。

从表 8-7 可以看出各科技型企业的企业家精神发展类型,企业可以根据企业家精神发展的不同情况,采取不同的措施。对于第一类 H—H (High—High) 型,该类企业的企业家精神具有较好的发展状态和较高的发展速度,企业应当积极巩固现有发展优势,在坚守当前管理战略的基础上,进一步完善企业家精神的培育体系,着力构建成熟且稳定的企业家精神发展理论与实践体系。对于第二类 L—H (Low—High) 型,该类企业的企业家精神具有较高的发展速度,其发展潜力比较强,但企业家精神的发展状态比较差,企业应针对其薄弱的发展基础加强对企业日常生产和经营活动的维护,有针对性地提高企业家的经营能力和管理能力;同时进一步加强对企业研发和创新能力的培育,增强新产品或新服务的创新投入,改善企业创新和创业环境,提高企业家精神中的创新创业能力和成长能力。对于第三类 L—L (Low—Low) 型,该类企业企业家精神的发展状态和发展速度处于劣势,企业可以从创新能力、创业能力、成长能力和经营能力四个方面深入分析企业家精神的发展情况,分析企业内部发展现状,并针对这四个方面发展的不足,全方位地调整企业的发展策略。企业应当探索新的发展路径并挖掘优质项目,开发新的产品或服务,增加对企业创新活动的投入,加强企业在市场环境不确定条件下的创业能力,提高市场竞争力。同时强化对企业家能力的培育,提升企业经营管理水平,保障企业内部生产管理的高效运营,促进企业家成长能力的提升,从而进一步推动企业家精神的发展。对于第四类 H—L（High—Low）型,该类企业企业家精神的发展状况较好,但其发展速度较慢,企业可以采取积极稳健的措施,在保持其发展优势的基础上,增强对创新和创业活动的投入,激发其创新发展动力,并积极寻找和把握新的市场发展机会,提高企业应对风险的能力,促进企业家创新和创业能力的发展。

第四节　基于各省份的企业家精神测度分析结果

通过对科技型上市企业企业家精神的测度分析,可以从微观视角了解和分析各企业间企业家精神发展的实际情况与差异性。为了进一步分析科技型上市企业企业家精神的发展趋势,本书基于各上市企业的省份分布从地理位置维度对企业家精神的发展状况展开综合分析,具体结果如表8-8和表8-9所示。

表8-8　中国科技型上市企业的企业家精神静态评价结果

	省份	2015年	2016年	2017年	2018年	2019年	2020年	静态综合
东部地区	北京	1.3451	1.4045	1.4837	1.5519	1.5924	1.6763	1.5090
	福建	1.3141	1.3620	1.4287	1.5151	1.5483	1.6263	1.4657
	广东	1.3280	1.3705	1.4407	1.5152	1.5513	1.6301	1.4726
	海南	1.3490	1.3966	1.4916	1.5143	1.5438	1.6691	1.4941
	河北	1.2941	1.3733	1.4080	1.4617	1.5090	1.5628	1.4348
	江苏	1.3086	1.3523	1.4276	1.5002	1.5313	1.6151	1.4559
	辽宁	1.3419	1.3719	1.4373	1.5178	1.5802	1.6025	1.4753
	山东	1.3220	1.3612	1.4383	1.5092	1.5326	1.6108	1.4624
	上海	1.3266	1.3754	1.4415	1.5147	1.5507	1.6332	1.4737
	天津	1.3432	1.3658	1.4528	1.4927	1.5453	1.6322	1.4720
	浙江	1.3146	1.3602	1.4199	1.4905	1.5299	1.6152	1.4550

续表

	省份	2015年	2016年	2017年	2018年	2019年	2020年	静态综合
中部地区	安徽	1.2951	1.3451	1.4005	1.4634	1.5127	1.5815	1.4330
	河南	1.3140	1.3659	1.4246	1.4850	1.5388	1.6123	1.4568
	黑龙江	1.2703	1.3449	1.4012	1.4427	1.4809	1.5915	1.4219
	湖北	1.3338	1.3801	1.4578	1.5320	1.5410	1.6238	1.4781
	湖南	1.3251	1.3710	1.4403	1.5061	1.5576	1.6339	1.4723
	吉林	1.3151	1.3432	1.4038	1.5188	1.5344	1.6408	1.4594
	江西	1.2895	1.3545	1.4169	1.4979	1.5228	1.6216	1.4505
	山西	1.2917	1.3144	1.3946	1.4656	1.4703	1.5251	1.4103
西部地区	甘肃	1.2562	1.3182	1.3639	1.4340	1.4442	1.5460	1.3937
	广西	1.3076	1.3029	1.3699	1.4430	1.4881	1.5561	1.4113
	贵州	1.2849	1.3294	1.3886	1.4707	1.4938	1.5664	1.4223
	内蒙古	1.3114	1.3511	1.4125	1.4391	1.4903	1.5176	1.4204
	宁夏	1.2853	1.3154	1.3514	1.4791	1.5060	1.5539	1.4152
	青海	1.2194	1.2910	1.4057	1.5331	1.5670	1.5435	1.4266
	陕西	1.2717	1.3132	1.3787	1.4712	1.5092	1.6004	1.4241
	四川	1.3224	1.3693	1.4465	1.5097	1.5330	1.6118	1.4654
	西藏	1.4858	1.5215	1.5582	1.6485	1.6475	1.7834	1.6075
	新疆	1.2755	1.3282	1.4203	1.4901	1.5426	1.5648	1.4369
	云南	1.3373	1.3775	1.4376	1.4892	1.5164	1.5907	1.4581
	重庆	1.3183	1.3569	1.4241	1.5138	1.5261	1.6056	1.4575

表8-9　　　　　　　　各地区企业家精神静态评价结果

	均值	方差
全国	1.4546	0.0384
东部地区	1.4700	0.0188
中部地区	1.4478	0.0225
西部地区	1.4449	0.0530

分析表 8-8 和表 8-9 可以看出，中国各地区企业家精神的发展水平各不相同，呈现出不断波动变化的特征，但整体来看，静态评价的结果比较良好，呈现出"东高西低"的特点。从地区角度来看，东部地区的企业家精神静态评价结果的均值高于全国均值，表明东部地区的企业家精神发展水平高于全国平均水平，拥有良好的企业家精神培养与发展环境，尤其是北京、海南、辽宁、上海的静态综合评价结果在 1.47 以上。北京与上海经济发展水平较高、创新技术发达且拥有强劲的人才吸引力，进一步促进了该地区企业家精神的培养和发展；海南作为中国自由贸易港建设的关键地区，全面融入新发展格局；辽宁作为中国重要的老工业基地，逐步形成了三大区域发展战略，为企业家精神的发展提供了良好的动力。同时，东部地区静态评价结果的方差远低于全国平均水平，说明中国东部地区的绝大多数省份企业家精神的发展具有较强稳定性，企业家精神的发展相对成熟。

中部地区企业家精神静态评价结果的均值接近全国平均水平，其中湖北和湖南作为"中原崛起"的主力军，其企业家精神评价结果均值高于全国均值，在该地区占有主导地位；相反，陕西和黑龙江的企业家精神静态评价均值较低，即企业家精神的发展水平相对较低，但整体上该地区的静态评价结果与全国平均水平的方差相近，说明该地区的企业家精神发展水平较为稳定，其企业家具备较为稳定的创新能力与经营能力，能够根据环境变化进行适应调整。

西部地区的企业家精神静态评价结果的均值低于全国平均水平，且波动幅度较大，表明该地区的企业家精神发展水平相对较低且具有一定的动荡性。西部地区的地理位置具有一定劣势且经济发展相对滞后，进一步导致其吸引风险投资的能力相对较弱，使企业家精神未能拥有良好的发展环境，而外部融资的困难进一步导致企业家的创新能力较弱，因此该地区的企业家精神发展水平相对较低。但近些年国家大力扶持西部地区建设，在各项政策落实的过程中，企业家精神的发展水平呈现波动性特点。

表 8-10　中国科技型企业的企业家精神静态评价与动态评价结果比较

	省份	静态综合	动态综合
东部地区	北京	1.5090	0.8690
	福建	1.4657	0.8667
	广东	1.4726	0.8638
	海南	1.4941	0.8636
	河北	1.4348	0.8457
	江苏	1.4559	0.8645
	辽宁	1.4753	0.8585
	山东	1.4624	0.8602
	上海	1.4737	0.8637
	天津	1.4720	0.8635
	浙江	1.4550	0.8620
中部地区	安徽	1.4330	0.8577
	河南	1.4568	0.8606
	黑龙江	1.4219	0.8593
	湖北	1.4781	0.8593
	湖南	1.4723	0.8654
	吉林	1.4594	0.8728
	江西	1.4505	0.8668
	山西	1.4103	0.8482
西部地区	甘肃	1.3937	0.8519
	广西	1.4113	0.8566
	贵州	1.4223	0.8561
	内蒙古	1.4204	0.8367
	宁夏	1.4152	0.8578
	青海	1.4266	0.8738
	陕西	1.4241	0.8717
	四川	1.4654	0.8582
	西藏	1.6075	0.8596
	新疆	1.4369	0.8627
	云南	1.4581	0.8479
	重庆	1.4575	0.8599

通过分析表 8-10 可知，东部地区中，福建、江苏及浙江的动态评价结果相较于静态评价结果呈现出向好的趋势，其企业家精神表现出较强的增长势头，而其余各省份的相关指标表现均呈现下滑趋势，可能是由于这些地区经济发展速度快及拥有较为丰富的资源优势，已经形成了较为完善的企业家精神体系，因此发展速度缓慢。中部地区的动态评价结果差异较大，安徽和湖北的企业家精神发展速度较为缓慢，其余各省份的企业家精神均表现出增长势头，其中吉林和江西上升趋势明显，表现出较强的增长态势。西部地区的企业家精神发展速度呈现出波动变化的特征，除去样本企业数量较少的西藏，青海和陕西的企业家精神发展速度较快，呈现出较强的增长势头，说明近些年国家扶持西部地区建设取得了显著成效，但其余各省份的企业家精神呈现出波动特征，且企业家精神的动态评价指标值较低，需要及时采取策略进一步调整。

第五节　本章小结

随着数据资料的丰富、研究成果的积累及分析方法的不断完善，有关企业家精神研究的分析逐步由定性向定量、定性与定量相结合的分析方式转变。研究发现，在单一定量分析中，量化后的测量结果容易受测量方法复杂性与研究对象特征多样性和模糊性因素的影响，导致研究测量结果在准确定位和精确量化等方面存在一定不足，同时不能满足在连续时间下对企业家精神的发展变动情况进行科学、精准地测度分析，因此需要采取科学的方法对企业家精神进行动态综合测度分析。基于此，本章以企业家精神的测量研究为切入点，根据企业家精神理论，结合科技型中小企业的发展特征，利用定性和定量相结合的分析方法，构建了包含创新能力、创业能力、经营能力和成长能力四个维度的企业家精神综合测量指标体系，并以全国 1378 家科技型上市企业为研究对象，利用熵值法对企业家精神的指标进行赋权分析，在此基础上采用突变级数计算了科技型企业家精神在 2015—2020 年的静态测度值。考虑到企业家精神在连续时间序列上的变化发展，根据模糊数学和信息聚合理论，结合激励奖惩与速度变化特征，构建了模糊奖惩视角具有变化速度特征的企业家精神的动态综合测量模型,对科技型企业的企业家精神进行测量研究,得出以下研究结论。

(1) 在企业家精神的静态测量研究上,利用突变级数对企业家精神进行静态测量,解决了企业家精神因为各个构件的突变和交叉变异性导致的发展异常性问题;在企业家精神的动态测量研究中,运用模糊思想有效解决了因企业家精神概念抽象性导致的评价特征模糊性问题,该方法对测量过程中的不确定性具有较强的适应性,从而提高了测量结果的准确性,成功克服了企业家精神测量中存在的模糊性与不确定性难题;测量过程中多次加入变化速度特征,在时间维度上提高了评价管理的均衡性和一致性,解决了企业家精神在时间序列上的发展变化多样性问题,减少了测量误差;利用激励控制线、模糊集和隶属函数有效界定测量值的发展区间,提高了评价管理柔性和灵活性,模糊化的过程减弱了企业家精神在柔性组织管理中的局限性,使企业家精神在企业管理中的激励机制更加合理化。综上可以看出,模糊奖惩视角下具有变化速度特征的企业家精神动态综合测度模型,有效地解决了企业家精神在测量过程中出现的模糊性、不确定性、复杂性和数据异常性等多重问题,提高了测量结果的准确性,实现了对企业家精神的科学测量和精准分析。

(2) 通过对企业家精神测量结果的分析,发现科技型企业的企业家精神在各时间点上的发展情况是不同的。从整体来看,科技型企业企业家精神的发展具有较好的平衡性,整体发展情况比较稳定,仅有少数企业发展失衡,严重低于发展平均值。从时间上看,科技型企业企业家精神的发展波动比较大,呈现出不断上升或下降的趋势;不同科技型中小企业的企业家精神在某相同年份内的差异性比较明显,同一科技型中小企业在不同年份的发展变化也比较明显。因此,在动态的测量过程中加入变化速度特征和模糊奖惩控制线,测量研究发现,具有较高静态测度值的企业更有可能获得高额奖励,因此其动态测度值也较高;相反,静态测度值较低的企业更容易受到高额惩罚,因此其动态测度值相对较低。但是,静态测度值相对较低的企业如果受到变化加速度的影响,会获得更多回报,从而增加了其动态测量结果;相反,具有较高静态测度值的企业如果受到变化减速度的影响,会获得更多惩罚,使其动态测量结果降低。由此可见，企业家精神的综合测量结果受静态测度值、变化速度、奖励和惩罚等因素的影响，其发展也受初始状况、发展趋势、奖励和惩罚等因素的影响。基于此，根据企业家精神的静态和动态测量结果，将科技型企业的企业家精神划分为 H—H（High—High）型、H—L（High—Low）型、L—L（Low—Low）型和 L—H（Low—High）型，分析了四种类型企业家精神的发展差异性和产生的主要原因，并根据四种企业家精神的发展类型提出相应的对策与建议，以促进企业家精神的有效发展，为营造健康的企业家成长环境与激发、保护企业家精神提供科学的理论依据和借鉴参考。

第九章

基于模糊神经网络对企业家精神的测量研究

前文分别运用三次差异和模糊奖惩视角下具有变化速度特征的企业家精神动态综合测度模型对科技型上市企业的企业家精神进行了测度分析。其中，三次差异驱动利用能量消耗指数对企业家精神在连续时间序列上的波动变化进行了测算，模糊奖惩视角下具有变化速度特征的动态模型则在运算过程中多次利用变化速度特征减少企业家精神发展的波动性、利用模糊数学与激励奖惩解决了企业家精神测度的模糊性和不确定性，提高了测度的科学性和合理性。但测度模型组合特征比较多，导致其运算过程比较复杂，难以实现对数据的多轮验证测算，因此在此基础上，本章根据模糊思想，利用模糊神经网络对企业家精神进行新一轮的测度分析，目的是通过运用模糊神经网络的测算结果对企业家精神的测算进行验证性分析。

第一节 描述性统计

样本企业家精神子指标的描述性统计结果如表 9-1 所示。由于指标变量的数量级、性质的不同，首先对 13 个指标进行标准化处理，再进行描述性统计。在进行归一化处理中，将数据通过 Max-Min 标准化映射成在区间 [0, 1] 的值，既使所有指标在测度过程中趋同化，又不改变原来的数据结构。

总体而言，根据三次差异原理中的能量消耗指数的计算方式，求得企业家精神子指标的波动率。其中，波动较大的分别是知识产权资本、净利润增长率、研发人力投入、销售能力、股东利润、识别能力，波动率分别为 1.934、1.551、1.212、1.026、0.975、0.933。这些指标说明各企业的企业家精神在研发投入、企业利润增长、市场开发及人力管理等方面存在较大差异，因此对企业家精神测量的影响也最大。其他指标的标准差落在区间 [0.05，0.10]，说明其余 7 个指标对企业的企业家精神测量值的影响程度近似，但各有不同。

表 9–1　　　　　　　　　　企业家精神描述性统计

	均值	标准差	最大值	最小值	差异驱动均值	差异驱动标准差	波动率
识别能力	0.11207	0.11853	1.04443	0.00000	0.14602	0.15654	0.93280
开创能力	1.82515	2.91238	85.35608	0.01335	0.07481	0.09825	0.76142
销售能力	1.18937	1.79996	123.30481	0.00754	0.08531	0.08312	1.02630
营业利润率	0.11112	1.76413	91.62026	-0.89961	0.01398	0.02985	0.46820
营业收入增长率	1.31235	4.50088	250.84163	0.00000	0.00901	0.03074	0.29322
净利润增长率	0.78032	5.12865	165.63219	-19.13900	0.16057	0.10353	1.55090
制度创新能力	0.01365	0.02426	0.59091	0.00008	0.05373	0.08115	0.66218
研发资金投入	0.05509	0.07952	3.42335	0.00000	0.06152	0.07760	0.79271
知识产权资本	0.93277	2.17126	40.99142	-5.99798	0.23594	0.12197	1.93448
研发人力投入	0.16774	0.13027	1.93874	0.00000	0.17984	0.14832	1.21249
每股经营现金流	0.52491	3.56063	180.99412	-2.61600	0.02439	0.03217	0.75824
净资产收益率	0.07239	1.50883	120.13301	-1.40242	0.01919	0.02808	0.68323
股东利润	0.39275	2.23727	100.48153	-2.42581	0.03961	0.04062	0.97511

第二节　测量过程

模型的建立和测试选择 MATLAB R2018a 进行实操，并调用内置的工具箱实现建模。函数 genfis 可以为训练自适应神经模糊推理系统（Adaptive Neuro-fuzzy Inference System，ANFIS）产生 TS 型模糊推理系统（Fuzzy Inference System，FIS）的初始隶属函数。MATLAB 中调用代码 anfisedit，调出的图形界面编辑器（ANFIS editor）易于在使用少量代码的情况下完成网络初始化搭建、训练、测试和模型导出等功能。模型训练如下：模型输入变量为 11 个，输出变量 1 个，首先对 13 个指标进行预处理，通过归一化让各指标处于同一量级。一般情况下，在生成 FIS 时，选择 Grid Partition（网格划分）中的 gaussmf（高斯函数），即隶属函数采用高斯型。但是 Grid Partition 对输入层数量有限制（最多 5 个），因此在生成 FIS 时，选择 Sub. clustering（子聚类）。

一般情况下，训练误差设为 0.0001、训练步数设为 200 步时，模型的趋势就已经趋于平稳，精确度也足够。但为了观察模型自身能够达到的极限，容许误差设为 0、训练步数设为 1000 步。训练集占 70%，包含 249 组数据，测试集占 30%，包含 106 组数据，以下对建模仿真过程进行阐述。

选取 2018 年 1378 家非 ST 的上市公司，对 13 个变量进行归一化处理，同时利用熵值法求出各变量的权重并加权求和，利用 Python 的 random 包随机挑选其中 1249 家公司，再导入这 1249 条作为训练数据，生成网络图。

在训练模型之前修改子集默认参数。首先将 11 个输入变量的模糊子集数依次设置为 17、17、17、17……17、17、17，使用 Sub. Clustering 生成 FIS，设置 rejectratio 为 0.0001。设置 1000 次训练，期望误差为 0。由图 9-1 可以看出，误差曲线在训练超过 10 步时，收敛效果显著，并保持稳定。各变量模糊子集数不变，经过反复多次训练，误差依然保持在 10^{-5} 水平，确定该网络作为基于模糊神经网络的企业家精神测量模型。

训练前后的规则可以通过点选 Edit—Rules，查看、修改、增删规则。共产生 17 条规则，选取第 1 条规则进行举例说明，具体内容："If（in1 is in1cluster1）and（in2 is in2cluster1）and（in3 is in3cluster1）and（in4 is in4cluster1）and（in5 is in5cluster1）and（in6 is in6cluster1）and（in7 is in7cluster1）and（in8 is in8cluster1）and（in9 is in9cluster1）and（in10 is

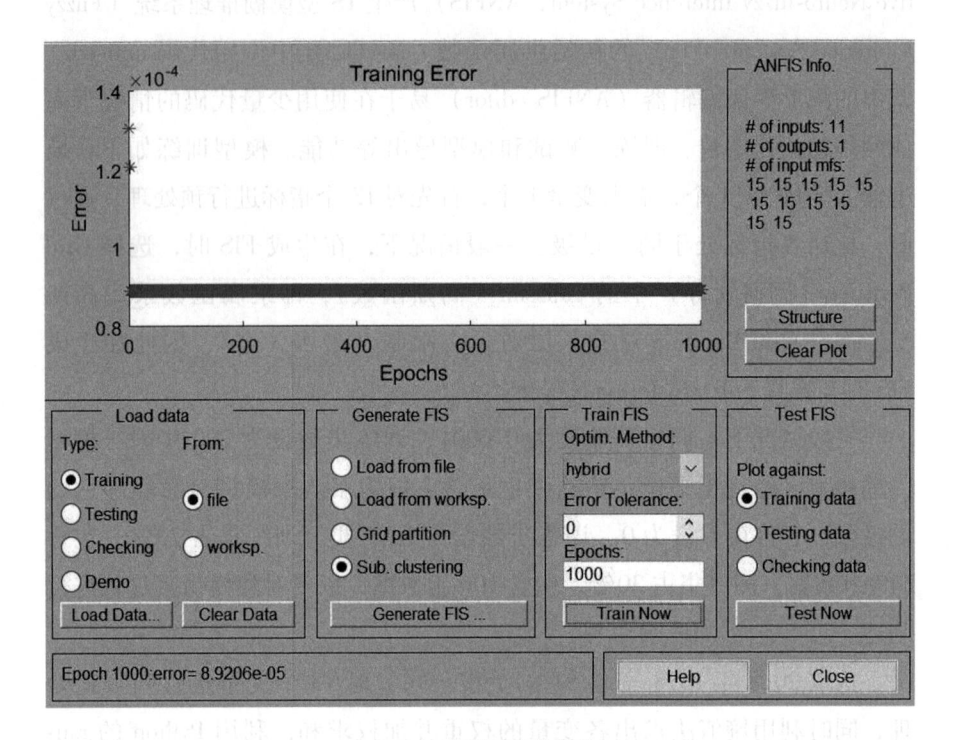

图 9 – 1　训练误差确定

in10cluster1) and (in11 is in11cluster1) and (in12 is in12cluster1) and (in13 is in13cluster1) then (out1 is out1cluster1)"。上述规则的约束部分是 If 之后的内容，包含 13 个输入指标向量的模糊集合，"in1，in2，…，in13"代表 13 个输入的指标变量，编号与指标从上向下对应；第二个"in"跟着的数组代表隶属函数的编号；"cluster"后面的数字代表该隶属函数中通过子聚类算法产生的模糊子集。"then"之后的部分是该规则的结论，如上述规则中"（out1 is out1cluster1）"表示输出 out1 属于的隶属函数的第一个模糊子集。

在 ANFIS 的窗口中，通过点选 Edit-Membership Function，在该页面可以对比模型训练前后的隶属函数分布情况。以输入变量 in3 为例，模型训练前的初始图像如图 9 – 2（左）所示，训练后的如图 9 – 2（右）所示。13 个指标变量形成的隶属函数原始数据与训练后的数据如表 9 – 2 所示。

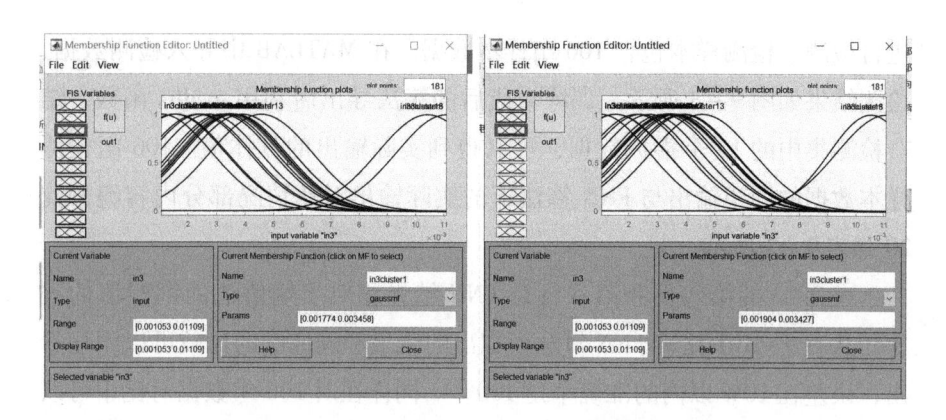

图 9-2　训练前（左）和训练后（右）隶属函数对比

表 9-2　　　　　　　指标隶属度参数训练前后变化

输入变量	隶属度参数值（训练前）	隶属度参数值（训练后）
识别能力	[0.1056, 4.57e-05]	[0.1056, 4.59e-05]
开创能力	[0.0196, 0.0109]	[0.01962, 0.01091]
销售能力	[0.001774, 0.003458]	[0.001904, 0.003427]
营业利润率	[0.02635, 0.002484]	[0.02635, 0.002487]
营业收入增长率	[0.009159, 0.008967]	[0.009213, 0.009006]
净利润增长率	[0.005815, 0.007963]	[0.005881, 0.008002]
制度创新能力	[0.005627, 0.002104]	[0.005634, 0.00211]
研发资金投入	[5.076e-05, 0.0009673]	[0.001904, -0.001079]
知识产权资本	[0.000558, 0.002116]	[0.0005623, 0.001932]
研发人力投入	[0.0008885, 0.002188]	[0.001073, 0.002182]
每股经营现金流	[0.000137, 0.0006626]	[0.0005148, 0.0003713]
净资产收益率	[0.000912, 0.001054]	[0.001285, 0.002047]
股东利润	[0.00189, 0.005274]	[0.004830, 0.004901]

第三节　模型检测

一　FNN 的结果

上述网络模型经过 1000 次训练后，再利用企业家精神测量检测样本进行检测，检测样本包含 106 组样本数据。在 MATLAB 中导入检测数据，检测结果如图 9-3 所示。训练完成后的算法导出后利用 evalfis 函数，结合检测集中的 13 个指标数据，可以得到实际输出的具体值。106 组检测样本数据的期望输出与 FNN 算法下的实际输出对比情况部分内容编号前 20 如表 9-3 所示。

表 9-3 的第四行和第八行是 FNN 结果相对于熵值法的期望值的占比，从表 9-3 中比较 FNN 算法模拟出的结果和熵值法的比较可以明显看出，误差在 10% 以内的准确率是 100%。同样在对 106 组数据对比中可以发现，正确率依然为 100%。这说明模糊神经网络模型在企业家精神测量时具有较强的稳定性和有效性。

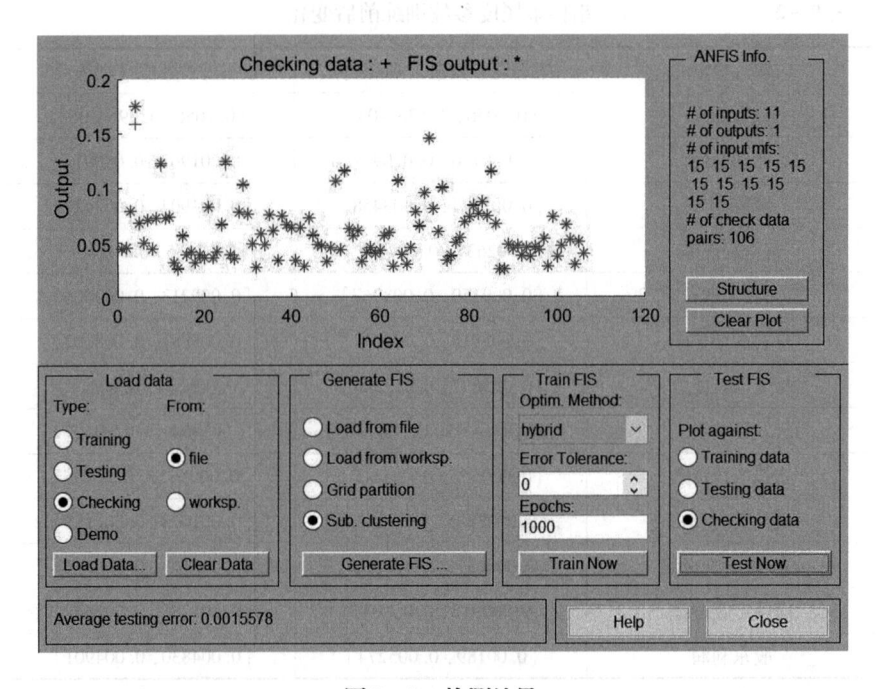

图 9-3　检测结果

表9-3　　　　　　　　期望和FNN计算结果对比

	1	2	3	4	5	6	7	8	9	10
期望输出	0.044837	0.045502	0.079564	0.159185	0.068162	0.049828	0.070752	0.045212	0.072993	0.121118
FNN	0.0449	0.0455	0.0796	0.1749	0.0682	0.0499	0.0708	0.0452	0.0731	0.1225
占比（%）	100.14	99.99	100.05	109.87	100.06	100.14	100.07	99.97	100.15	101.14
	11	12	13	14	15	16	17	18	19	20
期望输出	0.072632	0.07368	0.032405	0.025793	0.05703	0.039713	0.042284	0.031928	0.039003	0.036925
FNN	0.0726	0.0737	0.0324	0.0266	0.057	0.0397	0.0423	0.0319	0.039	0.0369
占比（%）	99.96	100.03	99.98	103.13	99.95	99.97	100.04	99.91	99.99	99.93

二　与 BP 神经网络对比

在 BP 神经网络模型中，利用与 FNN 训练时相同的 249 组数据、106 组数据分别进行训练和检测。环境参数和关键设置与 FNN 训练时的保持一致。BP 训练后的结果如图 9-4 所示，可以发现不同于 FNN 训练，BP 在前 50 步训练时波动很大，50 步之后才趋于稳定，约 550 步之后误差再

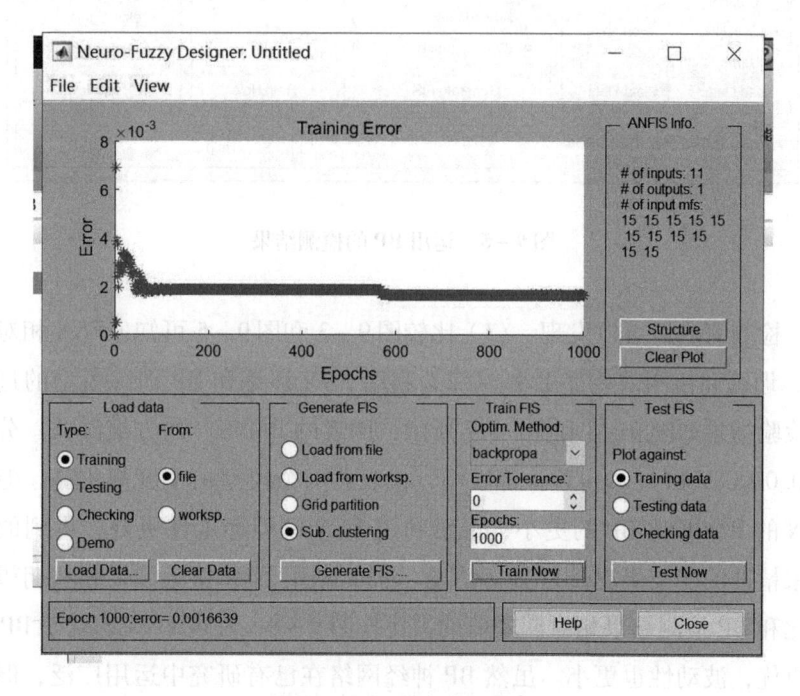

图 9-4　运用 BP 的训练

次缩小。之后进行 BP 检验，检验结果如图 9-5 所示。最后在 MATLAB 环境下导出训练完成的算法模型，利用 evalfis 函数对由检测数据集指标数据构成的新数据集进行处理，输出经 BP 神经网络运算后的结果。

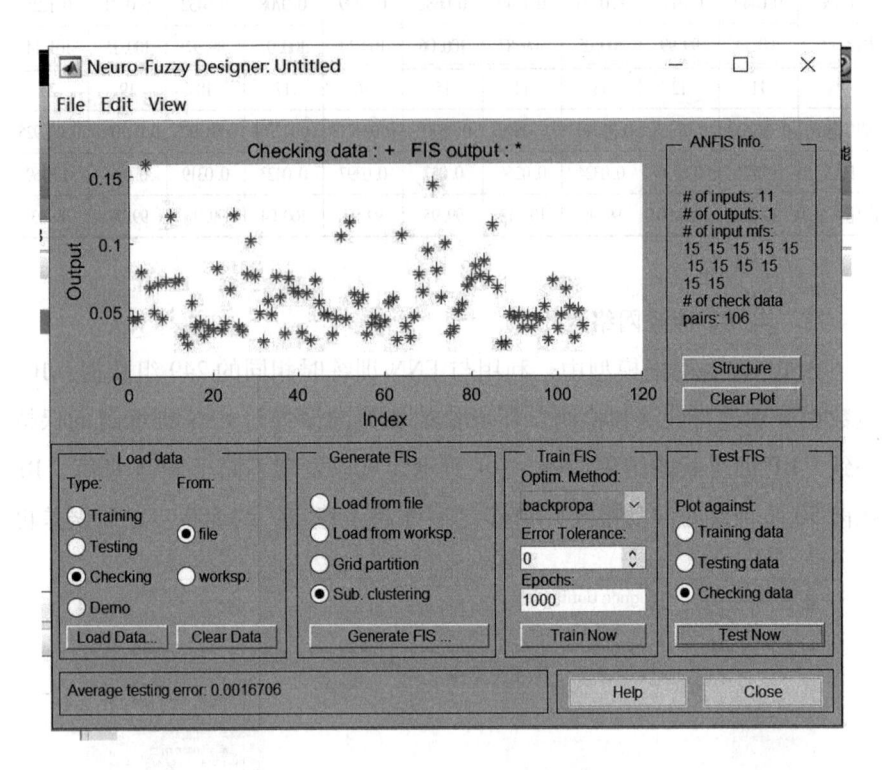

图 9-5 运用 BP 的检测结果

检测完成后可以发现，(1) 比较图 9-3 和图 9-5 可知，FNN 相对于 BP，训练和检测误差都更小。(2) 利用 FNN 训练和 BP 训练模型的过拟合检验结果如图 9-6 和图 9-7 所示，两者的 RMSE（均方根误差）分别为 0.000089 和 0.001479，都很小，代表着两个模型精密度都很高，但是 FNN 的 RMSE 比 BP 的更小，说明利用 FNN 模型稳定性更好，得到的企业家精神测度结果更接近真实情况。(3) 利用 FNN 检测结果相对期望值占比和 BP 检测结果相对期望值的占比作图 9-8，发现 FNN 相对于 BP 结果更优，波动性也更小。虽然 BP 神经网络在已有研究中运用广泛，但由于 BP 本质是一种局部优化的搜索算法，在训练的初始阶段随机权值不固定，利用神经网络加快运算速度，容易导致算法过程中出现局部极值，在训练和检测中出现不确定性概率很大。经过多次论证检验，发现 BP 神经网络的训练和检测结果差异性更加显著。综上得出结论，FNN 相比于 BP 神经网络，建模过程更加确定、有效，检测效果更加理想。

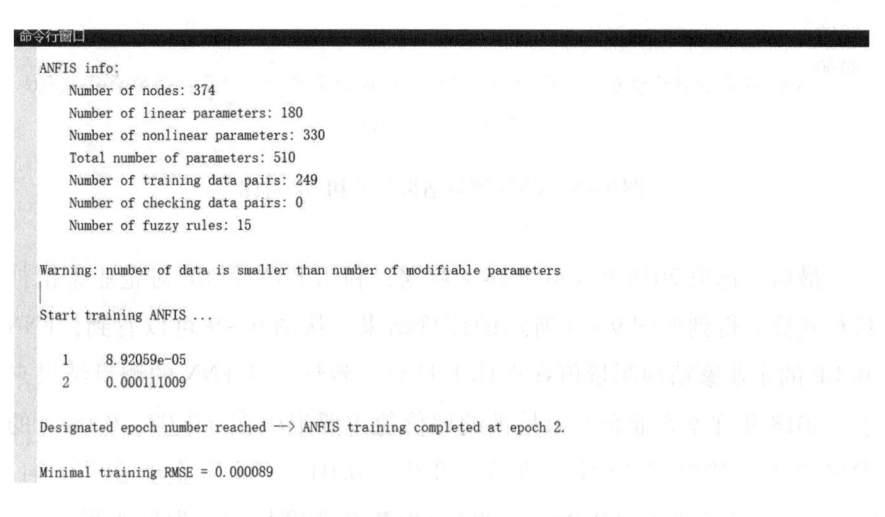

图 9-6　FNN 的过拟合检验结果

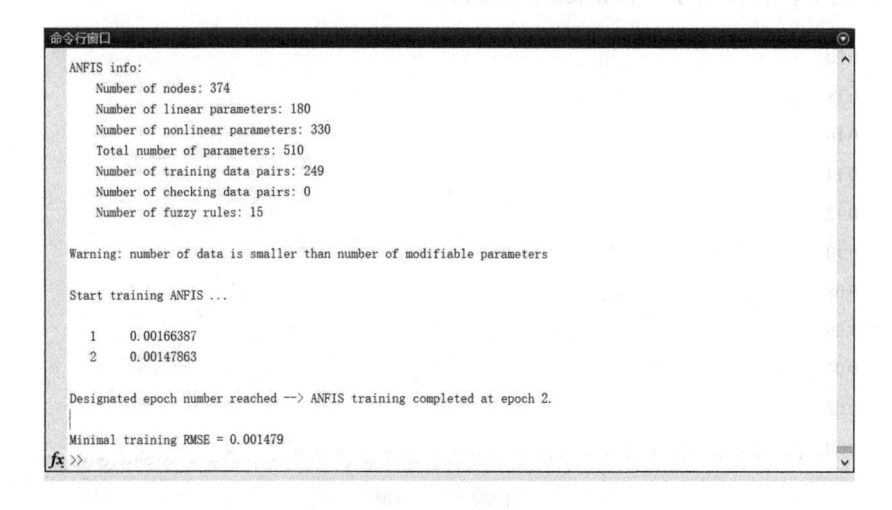

图 9-7　BP 的过拟合检验结果

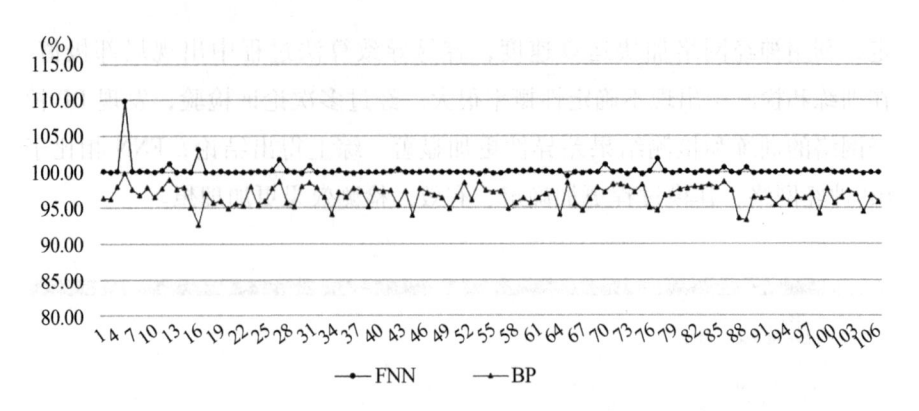

图 9-8　FNN 测量结果偏差和 BP 对比

最后，选取 2018 年 106 家样本数据，利用 FNN 和 BP 对企业家精神进行测算，得到如图 9-9 所示的评价结果。从图 9-9 可以看到，FNN 和 BP 的企业家精神测量值在整体上具有一致性。从 FNN 的测量结果来看，2018 年样本企业企业家精神的评价值主要集中在 [0.02, 0.08] 的发展水平，其中有 29 家企业在 [0.02, 0.04]、34 家企业在 [0.04, 0.06]、30 家企业在 [0.06, 0.08]，少数企业家精神的发展水平较高，起到带头作用。综上所述，2018 年样本企业的企业家精神发展水平差异性较小，整体处于一种稳健的发展状态。

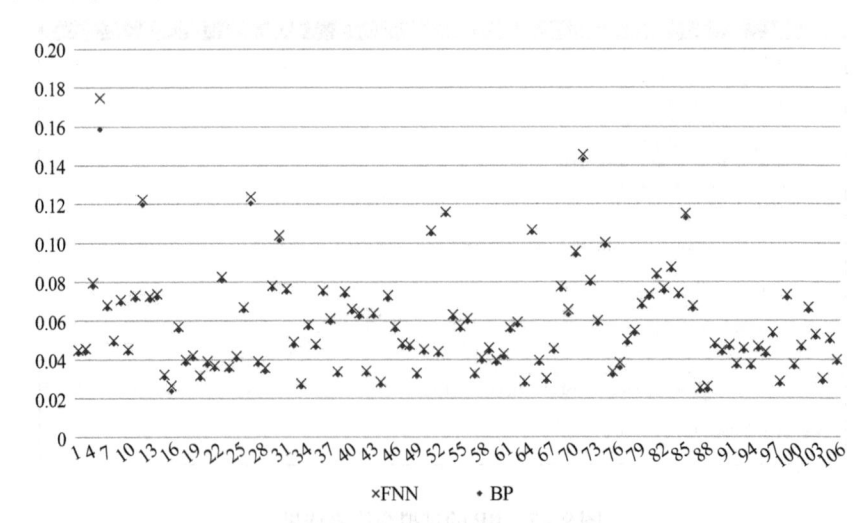

图 9-9　FNN 测量值和 BP 对比

第四节　本章小结

基于 2018 年科技型上市企业数据，构建包含创新精神、创业精神、成长能力和经营能力 4 个维度共计 13 个评价指标的企业家精神测量指标体系，运用熵值法对企业家精神进行初步计算，并运用模糊神经网络模型对上述数据开展企业家精神测量。对比 BP 模型的训练和检测结果后发现：(1) FNN 在企业家精神的测量评价方面的正确率高，波动小；(2) 建模过程更加合理，理论推理更加清晰。因此通过模糊理论改进形成的模糊神经网络推理系统能够有效运用于科技型上市企业的企业家精神测量模型的构建。模型能够实现财务指标与非财务指标的结合、主观性与客观性结合，有利于批量处理数据，并对定性内容定量化。明确的计算过程和决策规则，适用于企业家精神测量研究并具有稳定性。

第五节　对策与建议

通过对科技型上市企业的企业家精神评价，为科技型上市企业促进企业家精神的发展提供了相关的管理启示。首先，通过评估科技型上市企业企业家精神的各维度发展情况，分析了企业家精神内部的发展弱点，有效加强薄弱环节的管理，促进科技型上市企业企业家精神内部发展的协调性。其次，根据科技型上市企业企业家精神的发展类型，有针对性地完善企业发展战略，调整企业发展模式，加强企业创新创业管理，重点培育企业人才，增强创新型人才培养，促进科技型上市企业企业家精神全面发展。最后，通过对科技型上市企业企业家精神的测量，有效地了解各企业家精神的具体发展情况，实现了企业家精神的精准定位，有利于企业家选择与自身发展相适的企业进行交流与合作，从而进一步实现企业家精神的协调发展，为营造健康的企业家成长环境与激发、保护企业家精神提供科学的理论依据和借鉴参考。根据企业家精神的测量研究结论及管理启示，提出了相应的对策与建议，具体如下。

1. 为培育和弘扬企业家精神提供良好的外部环境

第一,政府应落实有关企业家精神发展的相关制度和政策,为培育和弘扬企业家精神提供良好的政策支持。政府应在政策和制度上给予企业家更多的支持与鼓励,为企业家精神的发展打造更好的交流平台,创造有利于企业家创新创业的外部环境。通过构建企业家交流平台,增强企业之间的交流和合作,提高企业家群体的凝聚力,促进企业之间企业家精神的合作与发展。同时对具有优秀企业家和高质量企业家精神的企业进行奖励,为企业家精神的发展树立良好的榜样,从而全社会性地刺激企业家精神的培育和弘扬。

第二,提升社会对企业家精神教育的重视程度,通过校企联合办学、产学研合作等创新模式培养学生的企业家精神素养。在企业家精神教育与培训过程中,应推动教育类型多元化与教育主体多样化,整合高校、政府和企业资源,组建由优秀教师、企业家和行业专家构成的专业化师资团队,开展系统化的企业家精神教育与培训。同时,通过举办创新创业大赛、社会实践活动等载体,搭建实践平台,鼓励学生与社会人士参与,在真实场景中提升创新创业技能与素养,为未来投身创业实践筑牢基础。

第三,为企业家营造良好的社会氛围和成长环境。作为促进经济创新驱动发展的重要力量,全社会应该从更多方面和角度对企业家精神的发展给予关注和支持,为企业家精神的发展打造一个积极、包容与充满活力的成长环境和社会氛围,更加了解企业家精神发展的真实需求,为企业家精神创造价值提供更多的动力和支持。同时应加强对市场体系的监管,促进诚信机制的有效建立,加强对市场恶性竞争的管控,打造合理良性的市场竞争和发展机制,为推动企业家精神的发展创造良好的市场环境。

2. 企业内部应加强对企业家精神的培育与塑造

第一,构建企业家精神的发展体系,主要从制度建设和教育培训两个方面对企业家精神进行建设和发展。在企业家精神体系制度的建设上,立足企业家精神的测量体系,围绕创新能力、创业能力、成长能力和经营能力四个维度,针对企业实际发展现状,根据企业的企业家精神理论和企业发展特性，建设成文的、系统的企业家精神制度体系或惯例。在企业家精神的教育培训上，基于企业家精神的四个测量维度，展开对公司企业家精神建设和发展的系统化教育与培训，目的是培养企业家精神的核心文化，提高对企业家精神的认识和重视程度，为企业家精神的可持续发展提供源源不断的动力和支持。另外，还可以通过成立专门的培育机构来促进企业家精神培育的规范化管理，为培育企业家精神提供优越的组织机构背景和有利的硬件基础，实现企业家精神在企业各层面的有效传播。

第二，加强对企业人才的培养。企业人才不仅是企业最重要的生产要素，更是企业最宝贵的资源和财富，为企业家精神的可持续发展提供后备军。因此企业应该加大对人才的培养关注力度，优化企业投入项目，增加企业在人才方面的资金和时间投入。注重对企业人才的多元化培育，以公司内部实训、出国学习交流和专业化学习等多种方式对企业人才进行培训，提高企业人才的综合实力。同时为企业人才的发展提供良好的体系保障，加强对企业人才结构的优化，建设梯形的人才发展体系，为企业家精神人才的发展提供能够良性竞争和学习交流的积极向上的氛围。

第三，加强对中高层企业管理者企业家能力的培养。企业中高层管理者作为企业上下之间的沟通桥梁和企业制度的执行者，在企业的创新发展中发挥着直接的、重要的作用；同时作为企业制度创新能力的主力军，也是最有可能成长为企业家的管理人才，因此企业应加强对中高层管理者企业家能力的培养。创新和创业更容易在不确定的市场环境中孕育，培养中高层管理者在不确定市场环境下的机会识别能力、利用能力和风险承担能力，提高中高层管理者的创新和创业能力，培养他们的企业家精神。同时企业应自上而下、由内向外多方位加强对企业家精神的理解，将企业家精神的发展落实到企业的日常生产和管理中，从制度和绩效机制上鼓励创新创业，为企业家精神的发展提供更多的支持。

第四，完善企业内企业家精神的发展战略管理和创新创业环境。从全员角度制定企业的发展战略，鼓励更多的员工参与到企业的创新创业活动中，同时要根据市场环境的变化及时调整和完善企业的发展战略。

优化组织结构，设立专业的创新创业机构，改善企业的创新创业环境，为企业进行创新创业活动提供有效的管理，形成优秀的企业家精神文化和创新创业氛围，提高企业对企业家精神发展的积极性和创新创业的忠诚度。

第 十 章

基于空间计量的企业家精神实证研究

在现实生活中，不同区域的企业家精神的发展情况差距显著。根据以往的研究可知，企业的创办成立在空间上并不是随机分布的，其分布在地区间有很强的联系。以中国经济发展水平较高的城市群长三角为例，江苏、浙江和上海的上市企业数量占据全国上市企业数量的30%，企业家的活动在此区域形成了集聚效应。随着区域企业家精神研究的兴起，众多学者从产业结构调整、区域协调发展、投入产出效率以及技术创新等视角展开对企业家精神的研究。[①] 但企业家是在一定范围内的空间区域进行创新创业的活动，往往会趋向于他们所熟悉或者经济发展较好的区域，因此对企业家精神的研究不能忽视空间相关性。然而，目前现有的关于企业家精神的研究，通常将区域看作独立的整体，只考虑区域整体要素对企业家精神的影响而忽视了空间上的联系。[②] 借鉴发达国家的发展经验，企业家精神对企业经济的影响是长远的。S. Nickell 等在企业家精神的研究中发现创新对就业和经济的增长具有促进作用，企业能够利用

---

① Ojahk Mthantit, "Entrepreneurship Orientation (EO), Measurement and Policy Implications of Entrepreneurship at the Macroeconomic Level", *Research Policy*, Vol. 46, No. 2, 2017, pp. 724–739.

② 邢蕊、王国红、周建林：《基于 GEM 模型的区域创业合成能力评价研究》，《中国管理科学》2015 年第 23 期。

企业家精神的创新内核促进经济发展情况的改善。[①] 国内学者在企业家精神的实证研究上，主要就社会经济的发展和行业发展绩效的影响等方面展开研究，忽视了企业家精神在区域上对企业短期内就业发展的推动情况。[②] 文献研究发现，国外学者从创新视角对企业经济效益集聚的研究仅限于静态分析，国内偏向于宏观解释创新和经济集聚之间的内涵，缺乏从动态视角和空间维度上对企业家精神展开研究。

对于企业家精神的研究，若不考虑空间相关性的联系，其研究结果的准确性可能会存在一定的误差。虽然种种现象表明企业家精神数据蕴含着空间上的相关性，但少有学者对其空间维度进行深入的探究。基于以上的现实与理论背景，以长三角地区369家科技型上市企业为样本，使用Moran's I指数全面分析长三角地区科技型上市企业的企业家精神，以及企业经济发展在区域上的集聚或溢出情况，然后通过空间计量模型的构建，分析企业家精神对企业经济发展的影响，深入探讨两者之间的关系，并根据研究结果提出相应的对策与建议。对动态层面与空间连接内部相互关系的研究，可进一步全面阐释企业家精神与就业之间的内在联系，不仅能为企业发展提供方向指引，更会对政府相关政策的制定、执行及调整产生影响。

第一节　空间计量模型的构建

一　空间相关性与空间异质性

空间相关性是指观测样本的观测值在其相邻区域下呈现一定程度的地区相关性，即与相邻区域观测值大小的变化呈现同向变化时为正相关

[①] S. Nickell, J. V. Reenen, "Technological Innovation and Performance in the United Kingdom", Cep Discussion Papers, 2001, pp. 178 – 199; M. Piva, M. Vivarelli, "The Role of Skills as a Major Driver of Corporate R&D", *International Journal of Manpower*, Vol. 30, No. 8, 2009, pp. 835 – 852; R. Harrison et al., "Does Innovation Stimulate Employment? A Firm-Level Analysis Using Comparable Micro-Data from Four European Countries", International Journal of Industrial Organization, 2014.

[②] 杨勇、朱乾、达庆利：《中国省域企业家精神的空间溢出效应研究》，《中国管理科学》2014年第11期。

性,与相邻区域观测值大小的变化呈现反向变化时为负相关性。因而,空间相关性表示目标观测值由于空间上的作用关系从而呈现出的地理区位上的集聚效应,当所收集的样本数据无法准确反映样本之间的特征时,观测对象间便存在空间相关性,呈现出这种联系的作用有溢出效应、经济效应等。

表达式为:

$$yi = f(y1, y2, L, yi-1, yi+1, L, yn) \quad (10-1)$$

其中,第 i 个空间获得的观测值 y 记为 yi,所有的空间单元记为 n,观测样本 i 地区的观测值与其余地区的观测值是存在相关性的。

空间异质性指的是在观测样本区位空间上的观测值与其他空间上的观测值没有相关性,并且观测样本区位空间上的现象与其他空间上的现象也不存在相关性的联系,研究样本在空间上所呈现出的空间异质性容易导致数据上的变化缺乏稳定性。其主要表现为:一种是局部呈现集聚相异于周边;另一种是以某一点为中心,向周边呈现不规则变化。其主要的原因有:一方面所研究的样本自身在空间上存在一定的结构不稳定;另一方面是因为所研究的空间之间并不是均质的,空间之间并不相同,存在区别。

表达式为:

$$yi = Xi\beta i + \varepsilon i \quad (10-2)$$

其中,i 地区的观测值为 Xi,相对应的参数向量为 βi,误差项为 εi。

二 空间权重矩阵设定方法

在空间计量中非常重要的一个环节是空间权重矩阵的设定。在传统计量经济学中,往往忽视了空间因素的影响,假定空间实物相互间无关联。这种假定导致研究模型构建时会存在一定的偏差,进而使研究结果的准确性、适用性受到影响,区别空间计量经济学与传统计量经济学的一个主要特征就是空间权重矩阵。空间权重矩阵能够准确地表达各单元之间的空间关系,量化各要素之间交互的空间结构,时间相关性、空间异质性、外部与模型的不确定性问题都可以通过空间权重矩阵的构建去解决。空间权重矩阵的构建就是对距离的量化处理,其量化指标主要有两个：一个是空间距离，另一个是经济距离。

$$W = [w_{ij}] = \begin{bmatrix} w_{11} & w_{12} & \cdots & w_{1n} \\ w_{21} & w_{22} & \cdots & w_{2n} \\ \vdots & \vdots & \vdots & \vdots \\ w_{n1} & w_{n2} & \cdots & w_{nn} \end{bmatrix} \quad (10-3)$$

1. 相邻空间权重矩阵

相邻空间权重矩阵是最为常见的空间矩阵，其设定主要依据观察对象在地图上的相对位置是否邻接来判定。通过地图的观察来判定空间之间的关联性，式（10-3）中 W 为空间权重矩阵，$i=1, 2, \cdots, n; j=1, 2, \cdots n$；$w_{ij}$ 为空间 i 与空间 j 之间的空间关系，若空间 i 与空间 j 相邻或有相同边界，w_{ij} 为1；若空间 i 与空间 j 不相邻或无相同边界，则 w_{ij} 为0，W 对角线上的元素为0。

2. 距离空间权重矩阵

距离空间权重矩阵定义权重的根据是空间单元之间的距离：2个空间单元间的欧式距离为 d_{ij}，2个空间单元间设定的最大空间规定值 $d_{\max i}$，对于 $d_{ij} \geqslant d_{\max i}$ 的情况，$w_{ij}=1$；对于 $d_{ij} \leqslant d_{\max i}$ 的情况，$w_{ij}=0$，与相邻空间权重矩阵一样，W 在对角线上的元素为0（空间单元自身不相邻）。具体包括以二者之间空间单元的距离倒数为权重、以二者之间空间单元的距离平方倒数为权重及以距离的连续函数为权重。

3. 经济距离空间权重矩阵

经济距离空间权重矩阵与空间单元内的经济要素是相互关联的，例如，研究地区间发展水平时，地区间的经济距离便可以选定为：$d_{ij} = |Z_i - Z_j|$，Z_i 和 Z_j 表示地区的 GDP 水平，当 $Z_i = Z_j$ 时，$w_{ij}=0$。

以上几种都是目前主流的空间权重矩阵的设定，近些年随着空间计量经济学研究的越发深入，多种空间权重矩阵的设定被开拓了出来，其中包括线性相邻、共享边界长度、教育水平的差异、社会网络结构、交通便利程度等，极大地拓展了地理空间权重的概念。

三 空间相关性测度

空间数据可以用空间的相关性测度进行分析，其主要用于探究数据在空间上的分布是呈现随机性或呈现空间关联性。若相邻的空间单元的同一测量值相近,则说明具有空间上的正相关性;若相邻空间单元的同一测量值不相近,则说明存在空间上的负相关性。空间相关性测度的方法主要有全域空间自相关分析和局域空间自相关分析。

1. 全域空间自相关

全域空间自相关是检验整体研究的相关性的,一般分为三种:相近(空间正相关)、相异(空间负相关)、相互独立(不存在空间相关性)。全域空间自相关的检验方法有两种:一个是 Moran 指数,通常用 I 来表示;另一个是 Geary 指数,一般用 C 来表示。

Moran's I 指数的计算公式为:

$$I = \frac{\sum_{i=1}^{n}\sum_{j=1}^{n}w_{ij}(x_i - \bar{x})(x_j - \bar{x})}{S^2 \sum_{i=1}^{n}\sum_{j=1}^{n}w_{ij}} \qquad (10-4)$$

其中,$S^2 = 1/n \cdot \sum_{i=1}^{n}(x_i - \bar{x})$ 为指标值的方差,n 为所研究的样本空间数量,w_{ij} 是空间邻近矩阵(空间 i 与空间 j 相邻时,$w_{ij} = 1$;空间 i 与空间 j 不相邻时,$w_{ij} = 0$),x_i 表示样本 i 的企业家精神值,x_j 表示样本 j 的企业家精神值,$\bar{x}$ 为企业家精神的均值。

Moran's I 指数通常解释为观测值与空间滞后的一个相关系数,其中 I 的取值为 $-1—1$:当 $I > 0$ 时,表示观测对象的指标值在空间上呈现正相关性,此时对象的分布特征为低值与低值集聚、高值与高值集聚;当 $I < 0$ 时,则表明观测目标的指标值在空间上存在负相关性,此时对象的分布特征为高值与低值集聚、低值与高值集聚;当 $I = 0$ 时,表明观测目标的指标值在空间上呈现随机分布,即观测对象的指标值之间不存在空间自相关,且 I 的绝对值越大表明观测目标的指标值之间的相关性越强。

对于 Moran's I 指数中,空间内 n 个区域 $I > 0$ 是否存在空间自相关进行显著性检验,本书采用标准化统计量 Z 值来进行:

$$Z(I) = \frac{I - E(I)}{SD(I)} \qquad (10-5)$$

其中,$E(I)$ 为期望值,$SD(I)$ 为标准差。当显著性水平为 5% 时,

$Z(I)$ 的取值范围为 $[-1.96, 1.96]$。$Z > 0$ 且显著时，表明观测目标具有相似特征的指标值在空间上集聚，指标值在空间上存在正相关关系；$Z < 0$ 且显著时，表明观测目标具有相似特征的观测值在空间上分布较为分散，指标值在空间上存在负相关关系；$Z = 0$ 时，表明样本企业之间不存在空间相关性。

2. 局域空间自相关

局域空间自相关实际上是对在全域空间自相关中呈现显著的空间特征时所进行的进一步检验。由于全域的空间自相关性分析中，局域的非平衡性有可能被掩盖，因此使用局域空间自相关来检验全域下的局部地区是否存在相近或者相异集聚情况。

$$I_i = \frac{(x_i - \bar{x})}{S_i} \sum_{j=1}^{n} w_{ij}(x_j - \bar{x}) \qquad (10-6)$$

这一指标用来衡量观测样本之间是否存在局域间的空间效应，一般用 Moran's I 散点图来表示。散点图主要分为四个象限，四种类型的空间关系与不同局域相对应。将观测目标指标值分为四种空间集聚类型：第一象限"高—高"（H—H）型，表示观测目标指标值高的样本被观测目标指标值高的样本包围，说明观测目标 i 与周围相邻区域的指标值都相对较高，呈现正向的空间相关性；第二象限是"低—高"（L—H）型，表示观测目标指标值低的样本被观测目标指标值高的样本包围，说明观测目标 i 的指标值远低于周围相邻区域的指标值，是一种负向的空间集聚效应；第三象限是"低—低"（L—L）型，表示观测目标指标值低的样本被观测目标指标值低的样本包围，说明观测目标 i 与周围相邻区域的指标值都相对较低，是一种正向的空间自相关；第四象限是"高—低"（H—L）型，表示观测目标指标值高的样本被观测目标指标值低的样本包围，说明观测目标 i 的指标值远高于周围相邻区域的指标值，是一种负向的空间相关性。

四 空间计量模型

经过多年的研究与发展，空间计量经济学已形成了相对完整的结构体系，空间计量经济学的模型构建有别于传统经济学的模型构建的最主要一点在于,将空间因素考虑为模型构建的核心影响因素之一。空间计量模型主要有两种:一种是空间自回归模型(SAR),另一种是空间误差模型(SEM)。

空间自回归模型主要用于解决观测目标因自身要素在空间上对相邻区域产生的溢出效应问题,该模型通过构建空间权重矩阵,将区域间的空间关联性纳入模型架构,从而量化这种空间溢出效应。

$$Y = X\beta + \rho Wy + \varepsilon \qquad (10-7)$$

其中,面板数据的解释变量是 Y,自变量的观测值是 X,$n \times n$ 的空间权重矩阵是 W,Wy 是自变量的空间滞后,ε 为随机误差项,ρ 为空间自回归系数,用以衡量空间单元之间的相互依赖性,若 ρ 显著则表示变量间存在空间相关性,ρ 可以反映不同区位间空间溢出效应的强度。

相较于空间自回归模型,空间误差模型的作用在于,当研究样本中存在测量数据误差或构建模型时遗漏部分影响变量,这些情况会反映在模型的误差项中。因此,空间误差模型可有效弥补空间自回归模型的不足,即处理可能存在的未观测变量或测量数据误差问题。

$$Y = X\beta + \varepsilon$$
$$\varepsilon = \lambda W\varepsilon + \xi \qquad (10-8)$$
$$\xi \sim N(0, \sigma^2 I_n)$$

其中,Y 是面板数据的解释变量即企业经济发展,X 为自变量观测值即企业家精神值,λ 为因变量向量的空间误差系数,ξ 是随机误差项,$W\varepsilon$ 为空间滞后扰动项。

第二节 企业家精神与企业经济发展的空间相关性分析

一 变量说明

1. 被解释变量——企业经济发展

已有研究在企业经济发展指标的选取上,采用托宾 Q、总资产报酬率(ROA)、营业收入、净利润、净资产收益率等指标。营业收入是企业价值体现之首，营业收入越高，企业的经济发展越好。① 因此，采用企业营业收入作为衡量企业经济发展水平的指标。

2. 解释变量

核心解释变量：企业家精神，根据实证测算得出。

3. 控制变量

企业规模：根据柯布—道格拉斯生产函数，资本资源、劳动力和技术水平"三驾马车"创造产品。因而，企业劳动力和资本发展程度应当持平。本书选择将企业资产总额的自然对数值作为衡量企业规模的变量。

成长预期：企业的成长预期对其未来的发展具有重要影响，成长预期越好，企业的发展前景就越好。采用托宾 Q 值进行测量，具体公式为：（负债总额＋股权价值）/企业总资产。

人力资本：人力资本反映了个人能力、受教育水平以及综合素质。通过使用接受高等教育（大专以上学历）的人数占企业总人数比例这一指标来度量企业人力资本。

考虑到影响企业经济发展的因素，并不局限于企业家精神、制度创新以及人力资本，还有企业对上下游供应链的议价能力、原材料采购支付能力以及资金周转效率等，因此增加契约精神作为控制变量。

表 10 - 1　　　　　　　　　变量定义

变量类型	变量名称	变量符号	变量描述
被解释变量	企业经济发展	Core P	公司的经营总收入，并取自然对数
解释变量	企业家精神	Entre	根据第九章测度结果
控制变量	企业规模	Size	企业总资产的自然对数
	成长预期	Growth P	（负债总额＋股权价值）/企业总资产
	人力资本	H capital	受高等教育人数/总人数
	契约精神	Con	应付账款/采购总成本
	结构性权力	Dual	董事长和总经理兼任赋值为 2，否则为 1

① J. P. Elhorst, "Specification and Estimation of Spatial Panel Data Models", *International Regional Science Review*, Vol. 26, No. 3, 2016, pp. 244 – 268.

二 数据来源及描述性统计

国内区域经济与企业家精神发展存在不平衡状况,具体呈现出空间集聚特征,其中人才规模与水平、科技储备与创新能力、资本流动与沉淀等关键发展要素,主要向东部沿海发达地区集中。"一带一路"倡议与长江经济带发展战略是国家两个重要的顶层设计,其地理空间交会点为长三角地区,该区域在中国经济发展中具有重要地位和深远影响。企业家精神的发展受行业特征、企业规模和地域环境等因素的影响,因此为了提高研究结果的准确性与针对性,选取长三角地区科技型中小企业为研究样本,具体步骤如下。根据国务院 2019 年 12 月印发的《长江三角洲区域一体化发展规划纲要》,长三角规模从之前研究的 26 个城市发展到覆盖江苏、浙江、上海、安徽全域的 41 个城市,因此选取其所有中小板和创业板上市的中小企业。为确保样本数据的稳定性与研究结果的可靠性进行了数据处理和筛选:(1)选取 2015—2020 年的时间范围;(2)剔除 ST 或 *ST 的上市公司;(3)剔除缺少主要相关数据的样本;(4)对所有连续变量分别进行 1% 和 99% 的缩尾处理,共计得到 2214 个有效样本。数据来自国泰安数据库和 RESSET 数据库。描述性统计结果如表 10-2 所示。

表 10-2　　　　　　　　　　数据描述性统计

变量	样本量	均值	标准差	最大值	最小值	中位数
企业经济发展	2214	21.553	1.346	27.528	14.324	21.449
企业家精神	2214	0.559	0.796	36.847	-0.113	0.471
企业规模	2214	22.318	1.182	27.547	16.412	22.207
成长预期	2214	30.900	13.709	89.990	2.870	28.945
人力资本	2214	7.801	1.135	12.342	2.833	7.740
契约精神	2214	0.340	0.435	22.800	0.000	0.261
结构性权力	2214	1.722	0.448	2.000	1.000	2.000

由表 10-2 可知,被解释变量企业经济发展的平均数为 21.553,中位数为 21.449,两者基本持平;解释变量企业家精神的平均数和中位数分别为 0.559 和 0.471,说明大部分科技型上市企业的企业家精神发展比较均衡,最大值达到 36.847,说明部分企业对企业家精神的重视程度较高。

三　全域空间自相关分析

利用 Stata 软件测算 2015—2020 年长三角地区样本企业经济发展和企业家精神的全域 Moran's I 指数值与显著性水平 P 值,进而对长三角地区样本企业的企业经济发展和企业家精神进行整体相关性分析,具体结果如表 10-3 所示。

表 10-3　　企业经济发展和企业家精神的全域 Moran's I 指数与显著性指标

年份	企业经济发展			企业家精神		
	Moran's I 值	Z	P 值	Moran's I 值	Z	P 值
2015	0.086	5.852	0.000	0.138	5.852	0.000
2016	0.053	4.650	0.000	0.104	7.074	0.000
2017	0.071	7.164	0.000	0.099	7.018	0.000
2018	0.097	6.739	0.000	0.135	9.277	0.000
2019	0.099	8.161	0.000	0.093	7.000	0.000
2020	0.085	7.432	0.000	0.127	8.946	0.000

由表 10-3 可知,2015—2020 年,样本企业经济发展的 Moran's I 指数值均大于 0,其值在 0.053—0.099 呈现上下波动的变化趋势,其中 2016 年最低为 0.053,2019 年达到最高值 0.099,其他年份基本持平。在 1% 的显著性检验中,全域的 P 值均符合要求,2015—2020 年 Moran's I 指数整体呈上扬趋势,说明随着长三角地区经济的不断发展,样本企业的企业经济发展在空间上的相关性增强。同时,样本企业企业家精神的全域 Moran's I 值均大于 0,其值在 0.093—0.138 上下波动,2015 年最高为

0.138，2019 年最低为 0.093，其他年份基本持平。在显著性检验方面，P 值均通过 1% 的显著性检验。这说明样本企业企业家精神的发展情况不是随机和孤立的，其与周边其他企业企业家精神的发展存在非常显著的空间关联性，进而说明样本企业的企业家精神在空间分布上存在空间集聚效应。因此，2015—2020 年，长三角地区 369 家上市企业的企业家精神发展水平并不是随机的，而是表现出企业家精神发展水平相似的企业在空间上趋于聚集。企业家精神水平较高的企业在空间上被企业家精神发展水平较高的企业包围，企业家精神水平较低的企业在空间上被企业家精神发展水平较低的企业包围。

四 局域空间自相关分析

本书计算了 2015—2020 年企业家精神和企业经济发展的局域 Moran's I 指数值，其中选取 2015 年和 2020 年的局域 Moran's I 指数散点图进行分析（见图 10-1、图 10-2）。

根据局域 Moran's I 指数的定义，在第一、第三象限内表明样本企业与其他企业发展情况相似，位于第二、第四象限表明样本企业间发展情况相异。以 2020 年企业家精神 Moran's I 指数散点分布为例，样本企业在第一象限"H—H"集聚，表明企业家精神水平较高的企业之间存在显著的正向自相关关系，即企业家精神发展水平较高的企业对周边企业的企业家精神的发展具有积极的引导作用，在空间上存在明显的辐射效应。样本企业在第三象限"L—L"集聚，表明企业家精神发展水平较低的企业之间存在显著的正向空间自相关性。样本企业在第二象限"L—H"集聚，表明企业家精神发展水平较低的企业与较高水平的企业之间存在负向空间集聚特征。样本企业在第四象限"H—L"集聚，表明企业家精神发展水平较高的企业与较低水平的企业之间存在负向空间集聚特征。第二、第四象限的集聚态势表明存在负向空间相关性。

由图 10-1 和图 10-2 可知，样本企业的企业家精神和企业经济发展主要位于第一象限与第三象限，并且随着时间的推移，样本企业在图中的分布呈现出由分散状态向第一、第三象限集聚的趋势。这与全域 Moran's I 指数所得到的结论是一致的，进一步验证了长三角地区 369 家样

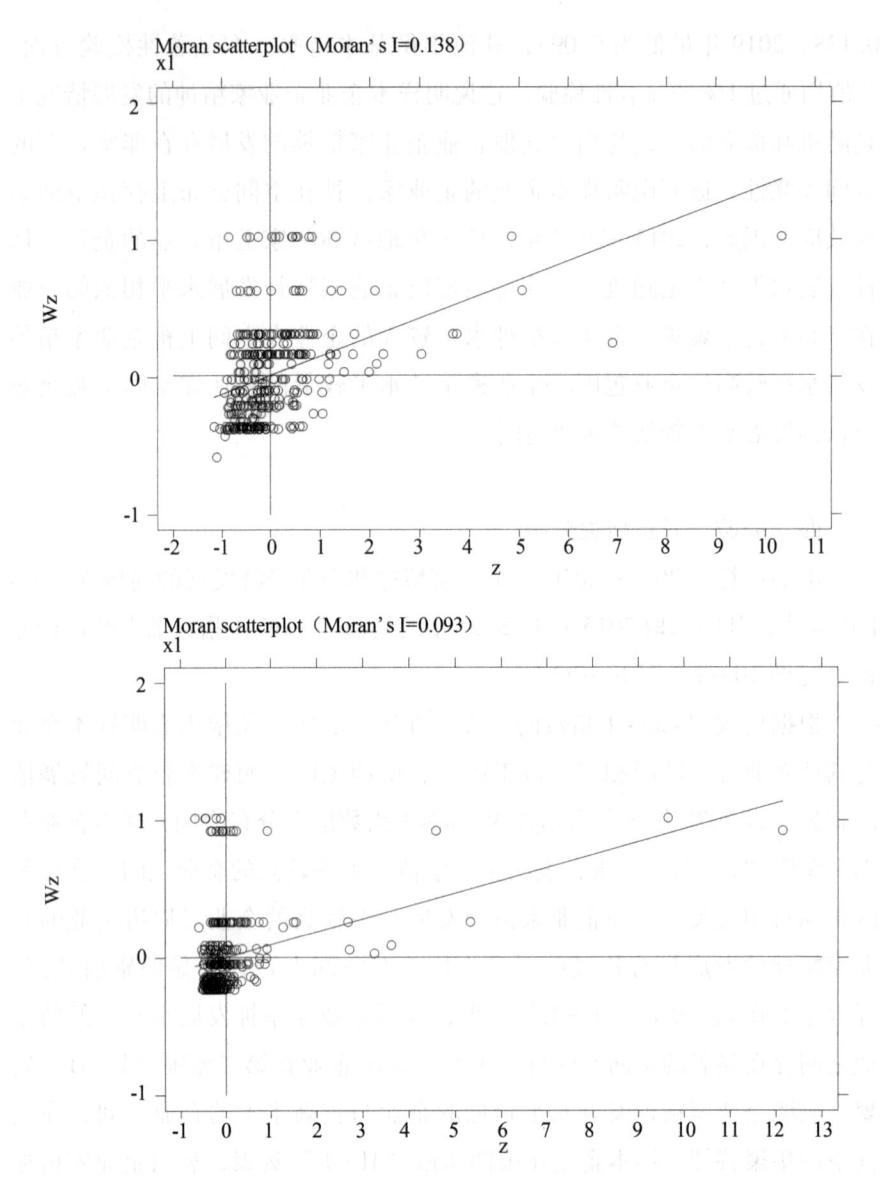

图 10-1　2015 年和 2020 年企业家精神集聚的局域 Moran's I 指数散点发布

本企业的企业家精神和经济发展水平在空间维度上存在显著的正向空间相关性。通过对不同时间段 Moran's I 指数散点图的比较分析，可揭示样本企业发展情况在时间序列上的动态演变特征。进一步分析图 10-1、图 10-2 可以发现，2015 年和 2020 年，第二、第四象限的样本数量在减少，

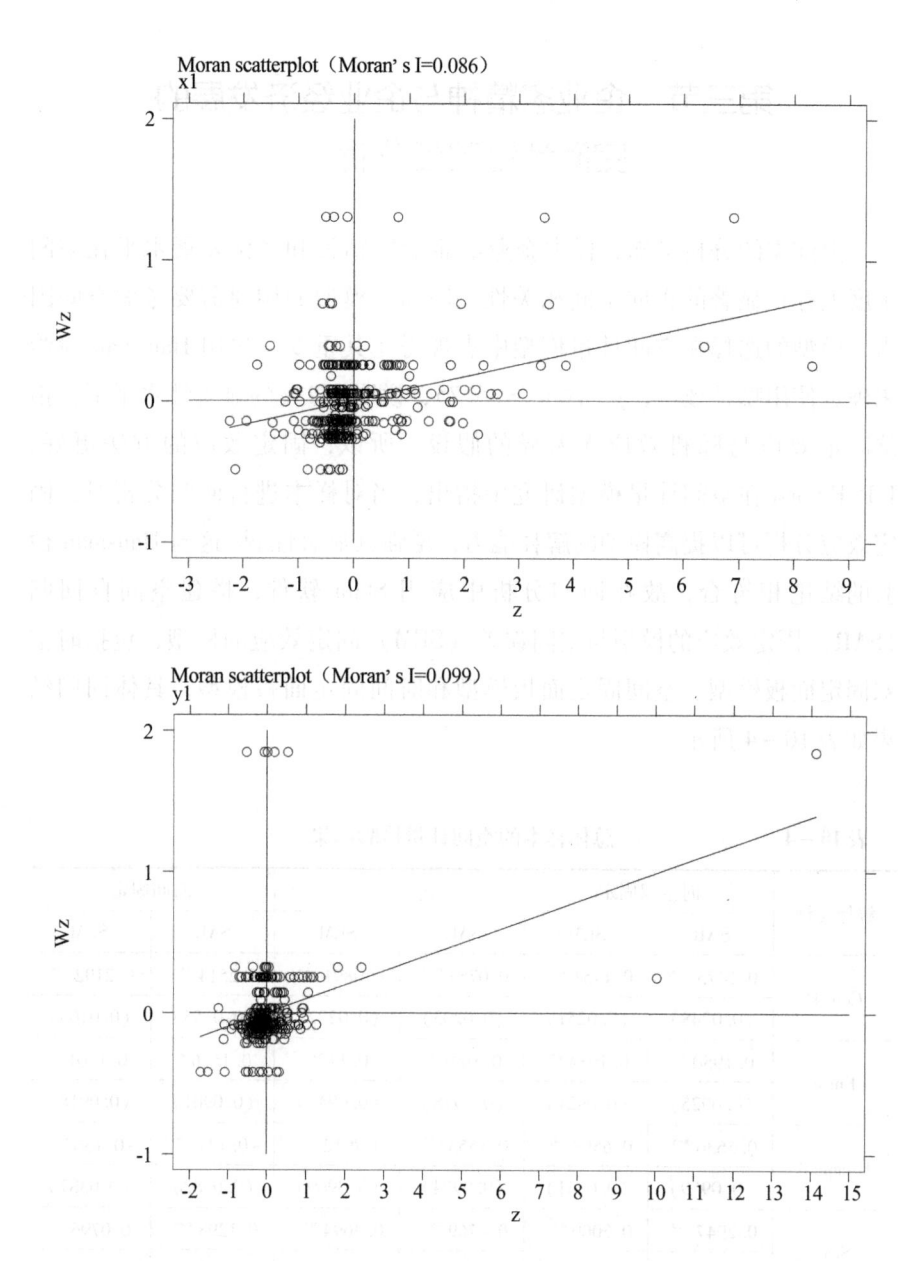

图 10-2　2015 年和 2020 年企业经济发展的局域 Moran's I 指数散点分布

第一、第三象限的样本数量在增加，说明长三角地区 369 家样本企业之间的正向集聚效应持续增强，企业的辐射带动作用亦呈显著提升趋势。

第三节　企业家精神与企业经济发展的空间计量实证分析

由前文的分析可知，样本企业的企业家精神和经济发展水平在空间维度上存在显著的正向空间相关性。因而，模型的构建需要考虑空间因素。模型的选择在空间计量模型中表现得尤其重要。先用 Hausman 检验来确定使用哪种效应，$\chi^2(6)=35.75$，说明在1%的显著性水平下，拒绝固定效应与随机效应无差异的假设。所以，固定效应的方法更好。J. P. Elhorst 在空间计量模型研究中指出，当对样本进行回归分析时，固定效应分析可以提高模型的解释能力，增强其显著性。[①] 这与 Hausman 检验的结论相符合，故在回归分析中应用 Stata 软件，搭建空间自回归（SAR）固定效应的模型与空间误差（SEM）固定效应的模型，包括时空双固定面板模型、空间固定面板模型和时间固定面板模型，具体回归结果如表10-4所示。

表10-4　　总体样本的空间计量检验结果

解释变量	时空双固定		空间固定		时间固定	
	SAR	SEM	SAR	SEM	SAR	SEM
Core P	0.1475***	0.1451***	0.0753***	0.0891***	0.2514***	0.2192***
	(0.0248)	(0.0251)	(0.0203)	(0.0227)	(0.0155)	(0.0165)
Entre	0.1950**	0.1934**	0.1691*	0.1425	0.1516*	0.1701*
	(0.0925)	(0.0921)	(0.0978)	(0.0947)	(0.0901)	(0.0918)
H capital	0.6636***	0.6593***	0.8553***	0.7912***	-0.1243***	-0.1362***
	(0.0959)	(0.0951)	(0.0974)	(0.0969)	(0.0382)	(0.0387)
Size	0.2947***	0.3009***	0.4769***	0.4694***	0.1298***	0.0796**
	(0.0493)	(0.0508)	(0.0440)	(0.0475)	(0.0297)	(0.0323)

---

① J. P. Elhorst, "Specification and Estimation of Spatial Panel Data Models", *International Regional Science Review*, Vol. 26, No. 3, 2016, pp. 244–268.

续表

解释变量	时空双固定		空间固定		时间固定	
	SAR	SEM	SAR	SEM	SAR	SEM
Dual	0.0261**	0.0583**	0.0101	0.0271	-0.01623	-0.0071
	(0.0303)	(0.0301)	(0.0280)	(0.0195)	(0.0410)	(0.0192)
Con	0.0453**	0.0434**	0.0183	0.0155	-0.0293	-0.0066
	(0.0219)	(0.0222)	(0.0227)	(0.0225)	(0.022)	(0.0232)
ρ	0.2701***	—	0.2667***	—	0.4971***	—
	(0.0554)	—	(0.0462)	—	(0.0396)	—
λ	—	0.2719***	—	0.2846***	—	0.4885***
	—	(0.0619)	—	(0.0520)	—	0.0486
调整 R^2	0.4039	0.4079	0.4539	0.4460	0.6680	0.4544
方差	0.0080	0.0080	0.0090	0.0091	0.0276	0.0323
Log-Likehood	334.9942	334.8803	308.0086	306.1713	104.8536	78.2973

注：***、**和*分别表示1%、5%和10%的显著性水平，括号内为回归系数的标准差。

由表10-4可以看出，第一，企业经济发展水平具有较为明显的空间自相关性。SAR和SEM两个模型在时间、空间以及双固定效应下，空间的自相关系数λ与回归系数ρ均通过了1%的显著性检验，且系数的结果均为正值，表明企业的经济发展在空间上呈现正向集聚效应，与局域Moran's I指数散点图落在第一、第三象限上的结果相符合。可以看出，经济发展水平较高的企业与经济发展水平较高的企业集聚，而经济发展水平较低的企业相互集聚。

第二，通过对固定模型的结果分析，发现与单空间和时间固定效应相比，在双固定模型效应下SAR和SEM的所得对数值（Log-Likehood）较大。双固定效应不仅能够有效地减少面板数据的结构差异，还能降低面板数据在时间上的异方差。因此选择双固定模型进行效应分析，这进一步解释了面板数据在空间和时间的固定效应中存在非观测效应。

第三，在时间与空间双固定面板模型结果中，空间自回归的调整R^2达到了0.4039，空间误差模型的调整R^2则达到了0.4079。另外，对比对数似然值（Log - Likehood）指标，两者分别为 334.9942 和 334.8803，说明这两个模型对所选取样本的解释程度都很高。无论是空间自回归的时空双固定效应还是空间误差的时空双固定效应，对长三角地区企业经济效益而言，企业家精神对其影响的系数都为正，且在 1% 的水平上显著，说明企业家精神有利于促进长三角地区的企业发展。由此可见，长三角地区 369 家上市企业间的经济发展水平在空间自相关性上的影响可以通过企业家精神的测量指标来解释。

第四，通过对时空双固定面板的结果分析，发现 SAR 和 SEM 的结果相近，本书选择以 SAR 进行解释。表 10 - 4 中企业家精神的回归系数为 0.1950，在 5% 的置信水平下具有显著性，进一步说明企业家精神的发展对长三角地区企业的经济效益具有正向的促进作用。人力资本的回归系数为 0.6636，在 1% 的水平上显著，说明人才对企业发展具有不可替代的作用，人才的进入将很大程度地促进企业发展。企业规模的回归系数为 0.2947，通过了 1% 的显著性检验，说明企业规模有助于企业经济效益的提高，为企业的发展提供资金支持。契约精神的回归系数为 0.0453，并且在 5% 的水平上显著，说明企业对采购成本的控制以及对流动资金的控制对企业经济效益有一定的促进作用。

第四节　本章小结

在中国经济转型的背景下，经济增速由快速转向中高速，企业家精神有助于推动经济增长。本章探索性地使用空间数据分析工具，采用长三角地区 369 家科技型上市企业 2015—2020 年的面板数据，研究了长三角地区样本企业的企业经济发展和企业家精神的空间分布格局以及特征，构建了企业家精神和企业经济发展水平的空间计量模型，分析了企业经济发展的空间效应和企业家精神对企业经济发展的影响，主要得出以下结论。

（1）Moran's I 指数显示长三角地区样本企业间的经济发展水平以及企业家精神在空间上存在显著的空间相关性。利用 Stata 软件计算了长三角地区 369 家上市企业 2015—2020 年的经济发展情况以及企业家精神的全域和局域 Moran's I 指数，研究表明企业经济发展情况的全域 Moran's I 值在 0.053—0.099 的范围内波动，且都具有显著性。企业家精神的全域 Moran's I 值集中在 0.093—0.138。可以得出，长三角地区所选样本企业经济发展水平以及企业家精神存在较为明显的空间相关性。局域 Moran's I 散点图分析表明，长三角地区企业呈现"高经济发展水平企业集聚、低经济发展水平企业集聚"与"高企业家精神企业集聚、低企业家精神企业集聚"的分布特征，揭示了不同企业发展水平在空间上的正向关联效应。企业间应强化正向互动效应，充分利用区域空间关联机制，以实现协同发展目标。

（2）由空间计量分析结果可知，在空间固定模型中自相关系数 λ 与回归系数 ρ 均通过了显著性检验，说明企业间的经济发展水平在空间上具有显著的自相关性，并呈现"马太效应"的空间集聚特征。另外，研究结果表明，时空双固定效应更能解释企业经济发展水平在空间上的相关性，SAR 模型和 SEM 模型的解释性更强，表明企业间的空间集聚影响既能够通过其中的变量进行解释，也可以使用误差项等外部因素对其造成的冲击影响来阐明。

（3）研究结果表明，企业家精神对企业的经济发展有积极的影响。当前，中国正处于建设创新型国家的关键阶段，创新作为社会发展的核心驱动力，推动企业家精神培育具有重要的战略意义。企业家精神作为经济发展的重要驱动力，对促进就业增长与企业可持续发展具有重要影响。培育企业家精神需充分考量区位因素影响，通过破除区域壁垒、强化企业空间联系，促进产业要素与信息的跨区域流动，推进区域产业一体化进程，以释放更大的企业家精神空间溢出效应。结合其他变量，企业规模、人力资本、契约精神、成长预期以及结构性权力均能够显著促进企业经济的发展。在企业管理过程中，应积极激励具备较强企业家精神的管理者，并引导员工开展创新实践。企业家精神不仅能推动管理者与员工开展创新性活动，还能促使其在企业运营中主动寻求并把握发展机遇，持续激发企业发展动力。人力资本对企业经济发展具有显著的正向推动作用。随着高端人才的持续流入，企业能够有效推进产品迭代创新，提升市场占有率，进而实现经济效益的稳步增长。应加大人力资本投入力度,优化人才引进与吸纳机制,系统开展员工专业技能培训,以持续提升其学习能力与创新潜能。此外,企业应增强对上下游供应链的议价能力,通过科学调控采购价格,实现生产成本的有效控制。

第十一章

企业家精神对企业绩效影响的实证研究
——基于知识学习、组织创新的中介效应

第一节 相关概念解释与测度分析

一 组织知识学习

1. 组织知识学习的定义

随着信息化时代的到来,知识成为推动社会经济发展的核心动力,也成为组织间竞争的决定性因素。在全球化进程中,知识作为新型生产要素,与劳动、资本、土地等传统要素深度融合,逐渐成为各国提升国际竞争优势的战略核心,而加强知识管理也随之成为重要的发展战略。知识在组织管理中作为关键生产要素的作用日益凸显,对知识的系统性学习与科学化管理,已成为组织构建竞争优势的核心路径。在组织的有效化管理中,员工的共享行为可以大大提高知识的利用率,提高组织效益。A. Riege 曾强调员工之间知识共享的重要性,他认为员工之间良好的知识沟通能够促进组织管理系统的优化升级。[1] 相反,如果员工间没有积极的知识共享行为或者共享行为不能长期存在,则容易导致知识"鸿

---

[1] A. Riege "Three-dozen Knowledge-sharing Barriers Managers must Consider", *Journal of Knowledge Management*, Vol. 9, No. 1, 2005, pp. 18–35.

沟"，降低组织管理效率。由于组织本身没有强制要求员工进行知识共享的权力，所以即使认识到知识共享的重要性，也没有办法在长期组织工作中实现真正的知识共享。另外，一些组织通过采取完善数据信息、加强知识管理以及提高信息技术等措施来促进知识共享，实现组织内知识的高效化管理。

国外学者 C. M. Fiol 等认为，组织知识学习是企业通过整合过往实践经验，将活动中积累的知识与能力系统应用于未来组织行动，进而增强核心竞争优势并提升绩效水平的动态过程；[1] W. E. Baker 等提出从知识学习承诺、知识分享愿景和开放心智三个维度衡量组织知识学习，这一框架为理解组织知识学习提供了基于维度划分的认知视角。[2] 国内学者冯海龙将组织视为一个主体，组织知识学习即是该主体对组织内外部环境的变化进行感知和检测，进而吸收、处理内外部知识，反思、纠正自身的行为，以期组织能够正常运行、提升组织绩效。该定义方法将组织所处的内外部环境引入组织知识学习的定义中，通过学习主体的能动性来提高组织应对环境变化的能力，确保组织系统的正常运行。[3] 尽管学界对"组织知识学习"的定义与理解不尽相同，但总的来说，整体上都能体现其本质内容，即组织知识学习是组织在已有知识与经验的基础上，学习新的知识与经验来应对组织内外部环境的变化，从而确保组织系统的正常运行，以建立其核心竞争力、竞争优势以及提高企业绩效水平。组织知识学习的核心目标在于构建并维系竞争优势，同时提升组织绩效水平。

2. 组织知识学习的测量

对组织知识学习进行定量研究就必须对组织知识学习进行有效的测量，而测量组织知识学习的量表的构建要基于其定义，但由于学者们对组织知识学习的定义还没有作出统一的界定，因此测量组织知识学习的

---

[1] C. M. Fiol, M. Lyles, "Organizational Learning", *Academy of Management Review*, Vol. 10, 1985, pp. 803 – 813.

[2] W. E. Baker, J. M. Sinkula, "The Synergistic Effect of Market Orientation and Learning Orientation on Organizational Performance", *Journal of the Academy of Marketing Science*, Vol. 27, No. 4, 1999, pp. 411 – 427.

[3] 冯海龙：《组织学习量表的开发》，《商业经济与管理》2009 年第 3 期。

量表也不尽相同。在对组织知识学习测量的量表进行构建时，学者们立足对定义内涵的理解以及不同的视角，提出了存在一定差异的观点。

目前，比较被人们普遍认可的具有代表性的几种观点：T. M. Hult 和 O. C. Ferrell 使用记忆导向、系统导向、团队导向和学习导向四个维度对组织知识学习进行测量；[1] 后来，W. E. Baker 和 J. M. Sinkula 将其量表中的指标进行扩展，采用了三个维度，分别是知识学习承诺、知识分享愿景和开放心智，修正后的量表经研究表明具有较好的信度与效度，被广泛使用；[2] S. Goh 和 G. Richards 从目标与战略愿景清晰化、领导授权与承诺、组织知识共享、创新探索与激励，以及团队协作解决问题五个维度，构建了组织知识学习的测量框架；[3] 国内学者吴价宝通过进一步的学习，将该量表拓展了两个维度，分别是组织内员工的教育培训和组织文化的习得。[4] 近年来，随着组织知识学习测量量表构建与研究的不断发展，组织知识学习的测量方法得到了丰富，组织知识学习测量量表的准确性也得到了很大的提高，后人基于所做研究的特点及需要，可以灵活选择测量量表。

二 组织创新

1. 组织创新的定义

组织创新是企业成长和发展的动力与源泉，每一个企业都应注重组织创新能力的培养与提高，满足于现状、不求上进、缺乏创新的企业最终将走向灭亡。无论是创业型的企业，还是处于成熟期的企业，都应将组织创新能力看作其成长与发展中"看不见的手"。

"创新"概念的提出可追溯至 1912 年经济学家约瑟夫·熊彼特（Jo-

---

[1] T. M. Hult, O. C. Ferrell, "Global Organizational Learning Capacity in Purchasing: Construct and Measurement", *Journal of Business Research*, No. 40, 1997, pp. 97 – 111.

[2] W. E. Baker, J. M. Sinkula, "The Synergistic Effect of Market Orientation and Learning Orientation on Organizational Performance", *Journal of the Academy of Marketing Science*, Vol. 27, No. 4, 1999, pp. 411 – 427.

[3] S. Goh, G. Richards, "Benchmarking the Learning Capability of Organizations", *European Management Journal*, Vol. 15, No. 5, 2004, pp. 575 – 583.

[4] 吴价宝：《基于组织学习的企业核心能力形成机理》，《中国软科学》2003 年第 11 期。

seph Schumpeter）所著的《经济发展理论》。他在书中提出，"创新"是将生产要素和生产条件进行新的组合，这种组合可视为一种生产函数的变革，具体包括引入新产品、采用新生产方法、开辟新市场、获得新原料来源或实现新组织形式。基于熊彼特的原始理论，国内外学者后续从不同维度对"组织创新"展开了定义与拓展。R. Daft 等是国外提出组织创新定义较早的学者，他们将组织创新定义为一个过程，在这个过程中，组织注重应用新想法、新思想；[1]K. Knight 认为，组织创新是一种新的企业管理方法；[2] F. Damanpour 认为，组织创新包括管理创新和技术创新两个维度；[3] 国内学者对组织创新的研究起源于 20 世纪末，并且随着时间的推移，学界也取得了诸多有价值的成果。邢周凌等认为组织创新是组织权力与责任的重新构建，目的是使组织内部结构能够适应新目标；[4] 肖东生等认为，组织创新是组织为了适应新环境而自发调整的一个过程，将组织创新与企业所处环境紧密联系在一起；[5] 连燕华提出，组织创新是组织引入的一种新模式，这种新模式能够重新组建和调整组织结构；[6] 窦立夫与肖东生等的观点一致，将环境引入组织创新的定义中，认为组织创新是组织在动态环境中通过变革创造竞争优势的系统性实践。[7]

由上述国内外学者对组织创新的定义可知，组织创新体现为"新"，包括新想法、新观点、新思想，"新"来源于组织所处内外部环境的刺激，为了适应内外部环境的变化而进行的组织结构调整，目的是维持组织系统的稳定与均衡。

---

[1] R. Daft, S. Becker, *Innovation in Organizations: Innovation Adoption in School Organizations*, New York: Elsevier, 1978.

[2] K. Knight, "A Descriptive Model of the Intra-firm Innovation Process", *Journal of Business*, Vol. 5, No. 3, 1967, pp. 163 – 176.

[3] F. Damanpour, "Organizational Innovation: A Meta Analysis of Effects of Determinants and Moderators", *Academy of Management Journal*, Vol. 34, No. 3, 1991, pp. 555 – 590.

[4] 邢周凌、李文智：《大学组织绩效评价模型研究》，《高教探索》2010 年第 2 期。

[5] 肖东生：《企业组织创新风险研究》，中南大学出版社 2002 年版；王志莲、张红：《TCL 集团组织创新研究》，《经济问题探索》2003 年第 4 期；郭韬：《关于组织创新含义的再思考》，《哈尔滨商业大学学报》（社会科学版）2003 年第 1 期。

[6] 连燕华：《企业组织创新的案例研究》，《科学学研究》1992 年第 2 期。

[7] 窦立夫：《论组织效率变革策略》，《科学学研究》1995 年第 2 期。

2. 组织创新的研究内容

组织创新作为组织管理的重要职能,其内容涵盖组织各层面且丰富多样。由于学界尚未对组织创新形成统一界定,相关定义仍存在多元视角。相应的,对组织创新内容的研究也没有统一的定论,立足对组织创新定义的不同理解和视角,学者们将组织创新的内容划分为不同的方面。最普遍的划分几乎囊括了组织创新的全部内容,包括产品创新、技术创新、过程创新、制度创新、文化创新、结构创新、流程创新和战略创新。

K. Knight 认为,组织创新分为人员、过程、产品与结构四个方面的创新;[①] N. Anderson 等将组织创新分为战略创新、文化创新、结构创新及规模创新;[②] 国内学者李垣等将组织创新分为六个方面,包括战略创新、影响创新、产品创新、文化创新、组织创新及工艺创新;[③] 赵晓庆等将组织创新划分为五个方面:管理创新、战略创新、文化创新、制度创新以及四者之间的协同创新。[④] 此外,王志莲与张红将组织创新划分为两个方面:一是以员工与文化为中心的创新,二是以结构方式与组织战略为中心的创新。[⑤]

根据学者们对组织创新的不同划分,组织创新有丰富的内容,涉及面广,包括很多要素,并且要素之间相互影响产生协同创新,确定组织创新的具体内容应该基于组织自身的条件和环境,因为组织开展创新活动必须基于所拥有的资源和能力以及所处的内外部环境。

[①] K. Knight, "A Descriptive Model of the Intra-firm Innovation Process", *Journal of Business*, Vol. 5, No. 3, 1967, pp. 163 – 176.

[②] N. Anderson, C. K. W. D. Dreu, B. A. Nijstad, "The Reutilization of Innovation Research: A Constructively Critical Review of the State of the Science", *Journal of Organizational Behaviour*, Vol. 35, No. 1, 2004, pp. 147 – 173.

[③] 李垣等:《组织间学习、控制方式与自主创新关系研究——基于两种技术差异情景的比较分析》,《科学学研究》2008 年第 1 期。

[④] 赵晓庆、许庆瑞:《自主创新模式的比较研究》,《浙江大学学报》(人文社会科学版) 2009 年第 5 期。

[⑤] 王志莲、张红:《TCL 集团组织创新研究》,《经济问题探索》2003 年第 4 期。

三 企业绩效

1. 企业绩效的定义

无论在企业界还是在学界，企业绩效都是被提及频率较高的一个专业术语，顾名思义，企业绩效是指企业的整体经营成果，反映了企业的盈利能力与经营状况。国内外学者对企业绩效进行了大量研究，并取得了许多有价值的研究成果。

当前国内外学者对企业绩效的研究主要有三种不同的观点：第一种观点将结果定义为企业绩效的呈现方式，将企业绩效理解为"工作的结果，因为结果反映了组织的投入、目标及顾客的满意度"；第二种观点认为企业绩效指的是行为，认为"企业的绩效应该与员工行为产生的结果进行区分"，因为组织其他要素会影响结果，所以绩效指的是一种行为；第三种观点则将上述两种观点进行融合，认为企业绩效不仅是结果的产物，还应包括行为，因为行为是产生结果的必备条件。行为本身是组织成员脑力与体力投入的过程，其结果为产出，故企业绩效涵盖行为与结果维度。与此同时，现实企业中的绩效又分为员工、部门和企业三个层次。员工绩效是指员工在一定的时期内，参加工作过程中所呈现的工作行为与结果的总和；部门绩效是指部门成员在一定的时期内，参加工作过程中所呈现的工作行为与结果的总和；企业绩效指的是组织在一定的时期内，其所参加并完成任务的数量和质量的总和。

本书所关注的企业绩效主要表现为财务绩效和成长绩效两个方面，财务绩效主要反映企业过去的整体经营状况，成长绩效则主要反映企业在未来的盈利状况及可能存在的发展潜力。从财务绩效与成长性绩效两个维度来测量企业的绩效，能够更准确、更详细地反映出企业的整体盈利水平与未来发展状况。

2. 企业绩效的衡量

综合国内外学者对企业绩效的定义可知，企业绩效的定义具有复杂性，学者们有不同的理解与看法。由于企业绩效定义具有不确定性，与此相对应的，对于企业绩效的衡量，学者们也是依据自己对企业绩效的理解与看法采用了不同的衡量指标。

早期关于企业绩效衡量的研究主要以会计指标为工具，其中财务性指标占主导，如总资产收益率、主营业务利润率、每股收益等。而在后续对企业绩效衡量的研究中，学者们逐渐意识到，企业绩效不单单要反映企业过去的盈利状况，还要反映企业的未来盈利能力与发展潜力。也就是说，企业绩效的衡量要面向未来，而不仅仅着眼于过去，因此衡量企业绩效的非财务性指标开始出现，非财务性指标主要从产品、顾客和员工三个维度构建，具体包括产品的市场竞争力、顾客满意度以及员工工作士气等。国外学者将企业绩效划分为四类：组织绩效、人力资源绩效、会计计量绩效和市场价值绩效，并针对不同类型从多维视角进行全面衡量。与此同时，中国学者林义屏基于财务性指标和非财务性指标的视角构建了企业绩效的衡量体系，其包括市场占有率、销售利润率、投资回报率、销售增长率、净利润率和现金流量六个维度；[1] G. N. Chandler 和 S. H. Hanks 设计了衡量企业绩效的量表，分为财务绩效与成长性绩效两个维度，该量表的信度与效度已获权威研究文献验证，学术界在企业绩效研究中普遍采用此量表进行衡量与分析。[2]

本书基于现有研究中企业绩效衡量的主流方法，结合研究内容与特性，从反映企业历史盈利水平的财务绩效和表征未来盈利潜力与发展动能的成长绩效两个维度，构建企业整体绩效的衡量框架。

第二节 构建概念模型

一 企业家精神与组织创新

企业家的管理职能包括计划、组织、领导、控制和创新。经济学家熊彼特在对企业家进行解释时提出创新精神和创新活动是企业家的本质，认为创新精神是企业家精神的集中体现，企业家精神被认为是促进组织持续发展和推进企业持久创新的一种动力。企业家精神对组织创新主要

---

[1] 林义屏：《市场导向、组织学习、组织创新与组织绩效间关系之研究——以科学园区信息电子产业为例》，博士学位论文，中山大学，2001年。

[2] G. N. Chandler, S. H. Hanks, "Measuring the Performance of Emerging Businesses: A Validation Study", *Journal of Business Venturing*, No. 8, 1993, pp. 391–408.

有三方面作用：一是凭借创新性主动开创新产品与新能力，推动技术与业务突破；二是通过冒险精神为创新设立准则与边界，在风险权衡中确保方向合规；三是以创新内核构建企业创新体系与文化，向员工及社会传递价值导向，强化创新生态。通过梳理企业家精神与组织创新关系的相关文献发现，目前关于两者之间关系的实证研究比较少，学者们大都通过理论分析与案例分析等定性方法进行研究。陈云娟以浙商为研究对象，研究发现，企业家精神是民营企业创新的主要动力；① 孙诚等通过理论分析指出，企业实现自主创新离不开企业家精神的升级。②

阳志梅基于216份有效调查问卷数据，对企业家精神与企业技术创新能力之间的关系做了实证分析，结果表明两者呈正相关关系，企业家精神能够推动企业技术创新能力的提高。③ 基于前人的理论与实证研究成果，本书提出了关于企业家精神与组织创新之间关系的研究假设，欲加以验证。

H1：企业家精神对组织创新能力的提升有显著正向影响。

二 企业家精神与组织知识学习

企业家精神能否充分发挥作用，不仅取决于企业家个人本身，还取决于企业员工能否充分理解企业家精神的精髓。这就需要企业构建良好的学习氛围，为企业成员领会企业家精神的内涵提供良好的环境。学术界长期关注企业家精神与组织知识学习的关系，众多学者从理论与实证层面开展多维度研究，取得了丰硕成果。阳志梅采用问卷调查的方式展开研究，对216份问卷数据进行实证分析，最终得出企业家精神能够提升组织的知识学习能力；④ G. G. Dess 等基于理论分析构建组织知识学习和企业家精神的周期性模型，认为企业家精神和组织知识学习存在正向相

---

① 陈云娟：《企业家精神与民营企业创新动力机制研究——以浙商为例》，《经济纵横》2010年第4期。

② 孙诚、冯之浚：《企业自主创新与企业家精神》，《中国科技论坛》2006第4期。

③ 阳志梅：《企业家精神、组织学习与集群企业竞争优势的关系实证研究》，《科技管理研究》2010年第2期。

④ 阳志梅：《企业家精神、组织学习与集群企业竞争优势的关系实证研究》，《科技管理研究》2010年第2期。

关关系;① 蒋春燕与赵曙明聚焦广东省和江苏省,采集676家新兴企业的数据进行实证检验,最终认为企业家精神的升级会加快组织知识学习能力的提升。② 当今企业所处外部环境亦是瞬息万变的,为不断适应环境的动态变化,及时预测和应对这些变化,需要不断学习。企业家精神所蕴含的积极价值观,会在企业长期发展中逐步融入企业文化。在此过程中,企业文化内化为促进组织知识学习的理念,既为员工营造良好的学习环境与氛围,也倡导全员主动学习并追求成效。基于前人的理论与实证研究成果,本书提出了关于企业家精神与组织知识学习之间关系的研究假设,欲加以验证。

H2:企业家精神对组织知识学习能力的提高有显著正向影响。

三 组织知识学习与组织创新

人是创新的主体,知识是创新的基础,而组织知识学习是获取知识的重要途径。因此,组织知识学习与组织创新紧密相关——组织创新依赖于通过知识学习吸收的新知识、新思想和新观点,即组织知识学习是组织创新的前提。组织学习旨在获取新情报与新技术,而组织创新的核心是促使组织自发实现行为变革,以形成新观点、新想法,并在知识学习的氛围中持续成长。

国内学者对组织知识学习与组织创新之间的关系已经做了大量的研究,并取得了很多具有价值的研究成果。比如,吴昊和孙健敏研究发现,组织知识学习能力与组织的技术创新、管理创新之间存在显著的正向关系。③ 谢洪明等对珠三角地区企业进行实证分析,探究组织知识学习与创新的关联。研究表明,组织知识学习能推动组织创新,尤其是技术创新和管理创新。④ 朱瑜等的实证研究结果也表明,组织知识学习对组织创新

---

① G. G. Dess, R. D. Ireland, S. A. Zahra, "Emerging Issues in Corporate Entrepreneurship", *Journal of Management*, Vol. 29, No. 3, 2003, pp. 351–378.

② 蒋春燕、赵曙明:《社会资本和公司企业家精神与绩效的关系:组织学习的中介作用——江苏与广东新兴企业的实证研究》,《管理世界》2006年第10期。

③ 吴昊、孙健敏:《学习型组织与组织创新关系的实证研究》,《研究与发展管理》2014年第2期。

④ 谢洪明、葛志良、王成:《社会资本、组织学习与组织创新的关系研究》,《管理工程学报》2008年第1期。

存在显著的直接影响。① 林锦锦以浙江宁波50家企业人事主管与高层管理者为研究对象,采用问卷调查的方式基于96组数据进行实证研究,结果表明,组织知识学习与组织创新存在显著的正相关关系。② 基于前人的理论与实证研究成果,本书提出了关于组织知识学习与组织创新之间关系的研究假设。

H3:组织知识学习对组织创新能力的提升存在显著的正向影响。

四 组织创新与企业绩效

创新对一个企业的存活、成长和发展具有不可替代的重要作用,是企业长久可持续发展的动力和源泉。组织创新能力越强的企业,不仅能更精准地预测和满足现有市场需求,还能开拓新兴市场,并以更快速度将新产品、新服务推向市场,获取超额利润。此外,组织创新产生的附加价值(如新观点、新思想)能为员工赋予新知识与新技能。这些知识与技能可增强员工完成复杂任务的综合能力,进而成为提高工作效率、提升企业绩效的重要保障。组织创新对企业绩效提升具有显著的直接正向影响,这一结论已得到国内外众多学者实证研究的验证。谢洪明等以珠三角地区企业为研究对象,检验组织知识学习与创新之间的关系,研究表明,组织知识学习能够推动组织创新,尤其是技术创新和管理创新。③ A. Subramanian等分别基于不同产业(即服务业和制造业)进行研究,验证了组织创新对企业绩效存在显著直接影响;④ 汪鑫以钢铁行业为研究对象,选取2008—2010年35家上市公司的发展数据,通过回归分析

---

① 朱瑜、王雁飞、蓝海林:《组织学习、组织创新与企业核心能力关系研究》,《科学学研究》2007年第3期。

② 林锦锦:《组织学习、组织创新与组织绩效关系研究——基于宁波50家企业调查》,硕士学位论文,宁波大学,2012年。

③ 谢洪明等:《知识流出——连接外部环境与企业管理创新的桥梁》,《科学学研究》2012年第11期。

④ A. Subramanian, S. Nilakanta, "Organizational Innovativeness: Exploring the Relationship between Organizational Determinants of Innovation, Types of Innovations, and Measures of Organizational Performance", *Omega International Journal of Management Science*, Vol. 24, No. 6, 1996, pp. 631 – 647; H. Gatignon, J. M. Xuereb, "Strategic Orientation of the Firm and New Product Performance", *Journal of Marketing Research*, No. 34, 1997, pp. 77 – 90.

实证检验组织创新与组织绩效的相关性。研究结果显示，组织创新对组织绩效具有正向影响，有效的组织创新活动不仅有助于提升组织成长能力和收益能力，还能增强企业长期发展能力。① 基于前人的理论与实证研究成果，本书提出了关于组织创新与企业绩效之间关系的研究假设，欲加以验证。

H4：组织创新对企业绩效的提高存在显著的正向影响。

五　企业家精神与企业绩效

国内外学者十分关注企业家精神与企业绩效之间的相互联系，相关研究成果丰硕且已得到广泛认同。理论与实证研究均已证实，企业家精神对企业绩效水平的提升具有显著且直接的正向影响。国内学者郭惠玲的研究表明，企业家精神中的创新素质和主动性素质会促进企业绩效的提升；② 马卫东等的实证研究结果也表明了企业家精神发挥越充分，越有助于企业绩效的提升；③ 国外学者 T. J. Peters 和 R. H. Waterman 基于企业绩效中的财务绩效进行分析讨论，认为企业家精神对财务绩效有显著的直接影响。④ 创新精神是企业家精神的核心特质与集中体现。企业家精神作为驱动组织持续发展和企业创新的内在动力，其在企业中的渗透程度直接影响企业创新能力。创新作为企业核心竞争力的持久源泉，对短期业绩提升与长期发展均具有显著促进作用。

此外，企业家精神中的创业精神要素，通过驱动企业识别市场新需求、整合资源开拓新产品与服务市场，并以快速响应能力实现市场渗透，使企业成为行业"先行者"。这种先发优势有助于企业通过先入为主的市场布局掌握主动权，逐步建立市场领先地位、扩大市场份额，进而在竞

---

① 汪鑫：《组织创新与组织绩效的关系研究——以钢铁行业上市公司为例》，硕士学位论文，成都理工大学，2012年。

② 郭惠玲：《公司企业家精神与企业绩效的实证研究——基于营销能力的交互作用》，《华侨大学学报》（哲学社会科学版）2014年第3期。

③ 马卫东、游玲杰、胡长深：《企业家精神、开拓能力与组织绩效——基于苏北地区企业的实证分析》，《企业经济》2012年第8期。

④ Thomas J. Peters, Robert H. Waterman, *In Search of Excellence*: *Lessons from America's Best-run Companies*, Profile Business, 2004.

争中获取超额利润。基于前人的理论与实证研究成果,本书提出了关于企业家精神与企业绩效之间关系的研究假设。

H5:企业家精神对企业绩效的提高具有显著的正向影响。

第三节 量表设计及问卷信度与效度分析

一 研究变量的测量

本书采用 Likert 7 级量表作为测量工具。为确保测量的信度与效度,量表主要参考学界广泛使用且经过检验的成熟量表,并根据研究需要进行调整修订。量表中 7 至 1 分别表示从"完全同意"到"完全不同意"的同意程度。

1. 企业家精神量表

J. G. Covin 和 D. P. Slevin 在企业家精神研究中构建了经典评估体系,提出企业家精神包含创新精神、冒险精神和前瞻性三个维度,开发的量表共包含 9 个测项(每个维度 3 个题项)。[1] 后续 D. Miller 对该量表进行了信效度检验,结果显示各维度 Cronbach's α 系数均大于 0.75,满足社会科学研究的信度要求。很多学者在研究企业家精神时均采用了该量表,根据研究的实际需要以及研究的特点,在参考该量表的基础上对问题测项进行了修正,修正后的企业家精神评估体系如表 11 – 1 所示。

表 11 – 1　　　　　　　　企业家精神量评估体系

	指标
创新精神	1. 注重研究开发能力,强调技术与产品创新
	2. 公司过去几年中,已经研发了众多新产品或新服务
	3. 注重现有产品或服务的创新

---

[1] J. G. Covin, D. P. Slevin, "Strategic Management of Small Firms in Hostile and Benign Environments", *Strategic Management*, No. 10, 1989, pp. 75 – 78.

续表

	指标
创业精神	4. 企业经常主动出击，处于主动地位
	5. 企业注重新产品或新服务的引进
	6. 企业较竞争对手更喜欢竞争
冒险精神	7. 倾向于做出高风险高回报的决策
	8. 当面对复杂且充满不确定性的环境时，倾向于采取大胆、果断的决策
	9. 面对高风险高收益的决策时，经常持积极、大胆的态度

2. 组织知识学习量表

以 E. W. Baker 和 J. M. sinkula 所设计的量表对组织知识学习进行衡量，诸多学者对该量表的准确性和有效性进行了验证，量表包含知识学习承诺、知识分享愿景、开放心智三个维度，总计 18 个问题维度。[①]

结合本研究的需要，对量表问题测项进行修正，修正的量表共计 14 个问题测项，如表 11 - 2 所示。

表 11 - 2 　　　　　　组织知识学习评估体系

	指标
知识学习承诺	1. 公司高层管理者视学习能力为竞争优势的来源
	2. 注重学习是企业文化的重要部分
	3. 公司视学习与培训是对员工的一种投资
	4. 企业将学习视为可持续发展的保证
	5. 公司认为，只有不断学习，才能有好的发展前途

---

① W. E. Baker, J. M. Sinkula, "The Synergistic Effect of Market Orientation and Learning Orientation on Organizational Performance", *Journal of the Academy of Marketing Science*, Vol. 27, No. 4, 1999, pp. 411 - 427.

续表

	指标
知识分享愿景	6. 员工充分理解公司的愿景、使命与目标
	7. 企业不同部门和层级的愿景相一致
	8. 企业每一位员工都积极努力工作以实现公司愿景
	9. 企业每一位员工都认为自己肩负着实现公司愿景的责任
	10. 公司高层管理者经常与下属积极沟通
开放心智	11. 员工经常可以对公司的发展提出自己的看法
	12. 企业喜欢倾听不同的想法和观点
	13. 企业高层管理者激励员工用创新的方法解决问题
	14. 企业强调原创的重要性

3. 组织创新量表

对组织创新的测量采用 L. M. Chuang 所提出的量表，诸多学者都对该量表的准确性和有效性进行了验证，结合本研究的特点，对量表问题测项进行修正，修正后的量表包含产品创新、过程创新、结构创新三个维度，总计10个问题测项，如表 11 - 3 所示。

表 11 - 3　　　　　　　　组织创新评估体系

	指标
产品创新	1. 公司经常研发新产品或新服务来战胜竞争对手
	2. 企业以市场需求为导向研发新产品或新服务
	3. 顾客认为公司研发的新产品或新服务很独特
	4. 企业推出新产品或新服务较竞争对手的成功率更高
过程创新	5. 公司能够比竞争对手更快地改进生产方法
	6. 公司经常会临时采用新方法解决传统方法不能解决的问题
	7. 企业在过去的几年中开发了许多创新性的管理方式
结构创新	8. 配合需求的变动，公司会重新权衡各部门的分工
	9. 根据顾客需求，公司会改变服务的内容和方式
	10. 为加速达成公司目标，公司会尝试不同的程序

4. 企业绩效量表

对企业绩效的测量采用 G. N. Chandler 和 S. H. Hanks 所提出的量表,[①] 诸多学者对该量表的准确性和有效性进行了验证,结果表明,验证量表具有良好的信度与效度,根据研究需要对该量表进行修订,修订后包含财务绩效与成长性绩效两个维度,由共 6 个问题测项组成,如表 11-4 所示。

表 11-4　　　　　　　　　企业绩效评估体系

	指标
财务绩效	1. 公司主体业务一直保持着很高的市场份额
	2. 公司的利润率保持在很高的水平
	3. 公司净资产收益率在同行业中处于领先水平
成长性绩效	4. 与竞争对手相比,本公司员工数量增长很快
	5. 与竞争对手相比,本公司销售额增长很快
	6. 预计本公司的规模将继续扩大

二　研究样本基本情况

根据企业家精神量表、组织知识学习量表、组织创新量表以及企业绩效量表,编制企业家精神、组织知识学习、组织创新与企业绩效的调查问卷。以高新技术产业为主要研究对象,随机抽取企业进行问卷调查,对随机样本数据进行实证分析。问卷通过电子邮件发放、邮寄发放和上门调查三种方式进行收集。为确保数据的真实可靠及调查人员对问卷题项的充分熟悉和认知,问卷填写人员均为企业中高层管理人员。问卷发放时间始于 2019 年 7 月 1 日,止于 2021 年 9 月 1 日,共发放问卷 380 份,回收问卷 286 份,剔除不符合要求以及重复的样本,得到有效样本 236 份,回收率为 75.26%,有效率为 82.52%。样本行业分布、企业规模和企业性质等基本情况如表 11-5、表 11-6 和表 11-7 所示。

---

① G. N. Chandler, S. H. Hanks, "Measuring the Performance of Emerging Businesses: A Validation Study", *Journal of Business Venturing*, No. 8, 1993, pp. 391-408.

表 11 - 5　　　　　　　　　　　　样本行业分布

	光伏	信息	医药	互联网服务	其他	合计
企业数	20	36	92	108	30	286
百分比（%）	7.0	12.6	32.2	37.8	10.5	100

表 11 - 6　　　　　　　　　　　　样本企业规模

	100 人以下	100—500 人	500 人以上	合计
企业数	72	146	68	286
百分比（%）	25.2	51.0	23.8	100

表 11 - 7　　　　　　　　　　　　样本企业性质

	国有企业	民营企业	三资企业	其他	合计
企业数	15	135	86	50	286
百分比（%）	5.2	47.2	30.1	17.5	100

三　研究样本的信度与效度分析

在问卷调查中，确保测量量表的科学性和有效性至关重要。若研究者设计的量表无法科学准确地反映研究变量的本质，则基于问卷得出的分析与结果将失去价值，整个问卷调查及抽样调查等相关工作也将沦为徒劳。信度分析主要是检验测量量表的可靠性和稳定性。信度分析主要检测研究分析结果是否具有稳定性和统一性，若对同一研究对象进行多次检验测量，发现所得结论具有一致性，稳定不变，则认为该测量分析方法具有信度。通常情况下，研究者构建研究指标的评价体系是以设计测量量表来实现的，因此测量量表的合理与否决定着研究体系结果的真实与否。量表的可信性检验包含外在和内在两个层面，即外在信度分析和内在信度分析。同一调查对象的反复检验分析，不同时点和不同阶段其结果是否稳定、是否一致的分析被称为信度分析的外在检验。对所选指标是否测量相同概念、各评价指标间内在一致性的分析检验，称为内在信度分析。若各指标的内在一致性越高，则构建的评价体系越准确，结果的说服力越强。一般而言，研究者主要进行内在信度分析。当前存在较多信度分析检验的方法,其中较受学者信赖的是 Cronbach's α 信度系数法,其计算方法为:(1) 计算各评价指标的相关系数矩阵,并求相关系数的均值;(2) 计算 Cronbach's α 系数,其数学公式为 $\alpha = k\bar{r} / 1 + (k-1)\bar{r}$,其中,$k$ 是评价指标数目,$\bar{r}$ 是 k 个评价指标相关系数的均值,Cronbach's α 系数为 0—1。通常来看,如果 Cronbach's α 系数大于 0.9,则认为量表的内在信度很高;如果 Cronbach's α 系数大于 0.8 小于 0.9,则认为内在信度是可以接受的;如果 Cronbach's α 系数大于 0.7 小于 0.8,则认为量表设计有一定程度的问题,但仍有参考价值;如果 Cronbach's α 系数小于 0.7,则认为量表设计存在很大问题,应该重新设计。

测量量表信度所用方法也为 Cronbach's α 信度系数法,通过 SPSS 软件统计分析各指标的 Cronbach's α 系数值,结果如表 11-8 所示。从表 11-8 中可以得出,Cronbach's α 系数均在 0.8 之上,因此内在信度可接受,量表具有较高的信度和较强的解释力。

表 11-8　　　　　　　　　　Cronbach's α 值

变量	Cronbach's α	变量	Cronbach's α	变量	Cronbach's α	变量	Cronbach's α
企业家精神	0.937	组织知识学习	0.958	组织创新	0.947	企业绩效	0.936
创新精神	0.857	知识学习承诺	0.905	产品创新	0.879	财务绩效	0.869
创业精神	0.842	知识分享愿景	0.892	过程创新	0.868	成长性绩效	0.874
冒险精神	0.853	开放心智	0.895	结构创新	0.897	—	—

量表设计的效度分析主要用于检验所设计或修订的量表对被测指标或内容的测量准确性。检验分为内容效度和建构效度两个层面的检验,基于所用量表已被众多学者检验和使用过,并且根据本研究的特点,询问诸多专业人士,进行适当修正和测试,因此本研究的问卷内容效度处于可接受水平;然后检验问卷的建构效度,进行验证性因素分析(CFA),参考吴明隆在《结构方程模型——AMOS 的操作与应用》中列

举的验证性因素分析的整体模型适配度检验指标及标准（见表11-9），由AMOS软件统计分析得出结果（见表11-10）。从表11-10中可见，各变量拟合指标数值均处于可接受的水平，因此量表的建构效度良好。

表11-9　验证性因素分析的整体模型适配度检验指标及标准

拟合指标	χ^2/df	RMSEA	GFI	AGFI	NFI	CFI	PNFI	PCFI
标准	<2.0	<0.08	>0.90	>0.90	>0.90	>0.90	>0.50	>0.50

注：χ^2→卡方值；df→自由度；χ^2/df→卡方自由度比；RMSEA→渐进残差均方和平方根；GFI→适配度指数；AGFI→调整后适配度指数；NFI→规准适配指数；CFI→比较适配指数；PNFI→简约调整后的规准适配指数；PGFI→简约适配度指数。

表11-10　各变量拟合指标数值

拟合指标	企业家精神	组织知识学习	组织创新	企业绩效
χ^2	56.725	87.322	79.628	68.446
df	26	56	48	38
χ^2/df	1.352	1.543	1.346	1.264
RMSEA	0.063	0.069	0.057	0.052
GFI	0.941	0.934	0.967	0.948
AGFI	0.937	0.929	0.956	0.945
NFI	0.948	0.945	0.973	0.959
CFI	0.978	0.965	0.985	0.988
PNFI	0.726	0.762	0.634	0.658
PGFI	0.735	0.771	0.653	0.692

第四节　构建结构方程模型与运算过程

结构方程模型（SEM）作为高等统计方法，整合了因素分析与路径分析，属于多变量统计范畴，也被称为潜在变量模型。作为整合两种统计方法的 SEM，不同于多数计量分析方法，其在处理外生变量和内生变量时允许存在测量误差或残差项，同时能精确刻画潜在变量之间的关系，并有效确认具有相互影响的变量间的路径结构。SEM 能够分析解释变量对被解释变量的直接效应、间接效应和总效应，以此揭示变量间的相互关联。SEM 的分析以正态性假设为基本前提之一，理论上要求样本数据尽可能满足正态分布，模型还要求潜在变量之间呈线性关系。LISREL、EQS 与 AMOS 软件都是研究者较多采用的分析工具，以上软件均可进行 SEM 模型分析，其中 AMOS 软件的使用最为广泛。SEM 模型主要具有以下优点：（1）针对个别测量题项开展误差检测，并从测量题项的变异量中剥离测量误差，以提升因素负荷量的精确度；（2）测量量表中每个题项可反映不同共同因素，研究者可固定因素负荷量或对同质性题项的负荷量统一设置，还能依据文献和经验准则，预先确定个别题项表征的共同因素；（3）研究者通过整合文献和研究经验，对共同因素之间的相关性进行确定并进行设定，特殊情况下，可以将相关关系设定为相等关系；（4）通过估计共同因素，验证基于理论构建的共同因素模型与实际采集的样本数据的拟合程度，以检验假设模型的整体适配度。

一 两个变量间的影响关系

基于前文的理论分析，本书构建了企业家精神与组织创新、企业家精神与组织知识学习、组织知识学习与组织创新、组织创新与企业绩效、企业家精神与企业绩效五组变量之间关系的结构方程模型，并对各个模型的适配度进行检验，运用 AMOS 软件统计出的各模型拟合指标值如表 11－11、表 11－12、表 11－13、表 11－14、表 11－15 所示。由表 11－11 至表 11－15 可知，各模型拟合指标值均达到适配标准，拟合程度较佳，说明模型具有较好的适配性。对五组变量相互之间的相关系数进行检验，检验结果如表 11－16 所示。

运用 AMOS 软件统计出的企业家精神与组织创新之间关系的结构方程模型的拟合指标值如表 11－11 所示。从表 11－11 中可以看出，模型拟合良好，通过了 SEM 模型的适配度检验。

表 11-11　　企业家精神与组织创新 SEM 模型适配度检验

拟合指标	χ^2	df	χ^2/df	RMSEA	GFI	AGFI	NFI	CFI	PNFI	PGFI
数值	37.212	35	1.063	0.007	0.958	0.947	0.974	0.987	0.695	0.729

运用 AMOS 软件统计出的企业家精神与组织知识学习之间关系的结构方程模型的拟合指标值如表 11-12 所示。从表 11-12 中可以看出，模型拟合良好，通过了 SEM 模型的适配度检验。

表 11-12　　企业家精神与组织知识学习 SEM 模型适配度检验

拟合指标	χ^2	df	χ^2/df	RMSEA	GFI	AGFI	NFI	CFI	PNFI	PGFI
数值	30.526	28	1.090	0.005	0.965	0.956	0.965	0.996	0.704	0.738

运用 AMOS 软件统计出的组织知识学习与组织创新之间关系的结构方程模型的拟合指标值如表 11-13 所示。从表 11-13 中可以看出，模型拟合良好，通过了 SEM 模型的适配度检验。

表 11-13　　组织知识学习与组织创新 SEM 模型适配度检验

拟合指标	χ^2	df	χ^2/df	RMSEA	GFI	AGFI	NFI	CFI	PNFI	PGFI
数值	35.417	32	1.107	0.005	0.954	0.945	0.956	0.985	0.693	0.727

运用 AMOS 软件统计出的组织创新与企业绩效之间关系的结构方程模型的拟合指标值如表 11-14 所示。从表 11-14 中可以看出，模型拟合良好，通过了 SEM 模型的适配度检验。

表 11-14　　组织创新与企业绩效 SEM 模型适配度检验

拟合指标	χ^2	df	χ^2/df	RMSEA	GFI	AGFI	NFI	CFI	PNFI	PGFI
数值	28.528	26	1.097	0.003	0.943	0.934	0.945	0.974	0.682	0.716

运用 AMOS 软件统计出的企业家精神与企业绩效之间关系的结构方程模型的拟合指标值如表 11-15 所示。从表 11-15 中可以看出，模型拟合良好，通过了 SEM 模型的适配度检验。

表 11-15　　　企业家精神与企业绩效 SEM 模型适配度检验

拟合指标	χ^2	df	χ^2/df	RMSEA	GFI	AGFI	NFI	CFI	PNFI	PGFI
数值	31.306	29	1.080	0.004	0.932	0.923	0.934	0.963	0.671	0.705

运用 AMOS 软件统计出的变量之间关系的路径系数与假设检验结果如表 11-16 所示。

表 11-16　　　　　　路径系数与假设检验结果

变量关系	路径系数	P 值	对应假设	检验结果
企业家精神→组织创新	0.72 ***	0.000	H1	通过
企业家精神→组织知识学习	0.64 **	0.000	H2	通过
组织知识学习→组织创新	0.59 ***	0.000	H3	通过
组织创新→企业绩效	0.67 **	0.000	H4	通过
企业家精神→企业绩效	0.78 ***	0.000	H5	通过

注：*** 表示 $P<0.001$，** 表示 $P<0.01$。

通过充分分析各变量之间的关系，本书提出了 5 个研究假设。对各个研究假设进行检验，当仅考虑两个变量之间的影响关系时，由 AMOS 模型运行结果可以得出以下结论。

（1）企业家精神对组织创新的影响。假设企业家精神对组织创新能力的提升有显著正向影响（H1），从表 11-16 中可以得出，企业家精神对组织创新有正向的路径系数 0.72，并且 P 值为 0.000，即有显著的正向影响效果，假设 H1 通过了检验。

（2）企业家精神对组织知识学习的影响。假设企业家精神对组织知识学习能力的提高有显著正向影响（H2），从表 11-16 中可以得出，企业家精神对组织知识学习有正向的路径系数 0.64，并且 P 值为 0.000，即有显著的正向影响效果，假设 H2 通过了检验。

（3）组织知识学习对组织创新的影响。假设组织知识学习对组织创新能力的提升有显著的正向影响（H3），从表 11-16 中可以得出，组织知识学习对组织创新有正向的路径系数 0.59，并且 P 值为 0.000，即有显著的正向影响效果，假设 H3 通过了检验。

（4）组织创新对企业绩效的影响。假设组织创新对企业绩效的提高有显著的正向影响（H4），从表 11-16 中可以得出，组织创新对企业绩效有正向的路径系数 0.67，并且 P 值为 0.000，即有显著的正向影响效果，假设 H4 通过了检验。

（5）企业家精神对企业绩效的影响。假设企业家精神对企业绩效的提高有显著的正向影响（H5），从表 11-16 中可以得出，企业家精神对企业绩效有正向的路径系数 0.78，并且 P 值为 0.000，即有显著的正向影响效果，假设 H5 通过了检验。

二 模型整体变量间的影响关系

1. 整体理论模型检验

一个完整的整体理论模型的检验可以通过基本拟合指标和整体拟合指标两个层面的检验来实现。采用 AMOS 统计分析软件得出的基本拟合标准如表 11-17 所示，研究发现，四个变量的维度变量因素负荷量均通过检验，都超过 0.7 的水平。此外，四个核心变量的组合信度和萃取变量也均满足基本拟合标准，组合信度处于 0.76 以上水平，高于 0.7 的检验阈值，萃取变量均在 0.6 以上。综上，整体理论模型通过基本拟合指标的检验。

表 11-17　　　　　　　　　　基本拟合标准

变量	因素负荷量	衡量误差	组合信度	萃取变量
企业家精神			0.840	0.668
创新精神	0.817 ***	0.333		

续表

变量	因素负荷量	衡量误差	组合信度	萃取变量
创业精神	0.781***	0.390		
冒险精神	0.780***	0.392		
组织知识学习			0.783	0.627
知识学习承诺	0.813***	0.339		
知识分享愿景	0.752**	0.434		
开放心智	0.751***	0.436		
组织创新			0.894	0.787
产品创新	0.870***	0.243		
过程创新	0.887***	0.213		
结构创新	0.853***	0.272		
企业绩效			0.768	0.612
财务绩效	0.716***	0.487		
成长性绩效	0.712**	0.493		

注：*** 表示 $P<0.001$，** 表示 $P<0.01$。

采用 AMOS 统计分析软件得出的整体模型拟合指标如表 11 – 18 所示。由表 11 – 18 可知，各拟合指标值均达到检验标准，拟合程度较佳，说明整体理论模型通过整体拟合指标的检验。

表 11 – 18　　　　　　　　　　整体拟合指标

拟合指标	χ^2	df	χ^2/df	RMSEA	GFI	AGFI	NFI	CFI	PNFI	PGFI
数值	51.020	51	1.000	0.001	0.957	0.946	0.973	0.986	0.694	0.728

2. 整体理论模型运算结果

运用 AMOS 软件统计出的整体理论模型的路径系数与假设检验结果如表 11 – 19 所示。

表 11-19　　整体理论模型的路径系数与假设检验结果

变量关系	路径系数	P 值	对应假设	检验结果
企业家精神→组织创新	0.63***	0.000	H1	通过
企业家精神→组织知识学习	0.55***	0.000	H2	通过
组织知识学习→组织创新	0.46**	0.000	H3	通过
组织创新→企业绩效	0.48***	0.000	H4	通过
企业家精神→企业绩效	0.24	0.254	H5	未通过

注：*** 表示 $P<0.001$，** 表示 $P<0.01$。

当仅考虑两个变量之间的关系影响时，通过模型检验 5 个假设均得到了验证。在前文将各个变量放在同一个结构方程模型中进行检验时，由整体 AMOS 模型运行结果得出以下结论。

（1）企业家精神对组织创新的影响。假设企业家精神对组织创新能力的提升有显著正向影响（H1），从表 11-19 中可以得出，企业家精神对组织创新有正向的路径系数 0.63，并且 P 值为 0.000，即有显著的正向影响效果，假设 H1 通过了检验。

（2）企业家精神对组织知识学习的影响。假设企业家精神对组织知识学习能力的提高有显著正向影响（H2），从表 11-19 中可以得出，企业家精神对组织知识学习有正向的路径系数 0.55，并且 P 值为 0.000，即有显著的正向影响效果，假设 H2 通过了检验。

（3）组织知识学习对组织创新的影响。假设组织知识学习对组织创新能力的提升有显著的正向影响（H3），从表 11-19 中可以得出，组织知识学习对组织创新有正向的路径系数 0.46，并且 P 值为 0.000，即有显著的正向影响效果，假设 H3 通过了检验。

（4）组织创新对企业绩效的影响。假设组织创新对企业绩效的提高有显著的正向影响（H4），从表 11-19 中可以得出，组织创新对企业绩效有正向的路径系数 0.48，并且 P 值为 0.000，即有显著的正向影响效果，假设 H4 通过了检验。

（5）企业家精神对企业绩效的影响。假设企业家精神对企业绩效的提高有显著的正向影响（H5），从表 11-19 中可以得出，企业家精神对企业绩效的路径系数为0.24，并且P值为0.254，未达到显著水平，即无显著的正向影响效果，假设H5未通过检验。

模型运算结果表明，当把企业家精神、组织知识学习、组织创新与企业绩效四个变量放在同一个结构方程模型中进行研究时，企业家精神对企业绩效的直接促进作用不复存在，组织知识学习和组织创新作为企业家精神作用企业绩效的中介变量发挥作用，此时企业家精神先作用于组织知识学习和组织创新，再作用于企业绩效，企业家精神间接影响企业绩效，即企业家精神通过两种路径影响企业绩效：一是企业家精神→组织创新→企业绩效；二是企业家精神→组织知识学习→组织创新→企业绩效。从以上两条路径可以看出，无论企业家精神通过哪一条路径影响企业绩效，最终都会落脚到企业的组织创新能力上，也就是说，组织创新是影响企业家精神与企业绩效之间关系最重要、最根本的中介变量。

第五节 本章小结

组织创新的关键决定因素是创新资本，即企业创新能力与水平的高低，取决于其拥有的创新资本数量多寡及运用效率。创新资本并非单纯指创新能力或研发新产品的才能与无形资产，更侧重于结构创新、战略创新、组织创新和文化创新等长期发展理念的升级，这也凸显了创新资本对组织创新能力的推动作用。

创新资本通过增加产品的多样性以及提高服务的质量来促进产品或服务的销售，进而提升企业的绩效。创新资本的数量和质量又受到货币资本与人力资本的影响，充足的货币资本投入不仅为企业吸引和招纳高素质人才、积累人力资本提供了资金保证，也为企业的研发活动提供了资金支持；而企业通过招聘和培养高素质人才所积累的人力资本，可以通过改进生产流程、提高研发能力等创新活动来降低生产成本，从而提高企业的效率与效益，为创新资本的积累提供了人力保证。因此，货币资本、人力资本以及创新资本都是影响组织创新能力的关键因素，进而影响企业的绩效水平。

企业家精神对企业绩效有间接影响，主要在于本书将企业家精神归属于企业文化的范畴，将其视为企业的行为方式和价值理念，因此其同企业文化的影响机制类似，主要通过影响公司职工的行为（主要是学习和创新行为）从而间接影响企业绩效，这也再次印证了企业家精神必须通过中介变量才能影响企业的绩效。

在数字化与信息化高度融合的时代，信息技术迭代速度日益加快，企业的持续成长与长远发展，取决于企业家精神能否有效发挥作用。对于企业而言，创新是核心持久的竞争力。唯有持续开拓新技术、探索新流程、尝试新程序、革新新工艺，才能提升产品与服务质量，不断研发新产品、推出新服务，拓展业务版图、抢占市场份额，实现盈利增长，进而推动企业长远发展，提升社会经济效益。从本质来看，企业家精神的全面体现与有效作用，是实现上述过程的本质要求。企业家精神在企业中的彰显与践行，能够同步提升组织的学习能力与创新能力，促使企业持续获取新知识、积累新能力，从而更好地适应复杂多变的动态环境。

因此对于企业而言，其一，需强化组织知识学习能力，促使组织成员树立坚定的学习信念；通过构建良好的学习氛围，为组织成员创设优质的学习环境；其二，要提升组织创新能力，需通过学习新知识与信息，增强组织成员处理综合业务的能力，进而提高生产效率与绩效。

第十二章
研究结论、不足与展望

第一节 研究结论

当前中国经济增长速度从高速转向中高速,增长驱动力也从要素驱动、投资驱动向创新驱动转变,宏观层面的改革已难以对经济创新发展形成快速的促进作用。作为推动创新型投资向经济竞争力转化的核心要素,企业家精神的培育与发展能够有效提升企业创新能力和核心竞争力,是企业维系竞争力、推动经济增长机制转变的关键所在。若要提升企业技术创新能力、保持核心竞争力,并促进当前经济增长机制转型,必须重视微观层面企业家精神的培育与发展。基于此,本书从微型企业视角出发,根据公司企业家精神理论,结合高新技术产业的发展特点,以1378家科技型上市企业为研究对象,通过对企业发展特征和企业家精神特性的分析,基于知识产权资本的测度构建了包含创新能力(制度创新能力、研发资金投入、研发人力投入、知识产权资本)、创业能力(市场投资能力、市场研究能力、销售能力)、成长能力(营业利润率、营业收入增长率、净利润增长率)和经营能力(每股经营现金流、权益比率、股东利润)4个一级指标及13个二级指标的企业家精神综合测量指标体系。

在确定企业家精神指标权重时,主要采用熵值法进行测量。根据熵值法计算结果可知,创业能力与创新能力的指标权重较高,在企业家精神培育中发挥关键作用。这是由于创业与创新构成了企业家精神的核心内涵，而创业能力和创新能力为企业的健康发展提供了强劲动力。熊彼特在阐述企业家职能时指出，企业家通过创新思想与知识获取资金，并将这些创新思想转化为技术创新、商业创新和组织创新，在激活经济活力方面发挥关键作用。同时，企业家善于分析和把握市场机遇，甚至创造新的市场机遇，以此推动企业转型与发展。另外，企业家精神的发展还体现在企业的成长过程中，而企业成长的具体表现主要体现在企业的经营管理中。在科技型企业中，企业家精神体现为行为层面的企业家活力，其核心特征是具备快速有效的决策能力与管理效能，能够显著推动企业成长、改善生产经营状况，这正是企业家精神对企业成长能力与经营能力的作用体现。因此，创业能力与创新能力的指标权重更高，其次为成长能力和经营能力。企业家精神的创业能力主要表现在投资能力和市场研究能力上，创新能力主要表现在研发资金和研发人力的投入上，这说明市场投资能力、市场研究能力、研发资本及人才的投入是用来确定科技型中小企业是否具有良好企业家精神的重要评价指标。

在企业家精神的综合测度方面，主要采用融合时间贴现因子与能量消耗特征的三次差异驱动模型，以及基于模糊奖惩视角、具备变化速度特征的企业家精神动态综合测度模型，并结合模糊神经网络，实现对企业家精神的动态测度与分析，从而完成科学计量与准确评估，最终依据测量结果针对性提出促进企业家精神发展的对策建议。根据研究结果可知，三次差异驱动能够利用时间贴现因子凸显科技型上市企业的企业家精神在时间上的差异性，利用能量消耗凸显企业家精神的整体波动性和差异性。基于模糊视角并具备变化速度特征的企业家精神动态测度模型，能够借助模糊思想有效处理因企业家精神概念抽象性引发的测度特征模糊性问题。该模型对测量过程中的不确定性具有鲁棒性，可提高测量结果的准确性，从而解决企业家精神测量中存在的模糊性与不确定性问题。在测量过程中多次引入变化速度特征，从时间维度提升了评价管理的均衡性与一致性，有效解决了企业家精神在时间序列上发展变化的多样性问题，进而降低了测量误差。通过构建激励控制线、运用模糊集理论及隶属函数，可有效界定测量值的发展区间，进而提升评价管理的柔性与灵活性。模糊化处理能够弱化企业家精神在柔性组织管理中的局限性，使企业管理中的激励机制更趋合理化。由于测度模型的组合特征较多，运算过程较为复杂，难以实现数据的多轮验证测算。因此，本书最终引入模糊神经网络对企业家精神进行新一轮测度分析。基于模糊理论改进的模糊神经网络推理系统，能够有效应用于大样本科技型企业的企业家精神测量，不仅可解决测度过程中的模糊性问题，还能实现数据的批量处理，具备运算速度快、效率高的优势，适用于大样本和大数据计算场景。尽管该模型的黑箱运算特性使其缺乏对测算过程的可解释性，但其测算结果仍可作为企业家精神测度的验证性数据用于分析。

在企业家精神的空间测度研究中发现，现实中不同区域的企业家精神发展水平存在显著差异。既往研究表明，企业创办行为在空间分布上并非随机，而是在地区间存在较强的关联性。本书以中国经济发展水平领先的长三角城市群为例，选取369家科技型上市企业作为研究样本，通过构建基于空间距离的权重矩阵，对企业经济发展水平与企业家精神进行空间相关性检验。研究表明，企业经济发展与企业家精神不仅存在全域空间相关性，还存在局域空间相关性。在此基础上，本书将企业规模、人力资本等变量作为控制变量，运用空间计量模型进行实证分析。研究表明，企业家精神对企业经济发展具有显著的促进作用，人力资本、企业规模等控制变量对企业经济发展也具有重要影响。同时，为了进一步研究企业家精神对企业绩效的作用机制，本书把企业家精神、组织知识学习、组织创新与企业绩效四个变量放在同一个结构方程模型中进行分析，实证研究结果表明，企业家精神对组织创新能力的提升有显著正向影响；企业家精神对组织知识学习能力的提高有显著正向影响；组织知识学习对组织创新能力的提升具有显著正向影响；组织创新对企业绩效水平的提升具有正向影响；企业家精神对企业绩效存在间接的影响，主要是以组织知识学习和组织创新为两个中介变量间接作用于企业绩效。企业家精神通过两种路径影响企业绩效：一是企业家精神→组织创新→企业绩效；二是企业家精神→组织知识学习→组织创新→企业绩效。

第二节 管理启示

（1）积极培育企业家精神，充分发挥企业家精神的优良作用，企业家精神通过作用于组织知识学习和组织创新间接影响企业绩效。作为企业的最高领导者——企业家，只有不断提高和充分发挥自己的创新精神、创业精神以及冒险精神，才能促进组织知识学习能力、创新能力以及企业效益的提升。

（2）学习是发展的根基，企业需注重提升组织内部学习能力，以此推动创新能力的增强。通过构建学习型组织、营造良好学习氛围，促进知识与能力在组织成员间的传递共享，有助于丰富组织成员的知识体系、增强其能力的全面性，进而推动组织创新能力的提升。

（3）企业需注重提升组织创新能力。实践表明，组织创新能力较强的企业往往具备更优的绩效表现。企业可通过加大研发资金投入、开展"校企合作"、借助高校高端科研平台等举措，推动组织创新能力的提升。

（4）看待问题时不能孤立片面，而应关注企业家精神与组织内相关能力的关联，探究企业家精神的影响路径，以充分发挥其积极作用，进而直接或间接推动企业绩效提升。

（5）在企业家精神对企业绩效的影响中，组织创新是最为核心的因素。而组织创新能力的强弱，取决于企业创新资本、人力资本和财务资本的水平。

因此，企业管理者不仅要注重货币资本的积累，更应注重创新型人才的招聘与培养，只有不断优化招聘流程，在人才评价体系中更加突出创新能力指标，培养良好的创新氛围，鼓励企业员工不断创新，才能不断积累创新资本、提升组织创新能力、推动企业的健康可持续发展。

第三节 政策建议

当前，国家为推动新一轮经济增长出台多项政策以促进企业家精神发展，这表明企业家精神对经济发展具有显著的促进作用，且存在显著的空间溢出效应。基于此,结合现实情况,提出以下针对性建议。

一 完善企业家精神发展政策体系

企业家精神的良性发展离不开政策制度的保障,一方面政策制度可以从宏观经济的调控角度直接影响企业家精神的发展,另一方面也可以通过政策制度的制定来间接影响企业家精神的发展。

(1) 金融扶持政策。金融方面的扶持主要是通过政府制定相关政策,引导金融资本、社会资本对长三角中小企业的经营活动提供支持。具体有以下几个方面:①完善风险投资制度,加大对风投机构的吸引力度,同步引导合规合法的民间资本参与;②成立金融扶持基金,如投资基金、创业基金,能够直接高效地为长三角中小企业的经营活动提供金融支持;③健全金融体制、培育良好金融秩序、完善金融市场规范。

(2) 人才培养和引进政策。技术人才与高学历人才是企业创新的核心动力,也是推动就业质量提升的关键支撑,对激发企业家精神、赋能经济高质量发展具有重要意义。具体可从以下政策方向推进:①优化人才引育机制:通过完善落户政策、住房补贴、购房优惠等举措,形成"吸引外部人才+留住本土人才"的双向机制,构建可持续的人才储备体系;②强化教育资源供给:加大教育领域投入,一方面夯实基础教育建设根基,另一方面扩大高等教育规模并提升培养质量,从源头提升人才供给的数量与层次。

(3) 技术创新政策。企业家精神中创新性与创业性的核心内涵已获得广泛共识,技术创新的演进能为企业家精神提供技术支撑,而企业家精神亦对技术创新产生正向促进作用,二者形成互促共生的紧密关系。在技术创新扶持层面,可重点从以下方面发力:①加大政府研发投入力度;②强化中小企业创新扶持;③促进企业间技术要素流动。

二 优化金融市场

企业家的创新创业活动离不开金融市场的支持,金融政策尤其是创业融资政策,对企业家创新创业具有重要影响。尽管当前国家持续出台企业融资支持政策,但中小企业融资难问题仍制约其发展,仍是一个棘手的问题。因此，需进一步优化金融市场环境，推动金融资本更高效地流入企业家创新创业领域。

（1）构建服务创新创业的专业化融资平台。针对新创企业融资难问题，需强化对创新创业活动的金融支持。当前，众多企业家的创新创业实践因融资难、融资贵等瓶颈，导致创新项目难以落地。这凸显了金融市场融资效率对创新创业的关键作用。因此，应着力打造信息透明度高、募资成本低、融资效率高的健康金融生态，可通过设立专项支持科技创新型新创企业的投资基金等举措，精准满足企业初创期融资需求，以此激活创新创业活力，赋能经济高质量发展。

（2）构建创新创业风险保障体系。鉴于创新创业活动的高风险性，当前部分企业家参与创新创业的积极性有待提升。建议建立针对创新创业失败者的兜底保障政策，为其提供基本生活保障，解除后顾之忧，以此激发创新创业热情，提升成功概率，推动企业家精神培育。

（3）简化审批流程，提升金融服务效能。当前金融机构审批程序繁琐，导致融资周期过长，不仅造成人力、时间浪费，更使企业易错失融资良机。保留必要审批环节，精简非必要流程，既能节约资源、提高效率，也有利于融资活动顺畅开展，促进企业家精神正向发展。

三　人才队伍建设

人才对于企业家精神的培育具有关键作用，能够推动企业的创新发展；从本质而言，企业之间的竞争实则是人才的竞争。由此可见，构建和发展高素质人才队伍意义重大。可主要从两个维度强化人才队伍建设：一是优化人才引进机制，二是提升现有人才的专业素养。

（1）以创新创业为基点展开科技研发人才的引进。针对国内外在某技术行业内的领军人物，掌握关键技术、拥有发明专利的高精尖科技人才，给予政策扶持、资金保障以及制度安排。

（2）留住本地毕业生，吸引外地优秀毕业生。对毕业生人才资源工作的开展，一方面要充分发挥本地就业优势留住本地毕业生资源，另一方面要加强对外地高校毕业生的开发。例如，组织本地企业进入专业对口高校进行校园招聘，政府对高校毕业生给予一定生活补助、就业津贴等。

（3）成立人才小组，完善人才奖励机制和配套服务。地方政府设专人统筹人才引进培育，建立科技创新表彰制度，设立科研创新专项奖励资金，激励科研人才创新。同时，完善配套服务，提供住房补贴，解决子女教育、配偶工作等问题，全方位解除人才后顾之忧。

（4）强化人才培养工作。加强基础教育，提升质量；对高校实施"严出"政策，提高人才输出质量。构建科研精英培训体系，拓展其技能深度与广度。加大人才教育培训投入，落实政策到人，保障人才培养工作的完善。

四 推动科技创新

创新是企业发展的根基、地区经济增长的引擎、国家竞争力的核心。当前中国科技发展迅猛，科研成果丰硕，专利申请量稳居世界前列，但科研成果产业转化率低、商业附加值不足，难以有效驱动企业发展。

（1）推进科研创新体系建设。营造良好的市场创新氛围，鼓励大众以创新思维创业；增加科研创新平台数量，拓展平台种类；拓宽平台服务内容，提升服务水准。

（2）推动科技服务业发展，提升政府科技服务水平。一方面，放宽科技行业中介准入标准，简化流程手续；另一方面，引进国内外先进科技服务中介机构，推动其构建涵盖科技成果转化、专利产业化、产品市场化的全链条科技服务体系。同时，在强化科技中介机构能力的基础上，政府需增强服务意识，简化审批流程，提升办事效率。

五 推动企业发展，形成产业集聚

企业家精神的发展以及企业的发展是存在空间溢出效应的，在一定的地理空间上，区位相近的企业之间会产生一定的技术、资源、知识的流动，从而助力构建资源共享的外向型经济体系，带动区域企业家精神的发展。

（1）发展地区龙头企业。地方政府可以根据地方发展实际情况，有针对性地对具备核心竞争力的企业给予一定的帮扶措施，包括引进人才补贴、降低土地费用、税收优惠等。通过龙头企业的带动，促进区域企业的发展，形成区域产业集聚，提升区域经济水平，促进企业家精神的发展。

（2）推进产业园建设。产业园集中了地区大量高精尖人才、资源以及完善的基础设施，能为企业发展提供所需要的一系列上下游配套服务设施。通过产业园的建设，形成园区产业集聚效应，实现企业发展规模化。

六　企业可持续发展政策

针对就业集聚集中于长三角等经济发达地区的现状，建议构建城市人口人力资源、物资资源、生态人文环境与经济协调发展等多层目标融合的共生价值体系。

（1）将企业视为生物有机共生单元，与长三角区域内其他组成单元形成相互依存、相互作用、相互促进的对称性互惠共生关系。同时，构建以单元互惠共生为目标、自我治理为手段、无缝链接为桥梁的全新运作形态，推动长三角就业价值链的有序运行与调节。

（2）在共生单元中，缩小劣势单元规模，通过外包模式转移剩余劳动力。高发展水平单元聚焦高端服务业，将第一、第二产业转移或外包至欠发达单元，提升高新技术产业占比；欠发达地区在承接产业时，需提高机械化与现代化水平，提升劳动生产率。各单元应发挥自身优势，引导就业人口合理布局，同时积极推进长三角区域一体化，降低区域统筹发展及要素自由流动的阻力。

第四节　研究不足与展望

在企业家精神的研究上，国内学者的研究相较于国外来说起步较晚，至今所取得的研究成果也比较有限，特别是在企业家精神测量方面的研究比较匮乏。尽管对企业家精神进行了测量研究，但鉴于企业家精神在该测量研究领域存在一定的难度，同时以组织知识学习与组织创新作为中介变量来研究企业家精神与企业绩效的实证研究是一个比较新颖的视角，将组织知识学习与组织创新设计成中介变量，通过问卷调查收集数据，最终验证了假设的合理性，但笔者的学术水平也比较有限，因此仍存在一些不足和需要改进的地方。

1. 研究样本和数据存在局限性

在研究过程中，本书选取科技型上市企业作为样本，主要围绕企业发展数据展开研究，却未对其他相关数据进行收集与统计分析。在信息时代的大数据背景下，样本与数据的选择至关重要。虽已尽力扩大样本容量，但由于信息门槛和技术条件的限制，对企业数据的筛选或许不够全面，存在一定的误差。所以在后续分析中，需强化对样本和数据的系统筛选与规范化处理，让测量结果更具科学性。

2. 测量指标存在局限性

在企业家精神测量维度选择上，未沿用学界常用的二维或三维结构，创新性提出四维测量结构，但缺乏新维度适用性检验。测量时未采用国外成熟量表，而是聚焦四个维度，以定性与定量结合的方法构建指标体系，运用动态综合法直接测量分析，测量范围或不够全面。鉴于企业家精神概念的模糊性与抽象性，学界难以形成统一测量体系，后续研究需以更科学方法构建更全面系统的指标体系。

3. 量表的设计尚有缺陷

本书参考国内外学者广泛认可的成熟量表，其信度和效度较佳，结果较为可靠。但在问题测项的翻译过程中，可能存在语义误差。未来研究可结合中国国情，进一步检验量表的适用性。

4. 中介变量的局限性

在管理学研究中，企业家精神与企业绩效是两个关键变量。若要探究二者更深层次的关系，需通过大量变量验证是否存在中介效应。本研究已验证组织知识学习与组织创新的中介作用，但企业环境特性、企业家社会资本等其他潜在中介变量仍需考量。因此，未来研究可进一步探索是否存在其他中介变量对二者关系产生影响。

5. 通用性和恒定性存在局限性

企业家精神的发展受地理条件、经济发展水平、社会背景、文化政策及行业特征等外部因素的综合影响。当前以中小型企业为样本的研究，虽能提升测量结果的精准度，但在研究结论的通用性方面存在一定限制，也制约了企业家精神测量研究成果的推广应用。基于此，后续研究可从以下方面优化：扩大样本覆盖范围，将样本范围拓展至全国层面，纳入不同地区的企业样本；深化地域文化分析，重点考量不同地域文化对企业家精神的差异化影响机制；强化推广性研究，针对企业家精神测量研究的推广性展开深入探索，完善测量体系与方法。具体而言，需构建系统完备的测量框架，创新多样化的测量手段，以提升研究的适用性，拓展其应用领域，进而深化该领域的学术研究，切实增强企业家精神研究的实践应用价值。

参考文献

一 中文文献

鲍新中：《知识产权融资：模式、障碍与政策支持》，《科技管理研究》2019年第4期。

陈静：《知识产权资本化的条件与价值评估》，《学术界》2015年第8期。

代明、郑闽：《企业家创业、创新精神与全要素生产率增长——基于中国省际面板数据的实证分析》，《科技管理研究》2018年第1期。

段富明：《无形资产的辨识与价值评估——以海尔公司为例》，《中国商论》2017年第29期。

郭俊：《完善我国知识产权信托融资模式的相关思考——基于国际经验的比较与借鉴》，《学习与实践》2015年第7期。

郭亚军等：《基于全局信息的动态激励评价方法及激励策略》，《系统工程学报》2017年第2期。

郝晶晶、朱建军、刘思峰：《基于前景理论的多阶段随机多准则决策方法》，《中国管理科学》2015年第1期。

李巍、丁超：《企业家精神、商业模式创新与经营绩效》，《中国科技论坛》2016年第7期。

李伟伟、易平涛、李玲玉：《综合评价中异常值的识别及无量纲化处理方法》，《运筹与管理》2018年第4期。

刘国栋、朱建军、刘小弟：《基于灰色关联度—云模型的群评价数据质量改进方法及应用研究》，《运筹与管理》2021年第3期。

罗曼予、朱念：《企业家精神与经济增长关系的实证研究》，《商业经济研究》2015年第7期。

马天明、吴昌南：《要素价格扭曲对企业家精神影响的实证分析》，《统计与决策》2017年第12期。

毛良虎等：《基于熵值法的企业家精神评价体系构建》，《统计与决策》2020年第6期。

牛建国：《关于企业家精神测度的文献综述》，《现代管理科学》2018年第9期。

彭张林、张强、杨善林：《综合评价理论与方法研究综述》，《中国管理科学》2015年第S1期。

宋河发：《我国知识产权运营政策体系建设与运营政策发展研究》，《知识产权》2018年第6期。

孙黎、朱蓉、张玉利：《企业家精神：基于制度和历史的比较视角》，《外国经济与管理》2019年第9期。

田霖、张露露：《基于模糊ANP和TOPSIS法的科技型中小企业成长性评价体系构建》，《运筹与管理》，2021年第2期。

王飞、丁苏闽：《企业家精神、融资约束与企业僵尸化的关系研究》，《工业技术经济》2019年第6期。

吴冲、刘佳明、郭志达：《基于改进粒子群算法的模糊聚类—概率神经网络模型的企业财务危机预警模型研究》，《运筹与管理》2018年第2期。

肖会敏、侯宇、崔春生：《基于BP神经网络的P2P网贷借款人信用评估》，《运筹与管理》2018年第9期。

谢众、张杰：《营商环境、企业家精神与实体企业绩效——基于上市公司数据的经验证据》，《工业技术经济》2019年第5期。

邢蕊、王国红、周建林：《基于GEM模型的区域创业合成能力评价研究》，《中国管理科学》2015年第S1期。

胥小彤：《基于差异驱动模型的我国大中型工业企业技术创新能力动态评价》，《西南师范大学学报》（自然科学版）2015年第11期。

颜赛燕：《基于AHP—模糊数学综合评价的科技型中小企业融资效果研究》，《工业技术经济》2020年第3期。

易平涛等：《一种体现发展趋势的动态综合评价方法》，《运筹与管理》2016年第6期。

尹航：《基于模糊神经网络的商业银行竞争力评估》，《统计与决策》2015年第14期。

曾铖、李元旭：《试论企业家精神驱动经济增长方式转变——基于我国省级面板数据的实证研究》，《上海经济研究》2017年第10期。

张黎、李倩：《基于直觉模糊层次分析法的专利质量模糊综合评价》，《科技管理研究》2019年第7期。

张玉利、谢巍：《改革开放、创业与企业家精神》，《南开管理评论》2018年第5期。

赵杰：《基于神经网络的企业突破性创新要素与创新绩效关系研究》，《科技管理研究》2016年第22期。

甄俊杰、孙慧：《基于熵权——突变级数法的商业模式创新评价——以JF企业为例》，《科技管理研究》2021年第1期。

郑志强：《基于突变级数法的智能制造能力评价研究》，《经济论坛》2018年第9期。

祝玉婷、韩莹、袁安富：《基于改进的Pythagorean模糊语言集的可持续实验室评价方法》，《运筹与管理》2019年第11期。

二 外文文献

A. J. Glass, K. Saggi, "Licensing versus Direct Investment: Implications for Economic Growth", *Journal of International Economics*, Vol. 56, No. 1, 2002.

A. Marshall, *Principles of Economics*, London: Macmillan, 1961.

Amar V. Bhide, *The Origin and Evolution of New Businesses*, New York: Oxford University Press, 2000.

A. Riege, "Three-dozen Knowledge-sharing Barriers Managers must Consider", *Journal of Knowledge Management*, Vol. 9, No. 1, 2005.

A. Subramanian, S. Nilakanta, "Organizational Innovativeness: Exploring the Relationship Between Organizational Determinants of Innovation, Types of Innovations, and Measures of Organizational Performance", *Omega International Journal of Management Science*, Vol. 24, No. 6, 1996.

Barton H. Hamilton, "Does Entrepreneurship Pay? An Empirical Analysis of the Returns to Self-Employment", *Journal of Political Economy*, Vol. 108, No. 3, 2000.

D. C. McClelland, *The Achieving Society*, The Free Press, 1961.

D. F. Kuratko and R. M. Hodgetts, *Entrepreneurship: Theory, Process, Practice*, Mason, OH: South-Western Publishers, 2004.

E. Aldrich, M. A. Martinez, "Many are Called, but Few are Chosen: An Evolutionary Perspective for the Study of Entrepreneurship", *Entrepreneurship Theory and Practice*, Vol. 25, No. 4, 2001.

E. H. Mamdani, "An Experiment in Linguistic Synthesis with a Fuzzy Logic Controller", *International Journal of Man-Machine Studies*, Vol. 7, No. 1, 1975.

F. Damanpour, "Organizational Innovation: A Meta Analysis of Effects of Determinants and Moderators", *Academy of Management Journal*, Vol. 34, No. 3, 1991.

F. Jin et al., "Creep Modeling in Excavation Analysis of a High Rock Slope", *Journal of Geotechnical and Geoenviromental Engineering*, Vol. 129, No. 9, 2003.

G. C. Jeffery and P. S. Dennis, "A Conceptual Model of Entrepreneurship as Firm Behavior", *Entrepreneurship Theory and Practice*, Vol. 16, No. 1, 1991.

G. D. Liu, J. J. Zhu and X. D. Liu, "Imputation Method of Random Arbitrary Missing Data Based on Improved Closed Degree of Grey Incidence", *The Journal of Grey System*, Vol. 31, No. 2, 2019.

G. G. Dess, R. D. Ireland, S. A. Zahra, "Emerging Issues in Corporate Entrepreneurship", *Journal of Management*, Vol. 29, No. 3, 2003.

G. Keijzers, "The Transition to the Sustainable Enterprise", *Journal of Cleaner Production*, Vol. 10, No. 4, 2002.

G. T. Lumpkin and G. Dess, "Clarifying the Entrepreneurial Orientation Construct and Linking it to Performance", *Academy of Management Review*, Vol. 21, No. 1, 1996.

H. Barreto, *The Entrepreneur in Microeconomic Theory*, London: Routledge, 1989.

Isabel Grilo, Jesus-Maria Irigoyen, "Entrepreneurship in the EU: To Wish and not to be", *Small Business Economics*, Vol. 26, No. 4, 2006.

J. Covin, D. Slevin, "A Conceptual Model of Entrepreneurship as Firm Behavior", *Entrepreneurship Theory and Practice*, Vol. 16, No. 1, 1991.

J. Hall et al. ," Commercializing University Research in Diverse Settings: Moving Beyond Standardized Intellectual Property Management", *Research-Technology Management*, Vol. 57, No. 5, 2014.

J. H. Block and F. Spiege, "Family Firm Density and Regional Innovation Output: An Exploratory Analysis", *Journal of Family Business Strategy*, Vol. 4, No. 4, 2013.

Joseph A. Schumpeter, *The Theory of Economic Development: An Inquiry into Profits, Capital, Credit, Interest and the Business Cycle*, Harvard University Press, 1934.

J. P. Elhorst, "Specification and Estimation of Spatial Panel Data Models", *International Regional Science Review*, Vol. 26, No. 3, 2016.

K. Knight, "A Descriptive Model of the Intra-firm Innovation Process", *Journal of Business*, Vol. 5, No. 3, 1967.

Knight Frank, *Rise Uncertainty and Profit*, University of Chicago Press, 1921.

Leif Edvinsson, "Service Leadership-Some Critical Roles", *International Journal of Service Industry Management*, Vol. 3, No. 2, 1992.

Marcus Holgersson, "Patent Managementin Entrepreneurial SMEs: A Literature Reviewandan Empirical Study of Innovation Appropriation, Patent Propensity, and Motives", *R&D Management*, Vol. 43, No. 1, 2013.

M. Casson, *The Entrepreneur*, Gregg Revivals, 1992.

M. Casson, *The Entrepreneur: An Economic Theory*, Oxford: Martin Robertson, 1982.

M. Danny, "The Correlates of Entrepreneurship in Three Types of Firms", *Management Science*, Vol. 29, No. 7, 1983.

M. Fritsch, P. Mueller, "The Evolution of Regional Entrepreneurship and Growth Regimes", in M. Fritsch, J. Schmude eds., *Entrepreneurship in the Region: International Studies in Entrepreneurship*, New York: Springer Science, 2006.

M. Piva, M. Vivarelli, "The Role of Skills as A Major Driver of Corporate R&D", *International Journal of Manpower*, Vol. 30, No. 8, 2009.

M. Sugeno and G. T. Kang, "Structure Identification of Fuzzy Model", *Fuzzy Sets and Systems*, Vol. 28, No. 1, 1988.

N. Anderson, C. K. W. D. Dreu, B. A. Nijstad, "The Reutilization of Innovation Research: A Constructively Critical Review of the State of the Science", *Journal of Organizational Behaviour*, Vol. 35, No. 1, 2004.

P. Davidsson, J. Wiklund, "Levels of Analysis in Entrepreneurship Research: Current Practice and Suggestions for the Future", *Entrepreneurship Theory and Practice*, Vol. 25, No. 4, 2001.

P. E. Druker, *Innovation and Entrepreneurship: Practice and Principles*, Harper, 1985.

R. C. Ronstadt, *Entrepreneurship: Texts, Cases and Notes*, MA: Lord Publishing, 1984.

R. Daft, S. Becker, *Innovation in Organizations: Innovation Adoption in School Organizations*, New York: Elsevier, 1978.

R. D. Hisrich, M. P. Peters, *Entrepreneurship: Starting, Development, and Management a New Enterprise*, McGraw-Hill Irwin, 1995.

Robert D. Hisrich, *Entrepreneurship*, McGraw-Hill, 2005.

Robert W. Hahn, "The Impact of Economics on Environmental Policy", *Journal of Environmental Economics and Management*, Vol. 39, No. 3, 2000.

R. Rosen, "Structural Stability and Morphogenesis", *Bulletin of Mathematical Biology*, Vol. 39, No. 5, 1977.

S. Beugelsdijk, N. Noorderhaven, "Entrepreneurial Attitude and Economic

Growth: A Cross-section of 54 Regions", *Annuals of Regional Science*, Vol. 38, No. 2, 2004.

S. Goh, G. Richards, "Benchmarking the Learning Capability of Organizations", *European Management Journal*, Vol. 15, No. 5, 2004.

S. Shane and S. Venkataraman, "The Promise of Entrepreneurship as a Field of Research", *Academy of Management Review*, Vol. 25, No. 1, 2000, pp. 217 – 226.

Stephan J. Goetz, D. Freshwater, "State-level Determinants of Entrepreneurship and a Preliminary Measure of Entrepreneurial Climate", *Economic Development Quarterly*, Vol. 15, No. 1, 2001.

T. J. Housel, S. K. Nelson, "Knowledge Valuation Analysis: Applications for Organizational Intellectual Capital", *Journal of Intellectual Capital*, Vol. 6, No. 4, 2005.

W. B. Gartner, "A conceptual Framework of Describing the Phenomenon of New Venture Creation", *Academy of Management Review*, Vol. 10, No. 4, 1985.

W. B. Gartner, "Who is an Entrepreneur? Is the Wrong Question?", *American Journal of Small Business*, Vol. 12, No. 4, 1988.

W. E. Baker, J. M. Sinkula, "The Synergistic Effect of Market Orientation and Learning Orientation on Organizational Performance", *Journal of the Academy of Marketing Science*, Vol. 27, No. 4, 1999.